为思考力而教

数学课堂教学的研究与实践

杨 鸿◎著

陕西师范大学出版总社 西安

图书代号 JY24N2479

图书在版编目（CIP）数据

为思考力而教 ：数学课堂教学的研究与实践 / 杨鸿著. -- 西安 ：陕西师范大学出版总社有限公司，2024.12. -- ISBN 978-7-5695-5134-1

Ⅰ. G623.502

中国国家版本馆CIP数据核字第20241VD969号

为思考力而教：数学课堂教学的研究与实践

WEI SIKAOLI ER JIAO：SHUXUE KETANG JIAOXUE DE YANJIU YU SHIJIAN

杨鸿 著

特约编辑 李卉丹
责任编辑 马 萌
责任校对 秦 云
封面设计 言之凿
出版发行 陕西师范大学出版总社
（西安市长安南路199号 邮编 710062）
网　　址 http://www.snupg.com
印　　刷 北京政采印刷服务有限公司
开　　本 710 mm×1000 mm 1/16
印　　张 19
字　　数 291千
版　　次 2024年12月第1版
印　　次 2024年12月第1次印刷
书　　号 ISBN 978-7-5695-5134-1
定　　价 58.00元

序言

当前世界的百年未有之大变局加速演进，国际环境不稳定性和不确定性明显增加，我国发展进入战略机遇和风险挑战并存、不确定和难预料因素增多的时期，新一轮科技革命和产业变革方兴未艾、多点突破，技术创新进入前所未有的密集活跃期，人工智能、量子技术、生物技术等前沿技术集中涌现，引发链式变革。同时，科技革命与大国博弈相互交织，高技术领域成为国际竞争最前沿和主战场，深刻重塑全球秩序和发展格局。虽然我国科技事业发展取得了长足进步，但原始创新能力还相对薄弱，一些关键核心技术受制于人，顶尖科技人才不足，因此必须进一步加大科技创新力度，抢占科技竞争和未来发展制高点。

科技需要人才，教育培养人才，教育、科技和人才这三者既是统一的，又是互为基础的。教育、科技、人才是中国式现代化的基础性、战略性支撑。随着人工智能时代的到来，知识储备的重要性正在下降，思维能力和科学素养则变得越来越关键。现在的基础教育“内卷”很厉害，初中“做题”迎中考，高中“刷题”跳龙门，很多青少年的兴趣、求知欲、探索欲，随着年龄增长和学业难度增加都受到了压制，这对创新性人才培养非常不利。我国的基础教育应适当减少知识点，把重心更多地转移到思维能力的培养上。如何让青少年尽快掌握独立思考、独立实验和独立总结的能力，成了广大教师思考的方向，2022年出台的“课程方案”和“课程标准”完善了培养目标，全面落实培养“有理想、有本领、有担当”（简称“三有”）的时代新人要求，突出课程育人宗旨，为践行立德树人提供政策性凭借和行动指向。

思考力，是让“三有”落实的关键。思想主导一切，精神力量驱动着我们的肉体，推动我们“有本领”地获取和“有担当”地行动。思考的最终目标是实现理想，唯有行动能把我们丰富多彩的想法变成现实。而“本领”越厚实和高深，就越有“担当”，行动就更迅速有力，甚至实现跨越前行，现实就越接近甚至超越理想。真正的竞争力不在于“想”，而在于怎么把“想”变成现实。

思考力是万力之源。思考是一切行动和成果的起点，思考是产生一切事物的根源，万事都起源于思考。思考力不仅包括思考的能力，还包括行动力和表达力。行动力是实现思考的根本，只有通过行动力，才能将设想变为现实；表达力是万力之魂，将思考和行动表达出来，问题才变得有意义，并被了解，从而拥有灵魂。

思考力还是实现理想和成功的重要基石。通过培养思考力，我们的学生可以更好地认识世界、理解世界、鉴别世界观，树立理想、学好本领、历练担当，成为“有理想、有本领、有担当”的时代新人。作者把“为思考力而教”作为教学主张，是站在历史和现实的发展高度上寻求解决问题的办法，着实“站得高，看得远”。她认为，教育教学的重要使命就是使生命个体走向智慧，走向智慧的重要途径就是学会思考。“为思考力而教”教学提倡思辨、探究和创新的教学理念，将思考力的生成和提升作为核心素养养成与内化的关键所在。通过“问、思、辨、用、拓”五环联动课堂教学结构，激发学生学习兴趣，引发学生积极思考，鼓励学生质疑问难，引导学生在真实情境中发现问题和提出问题，利用观察、猜测、实验、推理等方法分析问题和解决问题。通过“七改七引导”等策略，达到教师“为思考力生成和提升而教”和学生“为思考力日臻发展而学”的目标。从而让思考力的生成和提升贯穿课堂教学始终，并从课内延伸到课外，进一步促进学生思辨能力的发展，提升学生的数学思维品质和数学核心素养。

当然，思考力的培养，与长期的生活阅历、学习的积累、思考的深度紧密相关。所以，要想提高学生的思考力，就要跳出传统教学的羁绊，突破常规的小框框，理性地分析，站在新的高度，联系自己目前的积累，然后立足于现实，开拓未来。愿该书的出版能起抛砖引玉的作用，吸引更多的老师从事青少年的思考力培养工作，为我国“教育、科技、人才”联动发展铺就坚实的基础。

陈敬文

2024年3月

前言

教育事业是党的事业的重要组成部分，肩负着为党育人、为国育才的重大使命。教育是国之大计、党之大计，教育对于提高人民综合素质、促进人的全面发展、增强中华民族创新创造活力、实现中华民族伟大复兴具有决定性意义。习近平总书记指出，从教育大国到教育强国是一个系统性跃升和质变，必须以改革创新为动力。面对纷繁复杂的国际、国内形势，面对新一轮科技革命和产业变革，面对人民群众的新期待，我们要深刻把握深化教育综合改革的重大意义和历史使命。新时代教育必须将立德树人作为根本任务，以培养学生必备品格和关键能力为出发点，以社会主义核心价值观统领课程改革、人才培养模式改革、课堂教学改革和考试评价改革，建立具有中国特色、世界水平的“高质量教育发展体系”，构建德智体美劳全面培养的教育体系，形成更高水平的人才培养体系。

当前，世界百年未有之大变局加速演进，广大学生成长的外部环境发生了重大变化。针对新形势新要求，我们要自觉把改革摆在更加突出的位置，不断完善落实立德树人根本任务，促进学生全面发展，努力培养更多让党放心、爱国奉献、担当民族复兴重任的时代新人。为此，2022年出台的“课程方案”和“课程标准”完善了培养目标，全面落实培养“有理想、有本领、有担当”（简称“三有”）的时代新人要求，突出课程育人宗旨，为践行立德树人提供政策性凭借和行动指向。党的二十届三中全会通过的《中共中央关于进一步全面深化改革　推进中国式现代化的决定》（以下简称《决定》）更进一步提出“教育、科技、人才是中国式现代化的基础性、战略性支撑”，并从深入实施科教兴国战略、人才强国战略、创新驱动发展战略，统筹推进教育科技人才体制机制一体改革，健全新型举国体制，提升国家创新体系整体效能出发，对深化教育综合改革作出系统部署。我们要深入学习贯彻会议精神，通过深化教育综合改革，为不断加快建设教育强国提供动力，有效支撑中国式现代化。

在当下以互联网为特征的信息时代，海量信息的冲击和新科技带来的快速变化，让人们不得不改变思维方式，提升思维能力，不得不承认思考力比知识更重要，“思路决定出路”，已越来越成为大家的共识。

思考力比知识更重要，虽然知识和信息是无穷的，但思考力却是开发无穷知识和信息的源动力。有了思考力，才可以开发出更多与时俱进的知识和信息，并用它们构造出不同的知识体系，来解决当下和未来的问题。

数学教育作为基础教育的重要一环，不仅要让学生习得数学知识，更要让学生学会数学思考，掌握学习方法，懂得怎样学和怎样用，并能创造性地学和用。如果在数学教学中，教师能适时、适度地引导学生观察后再思考，或让抽象思考的内容转化成直观化的素材，学生必然会真正地把握知识的本质属性，其数学思维也会相应地深入、内化，思维品质更会相应地得到提升。

笔者把“为思考力而教”作为教学主张是基于对历史的反思和教学实践的醒悟，认为教育教学的重要使命就是使生命个体走向智慧，而让学习者走向智慧的重要途径就是引导他们学会思考，以及在持续的学习过程中不断提升思考力。“为思考力而教”教学提倡思辨、探究和创新的教学理念，将思考力的生成和提升作为核心素养养成与内化的关键所在。通过“问、思、辨、用、拓”五环联动课堂教学结构，激发学生学习兴趣，引发学生积极思考，鼓励学生质疑问难，引导学生在真实情境中发现问题和提出问题，利用观察、猜测、实验、计算推理、验证、数据分析、直观想象等方法分析问题和解决问题。通过“七改七引导”（即改“快思考”引导为“慢思考”，改“闹思考”引导为“静思考”，改“暗思考”引导为“显思考”，改“弱思考”引导为“强思考”，改“浅思考”引导为“深思考”，改“怕思考”引导为“乐思考”，改“固思考”引导为“活思考”）等策略，实现教师“为思考力生成和提升而教”和学生“为思考力日臻发展而学”的宗旨，从而把思考力的生成和提升贯穿课堂教学始终，并从课内延伸到课外，促进学生思辨能力的发展，提升学生的数学思维品质和数学核心素养。

诚然，数学思考力的培养是数学教学中一个永恒的话题，是教师隐性观念形态的体现，只有我们不断改进自身的教学理念和思想，始终从关注学生终身发展需求的角度出发，在教学中努力探索培养学生思考力的规律和方法，才能使这一命题永葆鲜活的生命力。

目录

上篇

思考力概述

当前，世界百年未有之大变局加速演进，国际环境不稳定性不确定性明显增加，我们处于一个全球化竞争的时代，无论是国际还是国内，无论是就业还是创业，无论是专注生产还是从事经营活动，都面临着空前的压力和竞争。日益剧烈的竞争，说明仅仅依靠学习获得知识或得来的一纸文凭，无法面对竞争的挑战，这就迫使人们提高自己的思考力水平以获得精神或思想上的优势，并将这种精神或思想优势通过行动转化为竞争优势。现实和未来，都要求我们务必提高自己的思考力水平，才能沉着面对复杂多变的竞争环境；务必增强自己的行动力，才能在竞争环境中获得生存和发展的能力；务必锻炼自己的意志力，才能沉着面对各种压力和经受各种意想不到的人生变故和事业风雨。

教育事业是党的事业重要组成部分，肩负着为党育人、为国育才的重大使命。在党的坚强领导下，我们培养了一代又一代拥护党的领导和我国社会主义制度、立志为中国特色社会主义奋斗终身的有用人才，既为社会主义现代化建设提供了重要支撑，也推动教育自身进入教育强国建设新阶段。长期以来，我国在教育方式上都是以知识灌输教育为主，对于思考力和思维方式的提升和培养缺乏必要的重视，致使思考力与行动力之间缺乏彼此反应和相互转化，进而束缚了创造力和行动力的发挥。加上国内外形势的变化和信息技术的迅猛发展，广大学生成长的外部环境发生了重大变化。这就要求我们要针对新形势新要求，努力提高学生的思考力水平，进而通过未来的社会实践与经验积累将思考力转化为竞争力，以培养更多让党放心、爱国奉献、担当民族复兴重任的时代新人。那么，思考力是什么？为什么要有思考力？如何培养思考力？

思考力是什么

在回答思考力是什么之前，我们先来弄清楚什么是思考、思考与思维的关系、思考的三元素、数学思考以及数学思考力等一些常识性问题。

一、思考力相关概念

（一）思考

思考是产生一切事物的根源，万事都起源于思考。人和动物最重要的区别是人会思考，人类所有的力量最初都来自思考。并且，人作为高级动物，并不是只学会了思考，而是人会从思考里总结事物发展规律，追求人的主观能动性。动物要想学会生存，就必须要适应环境，适应环境的过程虽然也是一个思考的过程，但是动物只是被环境所左右，只能做环境的奴隶，而不能提出解决问题的方法。

火的出现，电的发明，机器的使用，这些都改变着人类社会的进程，更加确立了人类在整个自然界的地位。可以这样讲，世界上一切触手可及的东西，无一不是思考的产物；即使不是思考的产物，也是在思考的指引下取得的。人类通过思考丰富了生活，改变了世界的面貌。思考是这个世界上迷人的东西，如果我们的心中有梦想，就要善于去思考，去寻找实现梦想的思路，而不是在那里一直等待机遇，什么都不做。思考是行动的先导，思考是为了我们的行动而做的准备，所以思考的最终归宿是行动。在我们有了好的想法之后，一定要将其付诸行动，才有可能实现自己的梦想，从而将梦想变成现实。

（二）思考与思维

思考与思维都与大脑活动有关，思考是获得思维的一种方式，而思维可以帮助我们更好地认识世界，了解世界的规律，但它们是有区别的。

1. 意思不同

思维是在表象概念的基础上进行分析、综合、推理等认识活动的过程；思考即在认识的基础上，思索、考虑，进行深入分析。思维是人类所具有的高级认知活动，是对新输入信息与脑内储存知识经验进行一系列复杂的心智操作过程。思维是人脑的机能，可以泛指人脑的每一个想法，但是要上升到更高的层面，大脑还需要对具体对象进行更严谨的加工。

2. 对象不同

思考的对象是信息，思维的对象是表象和概念（可以说是思考的产物）。

3. 结果不同

思考的结果是跟进信息，总结得出一个结论，思维的结果是形成一种认知，发现事物之间的联系，总结出方法。

当然，思维、思考之间还有一座很重要的桥梁，这就是思考力。它是人类从思考发展到思维的过程中产生的具有积极性、创造性的高阶思维能力，是科学思维能力的核心。例如，根据打电话没人接，就判定没有人在家，这就是我们所说的惰性思维的一种表现。惰性思维往往是根据经验做出简单的推理和判断，具有局限性，缺乏理性思考。事实上，打电话没人接和没有人在家并没有直接、确定的因果关系，没有人在家只是其中一种可能情况。那么，什么是思考力呢?

（三）思考力

思考力是指一个人对问题、事物进行认知、分析和辨别的能力。它不仅仅限于逻辑推理，还包括了创造性思维、批判性思维和解决问题的能力。下面我将详细阐述关于思考力的观点。

首先，思考力是人类智力活动的核心。通过思考，人们探索问题的本质，寻找解决办法，形成对世界的理解和认识。这种能力使得人类得以超越简单的感知和反应，进而进行更深层次的认知。

其次，思考力涉及多方面的能力。逻辑思维是其中重要的一部分，它让我们能够根据事实和假设，进行合乎逻辑的思考，进而推断出合理的结论。创造性思维使我们能够独立地产生新的想法和概念，解决问题并开拓创新。批判性思维让我们对信息进行评估和分析，不轻易接受表面的观点，追求深入的理解。这些能力相互交织，构成了一个完整的思考体系。

现代社会信息量急剧增加，思考力显得更为重要。在浩如烟海的信息中，我们需要具备辨别信息真伪、过滤噪音的能力，这就需要我们有高效的思考力。在处理日常问题时，思考力也是至关重要的，它帮助我们更好地理解问题的本质，提出解决方案。

然而，思考力也需要培养和锻炼。教育者应该重视培养学生的思考力，而非仅仅给他们灌输知识。培养思考力需要鼓励和引导学生发问、质疑、探索，并提供各种思维训练的机会。此外，跨学科的知识积累和广泛的阅读也是培养思考力的有效途径。

在现代职场中，思考力也是不可或缺的素质，能够独立思考、分析问题、解决难题的人才更容易脱颖而出。企业和组织也越来越重视员工的创造性和批判性思维，这也需要员工具备良好的思考力。

综上所述，思考力是人类智力活动的核心，它包含了逻辑思维、创造性思维和批判性思维等多方面的思维能力。在现代社会，思考力显得尤为重要，它需要被重视、培养和锻炼。拥有良好的思考力，无疑将使个人在学习、工作和生活中都更加游刃有余。

（四）思考力三要素

思考是思维的一种探索活动，思考力则是在思维过程中产生的一种具有积极性和创造性的作用力。在物理学上，力具有三个基本要素：大小、方向、作用点。思考力也是“力”，同样离不开三个最根本的要素：大小、方向、作用点。

大小——思考力离不开思考者所掌握的关于思考对象的知识量和信息量，如果没有相关的知识和信息，就不可能产生相关的思考活动。一般情况下，知识量和信息量越大，思考就越加具体、全面和完整，思考的维度就越高。

方向——我们这里所说的思考有别于妄想和幻想，而是一种有目的、有计划的思维活动，因此这种思考需要有一定的价值导向，也就是思路。思路体现为思考的目的性、方向性和一致性。漫无目的地思考难以发挥强有力的思考力，常常会把思考引进死胡同。目的性、方向性、一致性和价值导向，决定着思考的角度和向度。

作用点——必须把思考集中在特定的对象上，并把握其中的关键点，这样的思考就会势如破竹。如果找不准思考的着力点，就会精力分散、思维紊乱、胡思乱想，思考就会停留在事物的表面上，从而无法深刻认识事物的本质。思考在作用点上的集中程度，决定着思考的强度和力度。

思考力的三要素十分重要，是思考力形成与提升的最根本要素，实质上反映了思考力的结构属性。任何事物都具有自己的结构，结构的完整性及构成关系，决定着事物的性质和功能。思考力也是这样，如果人在思考过程中不能满足思考力的三个根本要素，那么他的思考力在结构上就不完整，关系就不协调，思考力的性质和功能也会受到影响。因此，如何丰富关于思考对象的信息，并有针对性地满足思考力的第一个要素？如何确定思考的目标和方向，形成清晰的思路，以满足思考力的第二个要素？如何把握思考的关键环节，找准思考的作用点，以满足思考力的第三个要素？这是关于提高思考力水平的三个最根本的条件的思考。

（五）思考力体系

体系本指一定范围内或同类的事物按照一定的秩序和内部联系组合而成的整体。思考力体系将思考和认知活动组成完整的、统一的、深入的、全面的整体，建立思考力体系对于提高一个人的思考力水平非常重要。

首先，思考力体系能够让一个人的思考具有全面性和完整性，能促进知识向能力的转化。思维是存在的一种反映形式，一旦形成了思考力体系，就能够促使人们多角度、多层次地看问题，并且根据不同的条件和具体的环境灵活处理问题。思考决定行动，一个人一旦形成了思考力体系，就能够使自己的主体性与客观对象及其所在的环境保持高度一致，在人际关系上也能形成文化包容心理，从而培育出健康的人格和良好的心态。全面性、完整性、协调性、统一性是建立体系的一般性要求，一个人一旦形成了思考力体系，那么，他的思考活动也会表现出一定的全面性、完整性、协调性、统一性特征，从而使他的认识更加接近存在和价值的本质。

其次，思考力体系能够让一个人的思考具有整体性和统一性，能拓展思维深度，延伸思维广度，提升思想高度，增加思维速度。思考力一旦形成系统和体系，就会出现整体决定部分，部分与部分之间相互制约的关系，促使部分服从整体，部分之间做到协调统一，在纵向和横向的要求和作用下，促使一个人的思维深度得以拓展，思维广度得以延伸，思想高度得以提升，思维速度得以增加。同时，思考力一旦形成系统和体系，就会出现整体大于部分之和的系统效应。

再次，思考力体系能够让一个人的思考具有完整性和完善性，能产生“生而知之”的学习效果。有关研究表明，人们可以通过学习和对经验的抽象逐渐形成自己的“思维范式”，并在长期的思考和实践过程中使思考力体系不断完善和完整，但是这需要消耗大量的时间，而且容易走弯路。思考力体系形成后，人们可以采用直接的方式，即借助指导老师的帮助迅速形成并完善自己的思维范式。一旦形成和完善了自己的思考力体系，尤其是形成了自己的“思维范式”，很多同类知识和相通的道理即使不通过学习也可以知道，从而实现触类旁通或先知先觉，达到孔子先生所倡导的“生而知之”“学而知之”和“难而知之”的无师自通境界。

总之，完整的思考力体系和完善的思维方式能够使一个人变得心智聪颖，产生良好的心态，形成一种充满智慧的生活态度，也是改善生活质量的一项重要措施。

二、数学思考

数学思考是一种比较深刻、周密的思维活动。学习者或思考者在面临各种现实的问题情境，特别是非数学问题时，也能够从数学的角度去思考问题，也就是能够自觉应用数学的知识、方法、思想和观念去发现问题中存在的数学现象和数学规律，并能够运用数学的知识和数学的思想方法去解决它。在基础教育阶段，数学思考作为一种“过程性目标”，让学生经历“做数学”的过程，也就是让学生经历发现和提出问题、分析和解决问题的过程。新颁布的《义务教育数学课程标准（2022年版）》强调“思考”。据统计，“思考”一共出现了62次，其中“课程目标”11次、“课程内容”13

次、“课程实施”9次、“附录”22次；在课程总目标提出的“三会”中用了“会用数学的思维思考现实世界”，并详细规定如下。

数学为人们提供了一种理解与解释现实世界的思考方式。通过数学的思维，可以揭示客观事物的本质属性，建立数学对象之间、数学与现实世界之间的逻辑联系；能够根据已知事实或原理，合乎逻辑地推出结论，构建数学的逻辑体系；能够运用符号运算、形式推理等数学方法，分析、解决数学问题和实际问题；能够通过计算思维将各种信息约简和形式化，进行问题求解与系统设计；形成重论据、有条理、合乎逻辑的思维品质，培养科学态度与理性精神。

在义务教育阶段，数学思维主要表现为：运算能力、推理意识或推理能力。通过经历独立的数学思维过程，学生能够理解数学基本概念和法则的发生与发展，数学基本概念之间、数学与现实世界之间的联系；能够合乎逻辑地解释或论证数学的基本方法与结论，分析、解决简单的数学问题和实际问题；能够探究自然现象或现实情境所蕴含的数学规律，经历数学“再发现”的过程；发展质疑问难的批判性思维，形成实事求是的科学态度，初步养成讲道理、有条理的思维品质，逐步形成理性精神。

在具体的数学教学中，教师应主要围绕下列四点进行教学：①在“数与代数”和“图形与几何”领域，突出建立数感、符号意识和空间观念，引导学生初步形成几何直观和运算能力，发展形象思维与抽象思维；②在“统计与概率”领域，让学生通过体会统计方法的意义，发展数据分析观念，感受随机现象；③在四个领域，尤其是“综合与实践”的主题活动中，主要引导学生在参与观察、实验、猜想、证明、综合实践等数学活动中，发展合情推理和演绎推理能力，清晰地表达自己的想法；④在整个数学学习活动中，让学生学会独立思考，体会数学的基本思想和思维方式。

三、数学思考力

数学思考力即数学思考能力，指能从数学的角度，用数学的思维方式思考问题的能力，表现为能用数、量、符号、图形、模式、关系等去思考遇到的问题。数学思考能力是数学关键能力的重要组成部分。

数学思考力是“思考数学”的，也就是说，数学思考是需要一定的思考力来实现的。数学思考力是从数学的角度观察问题、分析问题，发现其中存在的数学信息，并运用数学的知识与方法解决问题的思考能力，是在数学思维过程中产生和表现出来的作用力。学生经常由于思考力的不足，导致问题无法解决而产生受挫情绪，从而对数学学习失去信心，进而失去兴趣。引导学生在数学思维活动中提升数学思考力，是数学教师的首要任务。

生成与提升思考力就是要培养有明确的思维方向，有充分的思维依据，能对事物或问题进行观察、比较、分析、综合、抽象与概括直至创造，其目的是有效对抗惰性思维。这里的判断指对事物情况有所肯定或否定的思维形式，是一种三思而行的能力，对数学思考力有一定的影响。数学活动中的判断始终围绕着选择获取什么样的信息、思考方向如何定位、如何把握思考力的作用点等开展，在判断的过程中，学生的自我心智活动是有意识的。判断力强的人思考力也强，他们的心智活动一般表现为寻求各种可能的方法，不断地修正、完善过程，善于分析原因，执行力强，想尽一切方法解决问题，只要有想法就会去尝试。数学学习大多数是一种思考之后的“尝试”。

从数学的角度看待思考力，意味着还要把思考更加严谨地抽象成具有数学思维方式的数学思考。通俗地理解就是，如果我们要从数学的角度得出某个结论，就必然要使用某种类型的数学思维方式，也就是我们提到的数学思考，学生需要在运用数学思考解决问题得出结论的循环中，奠定数学思考的基础。在这里，“洞察”的能力十分微妙，有时会起到四两拨千斤的作用，它也会影响数学思考力。弗洛伊德曾说过，“洞察力就是变无意识为有意识”。洞察力也称预见力，是指一个人多方面观察事物，从多种问题中把握其核心的能力。有些学生看到信息就会立刻做出决定，确定行动方案，采取行动。在解决问题的过程中，他们也会接受潜意识的警告，一旦感觉不对，就会继续搜集信息，不断调试方法。这类学生洞察力比较强，常常能敏锐地发现别人尚未意识到的问题，能迅速准确地找到问题的本质。可见，强化洞察力，对于学生捕捉到创造性思维，寻求解决问题的办法相当重要。

诚然，“判断”“洞察”对思考力的生成与提升都有十分明显的影响，然而，“自觉”对数学思考力的影响也不能小觑。自觉是自己有所认识而主动去做，自己感觉到，自己有所察觉，是内在的自我发现，外在创新的自我解放意识。从发展学的角度看，数学思考转化为数学思考力，需要一个条件支持就是“思路”。我们知道，任何一种能力的培养都不是一蹴而就的，而是需要坚持不懈地努力才能有所进步的。在这个过程中，起关键作用的内在驱动力就是学生的自觉力，如果学生没有坚定的信念和责任心，是很难提升数学思考力的。自觉力强的学生思考力也强，能正确评估自己的能力，合理地拟订取长补短的计划。在数学学习中，一切数学思考的转化都来自学生自身，学生思维的自发觉醒是数学思考力发展的必要因素。我们可以从两个方面来激发学生自愿地执行或追求整体长远目标任务的自觉力，一是培养学生对数学学习的热情、兴趣等；二是激发学生内在的责任心、职责意识等。

数学学习活动需要学生利用自我心智做出判断，找到解决方法及创意点，并自觉采取行动。思考力强的学生善于提出问题，并且能借着对问题的深入分析提升讨论的深度。思考力强的学生对待问题目标明确、坚韧不拔、全心投入，不达目标绝不中止。

思考力，万力之源

少年儿童要成为“有理想、有本领、有担当”的时代新人，必须具有观察、思考、辨别、学习、表达、影响和执行等能力。在这诸多能力当中，最核心的有两力：思考力和执行力。这两力体现了三个结合，即知和行的结合，理论和实践的结合，务虚与务实的结合。正如一个人行走，一脚抬起，一脚落地，才能往前走。抬起的脚管方向，相当于思考力；落下的脚抓落实，相当于执行力。人们也常说，思考力是万力之源，要提高执行力，关键在于有明睿而厚实的思考力。

思考力，就是思考的能力，是一个人对一件事物的发展规律进行探索，然后寻求问题的解决方法的能力。怎样去思考？就是对一个事物的发展规律进行分析，然后站在历史的发展高度上寻求解决问题的办法。人之所以是高级动物，并不仅仅因为人会思考，而是因为人会从思考里总结事物发展规律，发挥主观能动性。动物要想学会生存，就必须适应环境，适应环境的过程就是一个思考的过程，动物只能被环境所左右，只能做环境的奴隶。然而，人却从这个束缚里走出来，看得更高，走得也更远。思考力，是人类历史发展的强大动力。面对一片荆棘，人类要开拓出一条道路，就必须学会思考。当然，人类并不是先知，不可能仅靠自己的思考就能预知未来，就能始终走坦途。回首人类的发展历程，人类走的道路并不平坦，这其中走了很多弯路。但是，随着人的思考力的进步，科技和文化迎来了前所未有的发展。人类也对未来的认知越来越清晰，走的弯路势必将越来越少。人类也越来越接近“先知”，向着最终和谐的社会迈进。

因此，我们认为思考力在人类发展当中的地位是举足轻重的。怎样能够拥有思考力？首先，要认识事物的发展规律。人并不是为了认识世界而去思考，而是为了改造世界而思考。人始终是活在当下，想在未来的。而思考力，就是现在与未来之间的桥梁，通过思考，人类根据目前事物的发展进行分析，塑造未来。比如目标，其实就是对事物发展规律的一种前瞻性探索，目标的建立并不是凌驾于现实之上，而是以现实为基础的。还有，为实现这个目标而制订的一系列的方案、计划，是思考力与现实的融合。

另外，人的思考力还带有个人强烈的意志色彩，这说明成功的途径不是唯一的，而是与自己的现实实际相结合的。当今这个社会，拼的不是能力，而是人的思想。能力可以后期培养，但是，人的思想却不能马上形成跨越。正如一家理发店的招牌所讲，发型可以模仿，但是理念不可超越。这“理念”，就是人的思想。你站在怎样的高度看问题，你的人生就能走多远。思考力的培养与长期的生活阅历、学习的积累、思考的深度紧密相关。所以，要想提高自己的思考力，就要跳出自己的小框框，理性地分析，站在新的高度，联系自己目前的积累，然后立足于现实开拓出未来。

案例：“聪明与愚蠢”

杰克喜欢捉弄艾文取乐。杰克把艾文指给自己的伙伴汤姆看，他认为艾文是班里学生中最傻的，而自己则是最聪明的。

“你想知道‘蠢’是什么意思吗？瞧这个吧！”

“嗨，艾文，这里有两枚硬币，你可以任取其中一枚，就是你的了。”

艾文看了看那两枚硬币，一个五分的，一个一角的。盯了硬币一会儿之后，艾文挑了大的那个，也就是五分的。

“啊，拿去吧，归你了。”杰克哈哈大笑着说。

艾文拿着硬币走了。远处有个大人一直看着这一幕，这时他拦住了艾文，和善地向他指出，一角的硬币虽然个头小一些，面值却是五分的二倍，也就是说艾文刚刚少赚了五分钱。

“啊，我知道，”艾文回答，“但是如果我挑了一角的，杰克以后就再也不会和我玩这个选硬币游戏了；而如果我一直选五分的，他就会认为我是个笨蛋，还会一次一次地来找我。我已经从他那儿捞到了一块多钱了。所以我必须挑五分的……”

这是《思维教学：培养聪明的学习者》中的一个虚构的故事，但现实生活常常也会有这种情况：有的学生可能在学校里反应迟钝，出了校门却变得机智灵活；有的学生在学校里出类拔萃，出了校门却呆若木鸡。案例中，看似“笨蛋”的艾文在顺从中表现出异常的聪慧，“放长线钓大鱼”地获取了许多“五分硬币”，不知不觉地报复了天天欺负他的杰克。很明显，杰克的思考力比艾文的思考力逊色许多，杰克的思考仅停留在如何取笑艾文、如何让艾文在众人面前出丑上，而艾文思考的是如何让杰克为耍小聪明付出代价、在不断付出代价中获得教训。假如艾文最后一次性把所有得到的“五分硬币”都当众还给杰克，那艾文的形象将大放异彩。当然，这是教育工作者的愿望，也是我们的责任，同时，这里也提醒我们：无论一个学生在学校环境中表现得如何，都无法断定他的思考力水平怎样，思考力如何，要结合具体情境进行分析。

教育教学的重要使命之一就是使生命个体走向智慧，而走向智慧的重要途径就是学会思考。作为一名教师，不仅要教会学生知识，更重要的是教会学生学习，发展学生学习的能力。古人云，“授人以鱼不如授人以渔”，“发展学生的思维，开发学生的智力”是数学教师肩负的更重要的任务。笔者主张数学应该“为思考力而教”，这是基于思考力为核心的数学思维能力教学，是指向核心素养的数学教学的价值形态。教师通过构建思辨数学课堂，让学生从数学的角度观察、思考、分析与解决问题，从而让学习真正发生。

“思辨数学”教学提倡思辨、探究和创新的教学理念，其要义是“为思考力而教”，将思考力的生成和提升作为核心素养养成与内化的关键所在。通过“问、思、辨、用、拓”五环联动课堂教学结构，把思考力的生成和提升贯穿课堂教学始终，并从课内延伸到课外，全面促进学生思辨能力的发展，提升学生的数学思维品质和数学核心素养。教师应追求“思辨合一”的学习样态，实现以“思”促“辨”，以“辨”明“思”的进阶过程，因为在学习过程中，“思”与“辨”总是彼此支撑，相互促进，螺旋上升，贯穿学生学习的全过程的。

为什么要有思考力

——追溯学习本源，让学生在思考中学习

我国已成为创新产品和技术的最主要的生产和销售市场国，正在通过“中国式现代化”努力寻求既能满足未来市场需求，又能充分体现本国源远流长的文化历史的新的发展方向，并为中华民族伟大复兴，实现“中国梦”而努力奋斗。青少年是祖国的未来，民族的希望，他们要成为“有理想、有本领、有担当”的时代新人，将肩负起实现中华民族伟大复兴的历史使命，而要做到这些，单纯靠记忆书本中所教授的知识、靠“刷题”、靠“对答案”是远远不够的，新的历史任务要求他们能有新的、富于创造性的思想，能分析哪些思想是最好的，并能把这些思想切实有效地付诸实践。因此，我们的教育要比以往任何时候更为重视“立德树人”，我们的课堂教学要比以往任何时候更加重视“思考力”的培养——因为我们的学生不仅要学会以传统的方式思维，而且还要学会以符合未来发展趋势的方式思维。

“学而不思则罔，思而不学则殆”，我们需要反思我们的数学教学：是什么原因让学生在遇到问题时忘却了思考？是什么禁锢了他们思维的大脑？是什么遮蔽了他们发现的眼睛？正如苏霍姆林斯基所说，我们的教学正处在一种可怕的危险之中——这就是学生在学习中已不会思考，他们坐在教室里日复一日，月复一月，年复一年，却无所思索。可以说，数学思考的缺失，已使我们的数学教学失去了数学学科的本质特征。

一、教学不知“本源”，学习者成了“分数”的奴隶

（一）“告诉式”教学，学生无法经历知识形成的过程

教学实践表明：学生要对数学知识真正理解与把握很不容易，需要通过亲身经历来实现，必须经过体验、探究、验证的活动过程，方可充分理解数学知识“是什么”“与什么有关联”“为什么学”“有什么用”，从而实现对知识的深度理解。

以“圆柱的体积”教学为例，有的教师在学生认识了圆柱的各部分名称后，便采用“告诉”的方式，让学生知晓并熟记圆柱的体积计算公式，进而让学生直接运用公式去求一些圆柱的体积。

这样的教学过程，看似快捷地完成了教学任务，让学生掌握了圆柱体积的计算公式，并能运用公式去解答一些问题。学生没有经历把一个圆柱平均分成若干份，进而转化成一个相似的长方体的过程，也就缺少了一个“转化”思想的经历，缺少了动手操作活动中把圆柱转化为近似长方体的体验。看似高效快捷的教学使学生多了“固化”结论的提前习得，却少了知识形成过程的思考与发现。这种过于注重知识单向传递的教学模式，忽略了学生在学习过程中的情感体验、认知体验和行为体验，导致学生仅停留在被动听讲的状态。因此，要让学习真正发生，教师需要从学生的视角出发，关注学生在学习过程中的体验和感受，要让每个学生都能在学习的道路上找到属于自己的方向，体验成长的喜悦，让学生成为课堂的主人，真正感受到学习的乐趣。

（二）“碎片化”教学，学生失去整体认知的机会

在实际教学中，一些没有经历小学阶段教学循环的教师大多缺乏对小学阶段数学教学内容的整体把握，知识点教学往往以相互割裂的方式“碎片化”地进行，学生的数学思维也就只能在老师割裂于整体知识的教学中片面而狭隘地生长。长此以往，缺乏对数学知识形成、层递与发展整体性的了解和经历，必将导致学生结构性数学思考的缺省与不足，无法形成结构化的思维。

如“异分母分数加减法”的教学，常见的教学范例是，教师出一组题目让学生计算，前几题是同分母分数加减，而后一题或两题是异分母分数加

减。教师在学生计算遇到困难时，让学生观察两类题目的异同，并引导学生通分后再计算，这样的教学只关联了同分母分数加减法和通分知识。其实学习异分母分数加减法时，学生已经学习了整数、小数加减法的知识，尽管这些内容分散在不同的学期，计算过程也有各自的特点，但其运算的实质是一致的。我们需要立足核心素养，让分数加减法顺应到加减法的运算体系中，体现数运算的一致性，从而让学生在整体化的理解中明白更为普遍的原理，促进有深度的数学思考形成。教师可以这样进行教学。

师：还记得三年级学习整数加减法时要注意什么吗？四年级学习小数加减法时要注意什么？

生：计算整数加减法时要注意相同数位对齐；

生：计算小数加减法时要注意小数点对齐。

师：它们和我们今天学习的分数加减法的计算在本质上有什么共同的地方？

引导学生发现：三种数的计算表面上看算法不一样，但实际上它们的算理是相通的，相同数位对齐是为了统一计数单位，小数点对齐也是为了统一计数单位，通分还是为了统一计数单位。

师小结：只有相同计数单位的数才能相加或相减。所有的加减法，本质上都是若干个相同计数单位的累加或递减。

（三）“浅表性”教学，学生缺失深思顿悟的体验

学习可以分为浅层学习和深度学习，浅层学习大多依靠机械记忆和简单形式化的操作来促使小学生获取知识，而深度学习要求小学生在理解知识的基础上，批判性地学习新的知识和思想方法，从而建构起完整的知识框架。

如教学“圆锥的体积”时，教师把学生分成四人一组做实验，每组的桌上放了等底等高的圆柱与圆锥容器各一个，要求学生通过操作得出圆锥的体积计算公式，却发现教学结束后，学生在做求圆锥体积的题目时出现了很多错误。深究其因，是教师课始就为学生提供了等底等高的实验器具，以此遮蔽了新旧知识的分化点；教师回避、遮掩了学生学习可能暴露错误的过程，学生没有经历看似“混乱无序”的真实的动手探究过程，缺省了对实验条件的辨别及信息的批判，而这正是新知教学的关键环节。教师可以这样设计教学：

1. 聚焦问题，引发思考

师：圆锥的体积公式会与哪些因素有关呢?

生：圆锥的体积随着底面积和高的变化而变化。

师：圆锥的体积与圆柱的体积之间是否存在关系呢? 存在怎样的关系?

猜想1：圆锥的体积=圆柱的体积?

猜想2：圆锥的体积=圆柱的体积的$\frac{1}{2}$?

猜想3：圆锥的体积=圆柱的体积的$\frac{1}{3}$?

师：下面我们通过实验寻找答案，验证猜想。

2. 小组汇报，呈现结果

1号学具的实验结果是：沙子装满圆柱需要用圆锥倒3次。

2号学具的实验结果是：沙子装满圆柱刚好用圆锥倒1次。

3号学具的实验结果是：有的圆锥里的沙子倒进圆柱里，还有多余的；有的圆锥2次就能倒满，有的倒4次都不能装满圆柱。

3. 对比结果，探究关系

师：不同的实验结果说明圆锥和圆柱的体积有怎样的关系? 不同体积关系时，圆锥的底和高与圆柱的底和高之间有怎样的关联?

生1：我在实验的过程中遇到了困难。

生2：3次倒满时，说明1号学具中圆锥体积=圆柱体积的$\frac{1}{3}$。圆柱和圆锥是等底等高的。

生3：1次倒满时，说明2号学具中圆锥体积=圆柱体积。圆锥和圆柱等底，不等高，但是，圆锥的高刚好是圆柱的3倍。

生4：倒满次数不确定时，说明3号学具中圆锥和圆柱的体积的关系是不确定的，圆锥和圆柱既不等底也不等高。

4. 归纳小结，验证猜想

等底等高时，猜想3成立：圆柱的体积=圆锥的体积×3，圆锥的体积=圆柱的体积×$\frac{1}{3}$。

圆锥高是圆柱3倍，且等底时，猜想1成立：圆柱的体积=圆锥的体积。

……

上述教学中，教师提供给学生的是3组不同的圆锥、圆柱容器，有的是等底等高的，有的不是等底等高的。利用这些学具学生的学习经历了深入的观察、分析、发现、合作、创新等过程，从而在推导出圆锥体积公式的基础上，又促进实践能力和批判意识的发展，而这些目标的达成需要教师给学习者提供更富有挑战性的学习资源，开展深层次的探究学习活动，从而促进学习者深度思考的发生。

（四）“线性化”教学，学生缺失施展融通联结的空间

教师在教学中常有这样的困扰：学生在解答一些教师原本讲过的习题时驾轻就熟，但是一旦遇到没有见过的，运用已有的知识结构就能解决的问题，总是显得一筹莫展。

通过实践研究我们知道，传统的教学大都是以“小步子、低坡度、分散难点”的方式展开问题教学，学生是在教师设计好的问题链上进行学习的，该种学习方式呈现出鲜明的线性特点。在一个个封闭的问题串中，学生的发散性思维被紧紧地束缚在狭小的空间中。

如“乘加乘减”教学，教师先出示问题情境：5个鱼缸，分别有5条、5条、5条、5条、4条金鱼。

师：想知道5个鱼缸共有多少条金鱼用什么方法呢？

生：加法。

师：怎么加呢？我们今天学的可是乘加乘减啊。

生：就是先乘再加。

师：你说得真好，你能列个式子吗？

生：能。5×4+4。

师：对的。当我们遇到这样的题目时，我们首先要去看有几个几，再与另一个数相加减。我们一起来读一下好吗？

生齐读：先算几个几，再加减。

从上述教学过程可见，教师围绕“乘加乘减”的教学任务，把“共有多少条金鱼”的问题分解成一个个细碎的问题。在线性的问答中，学生的思维始终被教师牵引前行，最终在“先乘后加减”的齐读中完成新知的学习。而那些在开放情境中有可能出现的思维火花因为思考空间的封闭而熄灭。其实，教师用线性的思维方式在把一个富有开放性的问题切割成一个个细碎的小问题时，也就封闭了儿童发散性思维的空间，有深度和广度的思维品质就这样被困厄在线性思维的窠臼中。

二、“思考”——数学灵魂的教学旨归

《义务教育数学课程标准（2022年版）》指出，通过经历独立的数学思维过程，学生能够理解数学基本概念和法则的发生与发展，数学基本概念之间、数学与现实世界之间的联系；能够合乎逻辑地解释或论证数学的基本方法与结论，分析、解决简单的数学问题和实际问题；能够探究自然现象或现实情境所蕴含的数学规律，经历数学“再发现”的过程；能够发展质疑问难的批判性思维，形成实事求是的科学态度，初步养成讲道理、有条理的思维品质，逐步形成理性精神。《中国学生发展核心素养》也明确把科学精神列为6个核心素养之一，并提出了细化的具体要点，即理性思维、批判质疑和勇于探究。由此可知，当下的儿童数学教学亟须拷问数学教育的价值，厘清数学教学的方向，从而促进核心素养在数学教学中的“落地”与“生根”。

（一）让数学教学走向数学教育

随着社会发展全球化、信息化时代的到来，我们亟须超越传统知识、智能与技能等认识要求，建构适应于当代社会背景、促进自我可持续发展和社会和谐发展的关键素养，即“核心素养”。从核心素养的内涵来看，它是学生在接受教育的过程中，渐趋形成的能促进个体发展和社会发展的必备品质和关键能力。在传统的学科教学中，根深蒂固的学科知识立场，对学科价值的认识往往停留于知识的掌握上，忽视了学科的“育人”价值。教师更关注如何把固化的知识传递给学生，忽略了他们在发现问题、解决问题过程中的

知识创造，忽略了他们在大量事实性材料的基础上经历知识的归纳概括、提炼抽象的形成过程。当固化的知识成为数学教学的全部时，作为一个个鲜活个体的人的存在性就被遮蔽，其在认知过程中的创造性及其他素养的养成就没有了落实的可能。义务教育数学课程以习近平新时代中国特色社会主义思想为指导，落实立德树人根本任务，致力于实现义务教育阶段的培养目标，使得人人都能获得良好的数学教育，使不同的人在数学上得到不同的发展，逐步形成适应终身发展需要的核心素养。

（二）让思维训练走向理性思考

《义务教育数学课程标准（2022年版）》指出："学生的学习应是一个主动的过程，认真听讲、独立思考、动手实践、自主探索、合作交流等是学习数学的重要方式。教学活动应注重启发式，激发学生学习兴趣，引发学生积极思考，鼓励学生质疑问难，引导学生在真实情境中发现问题和提出问题，利用观察、猜测、实验、计算、推理、验证、数据分析、直观想象等方法分析问题和解决问题。"传统的小学数学教学，往往重视学生形象思维和逻辑思维能力的培养。其实，数学教学中理性思维远远不止于此，还需要我们在教学中有意识地对学生进行非逻辑思维、系统思维、批判性思维、辩证思维和图构思维等思维方式的培养，使学生养成实事求是、客观分析、一分为二、多角度思考等思维品质，促进学生对数学概念、数学问题进行全面、深入的理解和分析，在深远的思考空间里发现数学规律、掌握数学方法、习得数学思想，从而多方面不同渠道地提升学生的数学素养。

（三）从经历过程步入经验积累

杜威认为，教育的出发点应该是儿童，一切教育教学活动的设计和组织都应确立儿童立场，并在此中引领儿童主动积极地建构。《中国学生发展核心素养》指出，培育学生理性思维的重点是使学生养成崇尚真知的价值追求，理解和掌握基本的科学原理和思维方法；拥有尊重事实和证据的意识和严谨的求知态度，具有问题意识，能独立思考，自主判断；思维缜密，能多角度、辩证地分析问题，做出选择和决定等，即以科学的思维方式认识事物、解决问题、指导行为等。从这个要求来看，我们必须让学生从自己的数学实践出发，经历数学知识"再创造"的过程，在"做"中学，在"问"中学，在“思”中学，不断积累和丰富数学活动经验，在经历的基础上建构新的数学现实。

三、教学返本归元，学生“思考力”在学习中生长

（一）营设“活性土壤”，激活学生数学思考

克莱茵说：“数学是一种精神，一种理性精神。”数学的理性精神蕴含着无限的智慧，有的表现着规定的理性，有的表现着变化的理性。数学教学中，我们需要培养学生思考问题的有序性，也要培育学生解决问题的灵活性。从有序的“规定”到看似无序的“变化”，往往能建立学生的认知冲突和解决问题的需求。学生在这种“心求通而不能，口欲言而弗达”的“愤悱”之中，思维的火花被点燃，主动的积极思考方成为一种可能。

如，在教学“三角形的三边关系”一课，教师这样设计：“有两根小棒，一根是9厘米，一根是7厘米，可以把其中一根小棒剪成两段，你能将它们围成三角形吗？有几种可能？”学生探究后回答分别有4和5、3和6、2和7时，教师又变换问题：“你能把这三种情况的图形画出来吗？”学生画出三种图形。

接着，教师又提出变化的条件：“如果考虑小棒的长度是小数，可能有多少种三角形呢？”学生的思维开始发散，得出4.1和4.9、3.1和5.9、2.1和6.9等无限多种情况。一个又一个变化的问题，激活了学生的数学思维。在层层推进的追问中，学生在加深对三角形三边关系理解的同时，更在潜移默化中受到了极限、对应、函数等数学思想方法的浸润。正是因为有了不断逼近数学本质的追问，学生的思维才得到了发展。

在这个教学过程中，教师没有止步于一定的3种边长为整数的图形可能，而是在从整数变小数、从数字变图形的多层次变式中，引导学生对问题进行积极的思考，并在逐步深入的探究活动中，激活了学生的数学思考，引领学生经历问题发现、知识发生、思维发展的全过程。从定到变，学生不仅深化理解了三角形三边的关系，还多了一回科学精神理性思考的深度体验。

（二）建构“思考系统”，生长学生的数学“思考力”

《义务教育数学课程标准（2022年版）》指出，通过丰富的教学方式，

让学生在实践、探究、体验、反思、合作、交流等学习过程中感悟基本思想、积累基本活动经验，发挥每一种教学方式的育人价值，促进学生核心素养发展。如在教学“用字母表示数”时，教师通过“失物招领启事”引出“字母可以表示数”的概念，接着引导学生展开对“所有的字母都可以表示数、字母可以表示已知的数、字母可以表示未知的数、含有字母的式子可以表示数、含有字母的式子还可以表示数量关系”的探索。从具体的数到用字母表示数，再到含有字母的代数式，是学生思维从一个个具体的点向知识的面汇聚的过程，也是学生思维从具象向抽象生长的过程。

1. 将抽象的问题具体化

课前环节，教师和学生一起玩扑克24点游戏（A、2、3，4；4、8、10、Q），问学生你们是怎么算出来的，初步感受字母可以表示数；接着出示“失物招领启事”启发学生思考“A”表示什么，为什么用“A”表示等问题。

失物招领启事

本人今天在国惠酒店捡到一个红色提包，内有现金A元。请失主到酒店吧台处认领。

杨先生

2020年6月3日

这一环节的设计意图是让学生知晓生活中用字母表示数的实践应用，并在具体情境中理解字母表示数的意义，体会用字母表示数的必要性。

2. 将零碎的问题系统化

建构一

围绕A可以表示丢失的金额，教师抛出问题：“A可以表示丢失的金额，B、C、Y等可不可以？”在讨论中学生得出“所有的字母都可表示数”的结论。

建构二

围绕丢失的金额，教师又抛出问题：“这里的A表示的金额，真的没有人知道吗？谁知道？谁不知道？”通过讨论学生得出“字母可以表示未知数，也可以表示已知的数”的结论。

建构三

出示探究题：妈妈带100元钱购买水果，你能用式子表示买完后剩下多少钱吗？已经买了58元，剩下的钱数是“100–58”；已经买了70元，剩下的钱数是“100–（　　）”；已经买了b元，剩下的钱数是“（　　）”。

在学生说出“剩下的钱数是100–b”时，引导学生归纳出“不仅是字母可以表示数，含有字母的式子也可以表示数”的结论。此处，教师还设计了“（100–b）式子中b的取值范围”的讨论，渗透了初步的函数思想，学生对“符号化”的理解在深入探究中走向主动建构。

3. 将系列的问题进阶化

教师先出示分发图书的情境图，接着引导学生将实际问题抽象成数学问题，剥离出数量关系，并用字母表示出120–4a=20的等量关系。这一含有字母的等式即描述客观相等关系的数学模型，亦即方程。此环节的设计既是教学用字母表示数的深化，也是列方程解决实际问题的本初体验，是下一阶段教学列方程解决实际问题的铺垫。这一课的教学，教师没有纠结于用字母表示数的方法上的学习，更多的是转向对用字母与数的关系的探讨，教学中着力使学生充分感受到符号及符号化的便利，并及早孕伏代数的思想方法，意在消弭中小学初中数学教学之间的裂隙，加强小学初中两个学段之间数学教学的衔接，同时落实核心素养的进阶发展。

学生的思维经历了从具体的数到用字母表示数，再到含有字母的代数式的数学化过程。正是在一次次这样的经历中，儿童的数学思考由点到面不断生长，思维能力不断提高。

（三）跟进思辨进程，提升学生的数学“思考力”

柏拉图说：“我们应该区分两种不同的存在——一种是经验存在，一种是理性存在。经验存在是有缺陷的，而理性存在才是完美的。”可在我们的小学数学教学中，常常见到经验对理性的干扰和遮蔽现象。比如，在“三角形稳定性”课堂教学中，绝大多数的教师以“看能否拉得动”的经验来引领学生对三角形稳定性的理解和认知，这种缺乏对数学知识本质探索的教学假象不断弱化着学生数学思考的深刻性和理性。事实上，如果我们用同样的木质材料分别制作一个三角形和一个四边形器具，首先，引导学生拉扯三角形学具，学生貌似理解了三角形具有稳定性；接着，让学生去拉四边形学具，学生们由“四边形可以拉动”得出“四边形不具有稳定性”的认知理解。课上到这里，对三角形稳定性的探究就结束了，但从知识的理性思考分析，尚远远不够。在教学中，教师还需带领学生进行深入的探究。教师可以这样教学。

在学生操作感知两边相交点可以动的木质材料三角形和四边形学具后，出示了用铁质材料焊接的两边相交处不可以动的四边形学具，再让学生们动手拉一拉。

师：这个四边形拉得动吗？

生：拉不动。

师：拉不动，难道四边形也具有稳定性？

生：（疑惑不解）为什么有的拉得动，有的拉不动呢？

师：看来拉得动和拉不动并不是判断某种图形是否具有稳定性的根据。学生们我们换一种方式去探讨“三角形稳定性”好吗？

生：什么方法？

师：请你们先用老师给你的学具小棒摆一个三角形和一个四边形，然后再用同样的小棒摆一摆。最后我们看一看、比一比，同样的小棒能不能摆出不同形状的三角形和四边形？

在三轮操作中。学生们对“三角形稳定性”的认识由浅入深。此中，他们不断去除对三角形稳定性的非本质认识，渐趋接近对三角形稳定性的本质理解。在无疑处生疑，在生疑处探疑。通过操作、比较、交流，学生们终于明白三角形稳定性的本质在于其几何形状决定了其形状和大小在受到外力作用时固定不变。学生们经历了对规律的初步认知、对规律的怀疑、对规律本质的再认识三个阶段。此中的认知冲突、操作体验不断促进学生数学思考走向深刻与理性。作为教师，我们需要走出自我营设的经验世界，及时发现原有经验对学生数学思考的干扰与束缚，由浅入深，突破表层，引领学生发现数学本质，把学生带入深刻而又理性思考的数学完美世界中。

（四）培养质疑能力，让思维在审辨中生长

《义务教育数学课程标准（2022年版）》提出：“养成良好的学习习

惯，形成质疑问难、自我反思和勇于探索的科学精神。”从数学课程标准的表述可以发现，新课程理念提倡在教学中培养学生的审辨思维，将学生培养成具有审辨思维能力的人，能够区分事实判断和价值判断，能够理解做出不同判断所依据的价值选择。实践告诉我们，学生数学学习的过程一头连着个体内在已有的数学现实，一头连着学生外在的可能触摸到的视界。在学生数学学习过程中，如果学生遭遇凭借自己思考不能解决的问题时，我们就需要引领学生在动手实践中去“做数学”，从而实现动手实践与数学思考共生的“视界融合”，例如：“茶厂工人要将长、宽各为20厘米，高为10厘米的长方体茶盒装入棱长为30厘米的正方体纸箱，最多能装几盒？怎样才能装下？”在实际教学中，学生从已有的数学现实出发，遭遇了问题解决的困境。

师：同学们，这道题我们怎么去解答呢？

生1：先算出大纸箱的体积，再算出茶盒的体积，两者相除，列式为30×30×30÷（20×20×10）=6……3000，所以说大约能装6盒

生2：我也是这样想的，但我想不出来怎么把6个茶盒放进去，也许6盒是放不进去的。

生3：只能放5个茶盒。我是用画图的方法，6盒放不下。

师：同学们的意见不相同吗？用计算的方法可以知道放6盒还有剩余的空间，但是有的同学用画图的方法，好像又放不进去。究竟能放几个茶盒？有人说放5个茶盒，可大纸箱27000立方厘米，5个茶盒共20000立方厘米，余下7000立方厘米。难道真的放不下一个4000立方厘米的茶盒了吗？

众生争执不休。

此时的学生正在自己已有的数学现实里思考，对通过计算得出的答案也产生了怀疑。当空间想象式的思考不能解决面临的问题时，我们需要把学生的思维引入另外一个“视界”，即“实践视界”。于是教师布置学生课后回去动手实践：对于这道题，大家的意见不能统一，那我们就去动手研究，今天回家的作业就是每人做一个与题目中相同尺寸的纸箱和茶盒，然后亲手摆一摆，看一看能放几个这样的茶盒。第二天的数学课上，学生通过交流操作发现，得到了“纸箱最多可放6个茶盒”的结论。

为此，当学生的数学思考遭遇阻碍时，教师需要相机转变教学方式，把学生从自我内在的“视界”引向现实外在的“视界”。在开放的数学实践活动中引领学生开展积极而有价值的思维探索。唯有如此，数学教学才能走出狭隘、封闭、守旧的教学范式，从而在开放而又富有探索意味的教学过程中优化学生的思维品质。教学空间的开放，对问题答案的质疑，使学生“不唯书、不唯师、不唯上”，学生的数学思考由此走向深刻和理性。

怎么培养思考力

——瞄准靶心，指向核心素养

思考力既是学生认知发展的重要组成部分，也是学生形成发现问题、提出问题、分析问题、解决问题的能力（简称“四能”）和树立创新意识的基础。思考力不仅关系到学生对当下所学知识的深度理解和有效应用，更是未来他们适应和引领变革社会的关键能力。传统的知识记忆和重复应用已无法满足现代社会的需求，培养具有独立思考和解决问题能力的学生成为教育和社会的重要任务。《义务教育数学课程标准（2022年版）》指出，数学教学活动，特别是课堂教学应激发学生兴趣，引发学生的数学思考，掌握数学的基本思想和思维方式。《中国学生发展核心素养》也明确把科学精神列为六个核心素养之一，并提出细化要点：理性思维、批判质疑和勇于实践。学生善于思考，能用数学语言呈现问题解决经历、养成思疑证惑的习惯是小学数学学科教学的本质要求，也是在学科教学中培养理性思维、批判质疑等核心素养的必然选择。

一、思辨与致用——数学教学的价值取向

在人们的惯常思维中，致用与思辨是两种相互对立的价值取向，分别彰显于不同的数学范畴之中。“应用数学”是致用取向的，“纯数学”是思辨取向的。尽管致用和思辨表征着不同的两种价值取向，但两者之间并非相互排斥，而是相互联系、相互渗透、辩证统一的。从发生学的角度来看，人类最初是以实用性为主，随着经验的日积月累，思辨理性从实用性中分化出来

并逐渐获得独立存在。因此，实用性是思辨理性的基础，而思辨理性以对物质性思维的超越而彰显出更高级的实用性，从而对实用性具有深刻的指导作用。同时，两者在数学学习活动中常常相互联系，彼此交织在一起。斯实塞曾说，“获得任何一种东西都有两项价值，作为知识的价值和作为训练的价值；获得每一种事实的知识，除了用以指导行为外，也可以用来练习心智；应该从这两方面来考虑它在为完满生活做准备时的效果。”因此两者之间在一定条件下可以相互转化。思辨性质的数学可以转化为普适性的实用技术，而实用性知识的学习也可以升华为精神层面的享受——通过揭示数学事实和现象背后所蕴含的数学原理，学生可以获得纯粹智慧的快乐和洞察“未知世界”奥秘的成就感和价值感。

致用和思辨是数学教学的两种价值取向，且相互依存，相互转化。我们既要看到显性的实用价值，更要关注隐性的思辨价值，两者不可偏废，不可忽略。

二、主要落脚点——指向核心素养

自2014年教育部正式印发《关于全面深化课程改革 落实立德树人根本任务的意见》以来，“核心素养”成了教育教学工作中的一个热点词汇。我们将教育教学的最终落脚点，归结在培养学生的核心素养上。新的高中数学课程标准发布之后，明确了高中数学教学的六大核心素养，即数学抽象、逻辑推理、数学建模、直观想象、数学运算和数据分析。关于小学数学的核心素养，当前不同专家说法不一。有研究者指出，小学阶段的数学核心素养，不妨从数感、符号意识、空间观念、几何直观、数据分析观念、运算能力、推理能力、模型思想、应用意识和创新意识这十大核心词出发，通过十大核心词的落实，推动数学核心素养的发展。亦有学者在此基础上将十大核心词提炼为运算能力、空间观念、数据分析观念、推理能力、模型思想，更凸显“核心”的味道。课程标准制定组组长史宁中教授则更加概括地提出，可以从抽象能力、推理能力、模型思想三个维度，对核心素养作出界定。种种尝试，由十到五，再到三，展现了大家对核心素养之核心价值的追求。

一定层面上来说，数学核心素养最终应当体现在数学思维能力的发展：

思维是人的一种高级的心理活动形式。数学思维也就是人们通常所说的思维能力，即能用数学的观点去思考问题和解决问题的能力，思维作为垂能力和品质，作为人的智力的核心，是人的智慧的集中体现。在培养的过程中，使学生学会生存也好，学会关心、学会学习也好，只有学会创造性地思维才是最核心和首要的。因此，提升学生的思辨力，即提升学生的数学思维能力，是数学核心素养的主要落脚点。

提升学生的数学思考能力是数学教学的重要任务，数学思考能力决定着学生的数学思维水平，影响着学生的数学知识水平。小学阶段是学生数学思考能力发展的关键时期，这一阶段的数学思考能力水平对人的一生都有着重要的影响。

思考力，实现“三有”的驱动器

“少年强则国强”，青少年“有理想、有本领、有担当，国家就有前途，民族就有希望”，学校唯有落实立德树人根本任务，才能培养德智体美劳全面发展的社会主义建设者和接班人。当代的少年儿童唯有“有理想、有本领、有担当”，才能在中华民族伟大复兴的道路上堪当大任。

习近平总书记在党的二十大报告中指出，“加强党的政治建设，严明政治纪律和政治规矩，落实各级党委（党组）主体责任，提高各级党组织和党员干部政治判断力、政治领悟力、政治执行力”。当今社会纷繁复杂，党员干部往往会面对各种诱惑和挑战，如果没有牢牢把握政治“三力”，就容易产生思想滑坡，出现官僚主义、形式主义，从而给党的形象带来负面影响，给社会主义事业带来损失。青少年作为社会主义建设者和接班人，也需要从小培养政治“三力”，而思考力则是政治“三力”的基础。

政治“三力”中，“政治判断力”和“政治领悟力”实际上是思考力，判断靠思考、领悟靠思考，所以说“政治判断力”和“政治领悟力”的基础就是思考力。政治“三力”中的“政治执行力”，执行力的核心是“做”和“干”，就是要把决定了的事情变成具体的行动，推动和推进工作，有效地完成目标任务。执行与落实既有联系又有区别，执行比落实更强调下级对上级、个人对组织的负责态度；落实着重结果，而执行既看结果，也看过程；落实强调的是扎扎实实，执行强调包含扎扎实实在内的战斗力、推动力、创造力。可见执行力包含着我们每个人对待工作的责任心和责任感。责任心和责任感又来自哪里？来自思想认识，也就是思考力。由此可见，要想我们青少年未来有强大的政治“三力”，就必须从小开始培养他们的思考力。思考力的历练和提升，对培养少年儿童成为“有理想、有本领、有担当”的人有着重要的作用，可以说，思考力是实现“三有”的驱动器。

思考力有助于青少年选择和树立“有理想”。实现中华民族的伟大复兴，广大青少年既是追梦者，也是圆梦人。追梦就需要激情和理想，就要有执着的信念、优良的品德。苏格拉底曾说，世界上最快乐的事，莫过于为理想而奋斗。人生是船，理想是帆，只有树立远大理想，人生的航船才能在理想风帆的导引下破浪远航，到达圆梦的彼岸。回顾历史，鸦片战争以后，中华民族用110年的时间思考与探索，找到了民族独立和人民解放之路；用70年的时间思考与奋斗，迎来了从站起来、富起来到强起来伟大飞跃的新时代；用40多年的时间思考与创新，创造了综合国力、人民生活水平和国际影响力大幅跃升的新境界。毛泽东同志在延安窑洞里昏暗的灯光下写出《论持久战》，少年周恩来立下“为中华之崛起而读书”的誓言，矢志不渝……革命先辈志存高远，心怀祖国和人民，于民族生死存亡之际力挽狂澜，为民族伟大复兴不懈奋斗，谱写了彪炳史册的人生之歌、奋斗篇章。教育的初心和使命是立德树人，就是要帮助青少年“扣好人生第一粒扣子”，培养他们树立正确的世界观、人生观、价值观，做社会主义核心价值观的坚定践行者、推动者、引领者。我们教育引导青少年，勤学习、善思考，用中国梦激扬人生梦，为人生点亮理想的灯、照亮前行的路，积极引导他们不断追求更高的目标。中国特色社会主义进入新时代，中国日益走近世界舞台中央，中华民族距离伟大复兴的目标从未如此之近。当下的青少年生逢其时，也重任在肩，要在中国共产党的领导下，听党话、跟党走，坚定道路自信、理论自信、制度自信、文化自信，爱国、励志、求真、力行，为国家建设、民族复兴凝聚起磅礴的力量。

思考力有助于青少年“有本领”的历练和进阶。事业靠本领成就，梦想从学习开始。要想成就一番事业，必须要有丰富的知识、过硬的本领，求真学问，练真本领，求真理、悟道理、明事理，把学习作为一种责任、一种精神追求、一种生活方式。当前，人类正快速进入以大数据、云计算、人工智能、物联网等为标志的信息化时代，知识迅速更新迭代，新思想、新事物、新情况层出不穷。青少年必须牢牢抓住人生学习的黄金时期，勤学、修德、明辨、笃实，打牢基础知识，勇于创新创造，不断增强知识更新的紧迫感，不断丰富学识、增长见识。同时，“既多读有字之书，也多读无字之书，注重学习人生经验和社会知识”，在改革开放和中国特色社会主义建设的伟大实践中砥砺奋进，打好堪当大任的基础。唯有如此，青少年才能在激荡的时代中赢得主动、赢得位置、赢得未来。

有了坚定的理想信念，有了扎实的学识和过硬的本领，青少年实现自己的远大理想和抱负的必由之路，就是把理论与实践相结合，到祖国和人民最需要的地方放飞青春梦想。“纸上得来终觉浅，绝知此事要躬行”“空谈误国，实干兴邦”“艰难困苦，玉汝于成”，青少年要同全国各族人民一道，珍惜韶华、奋发有为，自觉担负起时代赋予青年的历史重任，勇做走在时代前列的奋进者、开拓者、奉献者，做知行合一的实干家。只有把有限的生命投入到无限的为人民服务中，把自己的人生理想融入国家和民族的伟大事业中，在为人民服务中茁壮成长、在艰苦奋斗中砥砺意志品质、在实践中增长工作本领，不惧风雨、勇挑重担，让人生在党和人民最需要的地方绽放绚丽之花，才能在实现中华民族伟大复兴的历史进程中实现人生价值，最终成就一番事业，这样的人生才是有意义有价值的人生。

案例：“三百星”的故事

阅读完《“三百星”的故事》材料，你想提出什么样的数学问题？请用数学方式表达中国航天科技50年来飞速发展的情况。

阅读资料：1970年4月24日，中国发射了独立自主研制的第一颗航天器“东方红一号卫星”，迈出了走向太空的第一步。2020年11月24日到12月17日，“嫦娥五号”完成了23天的月球采样返回之旅，创造了中国航天史上又一块里程碑。从“东方红一号”到“嫦娥五号”，中国空间技术研究院研制并成功发射了300个航天器，俗称为“三百星”，包括第一颗人造卫星、第一艘飞船、第一颗导航卫星、第一颗月球探测器、第一个空间实验室、第一艘货运飞船……其中，完成第一个“百星”用了41年时间，完成第二个“百星”用了6年时间，而达成第三个“百星”只用了3年时间。

（摘编自《人民日报》2021年1月18日《科技视点》）

教学要旨：

在引导学生阅读资料的过程中，启发学生思考——发现并提出问题。50年发射300颗星，可以求出平均每年发射6颗星，即300÷50=6。还可以思考、研究、计算每一个“百星”的时间段和年平均发射星的数量。得到：

第一个“百星”：100÷41≈2（颗），

第二个“百星”：100÷6≈17（颗），

第三个“百星”：100÷3≈33（颗）。

通过对比分析每一个“百星”在三个不同年段的平均数，特别是与“平均每年发射6颗星”比较，可以让学生更加直观地感悟到数据变化的趋势与程度，体会平均数的统计意义，感受我国航天事业的加速发展。

通过阅读资料，知道中国空间技术研究院从1970年到2020年的50年里已经向太空成功发射了300个航天器，俗称为“三百星”。根据发射一个“百星”所用年数，体会用平均数的统计意义，同时感悟中国航天科技加速发展的趋势，从而引导学生树立理想、努力学习本领、增强担当意识。

中篇

数学思考力的培养策略与评价

数学思维能力的发展是数学活动经验的积累，数学核心素养最终应体现在数学思维能力的发展上。思维作为一种能力和品质，作为人的智力的核心，它是人的智力的集中体现。“为思考力而教”，需要把思考力的生成和提升贯穿课堂教学始终，并从课内延伸到课外，需要教师根据数学思维的发展特点，在关注数学知识技能习得的同时，通过培养策略与评价举措，有效促进学生数学思考力的生成与提升。

数学思考力培养途径

思考是人的思维探索活动，而思考力则是在人的思维活动中产生的一种具有积极性和创造性的作用力。数学思考力是指学生经过系统的数学教育，在面临各种问题情境时，能够自觉地应用数学的思想和观念去发现数学现象，并尝试应用数学的知识和方法去解决实际问题的一种创造性的思维能力。因此，我们要从发展思维出发，落实思考力培养路径。

一、适度抽象，让数学思考力有效生成

适度的抽象不仅有助于学生深入理解数学概念，还能激发其创造性思维和逻辑推理能力。过度的抽象可能导致学生难以理解数学概念，而限制其思维的深度和广度。适度抽象要求教师根据学生的认知水平调整教学内容和方法，确保学生能够在理解的基础上进行有效的抽象。学生学习新知时，总是由具体直观的生活情境或媒介素材入手，经由恰当的教学手段和学习过程，实现由具体到抽象的跨越，从而理解和掌握数学的本质。在教学中，教师要把握好抽象的时机和路径，顺应学生的学习思维，使抽象过程平顺而自然。

例如，在“认识小数”的初始阶段，学生对小数的认识必须依托具体量的支撑，这是符合学生的认知规律的，但如果学生的认识只停留在具体的带“量”的小数上，思维显然得不到发展与提升，也偏离了教材的编排意图。因此，如何从“有量的小数”提升到“无量的小数”，是本节课的核心。于是，教师借助线段图直观模型设计了一个换计量单位的数学活动，进行了以下教学。

首先，教师引导学生归纳把1米平均分成10份，其中的几份可以用十分

之几米和零点几米来表示，之后安排了一个在线段上找0.8米的活动，学生通过观察、思考，很顺利地找到了0.8米。（如图1所示）

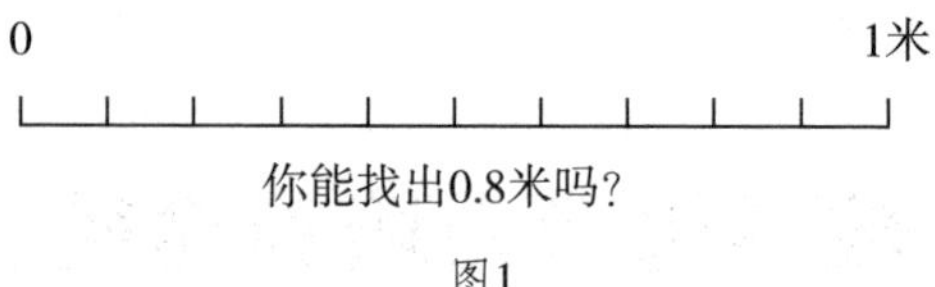

图1

接着，教师马上分别出示一条数量单位为“元”、一条数量单位为“千克”和一条数量单位为“时”的线段，顺势推舟提出问题：“你能在线段上找到0.8元、0.8千克、0.8时吗？”（如图2所示）学生在充分观察、比较思考的基础上，发现虽然出现的计量单位不同，但是本质意义是相同的：都是把一个计量单位平均分成10份，其中的8份可以用$\frac{8}{10}$或0.8来表示，因此学生均能很快找到答案，并体验到成功的喜悦。

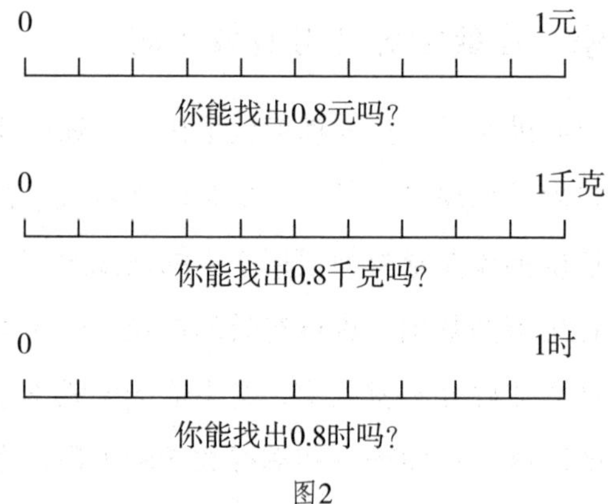

图2

最后，教师继续推进：“如果是0.8，你还能在线段上找到吗？”经过一番激烈的思维交锋，学生认识到要找到0.8就必须去掉单位才可以，这样去掉“量”的需求就水到渠成了。教师顺势把3条线段中的“具体量”去掉变成“无量”，把3条线段合并为1条线段，从而顺利由“有量”过渡到“无量”的抽象提升阶段，直触小数意义的本质。

以上教学中，教师给学生充足的时间和空间，借助线段直观模型，依托直觉和经验，顺利实现“有量小数”到“无量小数”转化，直指概念本质。

教师所选用的教学素材简约而不简单，轻轻松松让学生经历了数学抽象的过程，同时体会数形结合的思想，抽象思维再次得到提升。

二、清晰有序，让数学思考力系统构建

数学思考力不仅仅是解决问题的能力，它还包括逻辑推理、批判性分析和创造性思维。为了有效地培育这种能力，教学过程必须设计得既清晰又有序。数学知识是一张“网”，学生数学学习的过程就是一个不断“织网”、不断完善补充的过程。只有将新知不断纳入原有认知体系，构建起结构清晰、脉络分明的知识网，学生对数学知识的把握才更加全面和牢固。在数学教学中，教师要有教材的全局观，要引导学生厘清教材脉络，把握好知识之间的联系；要帮助学生养成有序思考的习惯，使学生在新知学习过程中更加清晰，更加系统。

（一）厘清教学内容的脉络

教师在备课时，对于新授内容在小学数学知识体系中的地位以及与相关知识点之间的联系必须有清晰的把握。厘清楚知识脉络，教师在教学中才能做到“瞻前顾后”，从而培养起学生系统学习的意识。这样，学生学习的新知不会呈现“点状”，而能够连点成线，连线成面，形成网络。

例如，在执教人教版四年级下册“三角形的特性”这节课，学生通过第一学段及四年级上册对图形与几何内容的学习，对三角形已经有了直观的认识，能够从平面图形中分辨出三角形，本单元的教学就是在此基础上，进一步丰富学生对三角形的认识和理解。同时，本节课是在学生学习了长方形、正方形等平面图形的基础上进行教学的，学生又有在四年级上学期的时候学会如何从直线外一点画已知直线的垂线的经验，因此，通过知识的迁移，让学生突破画高的难点。教学中，教师通过引导学生沟通新旧知识之间的联系，感受到知识之间的整体性和连续性。

再如，人教版三年级下册“除数是一位数的估算除法”这节课，该课上承该知识点的第1课时，下启“除数是一位数的笔算除法”，且该课的教学对“笔算除法”“试商”以及“估商”也有着重要意义。从“估算”教学来看，本课是学生首次接触除法估算，这是基于学生加减法估算、乘法估算

的学习经验展开教学的。同时，也为后续学习“除数是两位数的估算除法”及“用估算解决问题”积累经验。本单元并未涉及估算结果作“估大”“估小”的思辨及“比较应用”（教材安排在五年级），但对估算结果的分析与运用理应成为估算教学的重要组成部分，因为这样的分析、运用能极大地促进学生对估算意义的理解。因此，本节课的教学实践中，教师需整体厘清“估算”相关内容衔接，给予学生充足的思考和表达的时间，有意识地引导学生对不同情况进行估算，也可尝试让学生理解估算结果与精确值的大小比较（估大、估小）及差距（精确度），培养估算意识，整体构建估算的教学路径。

又如，人教版二年级上册“数学广角”这一单元中的“搭配（一）”这节课，其主要学习内容是3个元素两两组合的组合数，这是学生学习排列组合的开端。三年级下册“搭配（二）”，安排了从4个元素和5个元素中两两组合的组合数的学习，这是二年级“搭配”问题的进一步拓展和延伸。两个年级的“知识接力”，使学生能够掌握找出组合数的方法，初步形成有序思考的意识。两个年级的内容既有衔接，又有所侧重。在厘清知识脉络之后，更有助于教师准确把握教材，灵活使用教材，实现学生对知识点的准确理解和把握，更好地形成知识脉络体系。

（二）要结构化设计教学流程

在新知教学中，教师不仅要引导学生在知识点的掌握上体现前后联系，形成体系，教师的教学设计也应当形成结构，体现思维的系统性。

例如，人教版五年级上册“组合图形的面积”这节课，是学生对本单元所学习的平行四边形、三角形、梯形等基本图形面积计算的综合运用。学生在之前的学习中积累了一定的转化和等量代换的经验。本节课学习活动的开展着眼于关联学生原有的认知经验，将组合图形通过“分割”“添补”“变形”等方法转化为基本图形，在多样化的方法中丰富学生的体验，在分类对比中深化学生的认识，在实践中落实学生的素养，实现转化思想在本单元的进一步应用提升。同时，在三年级关于求图形阴影面积的相关学习中，学生也有过类似的学习经验，教师在教学实践中可以设计学生自主学习环节，让学生尝试用旧知识解决问题，并展示、说理，让学生体会知识与方法的连续性与结构性，体会用旧知识解决新问题的成就感。

又如，在人教版二年级上册“搭配（一）”的教学中，例题中呈现的是“有3个数——5、7、9，任意选取其中两个求和，得数有几种可能”，“做一做”练习呈现的是“每两个人握一次手，3个人一共握几次手”。学生要解决这两道问题，可以采用列表、连线、枚举等方法。在寻找组合数的过程中，学生们能体会到找组合数和顺序没有关系，从而厘清组合和排列的区别。但是，由于元素的数量比较少，尽管教师可以在教学中引导学生有序思考，学生却很难体会有序思考的必要性和方法。这时，教师不妨再往前迈一小步，让学生试着去思考“每两个人握一次手，4个人一共握几次手”。学生有了解决前面的“3个人一共握几次手”的经验，就能够尝试着自主解决这个问题。在解决这个问题的过程中，学生会经历从“无序”到“有序”的思维过程，逐渐琢磨出以下两种连线方法。虽然连线的方法不同，但其中都蕴藏着“序”。第一种方法是从第一个人开始连线，全部连完之后再接着连第二个人，依次往后；第二种方法是先连最短的连线，然后再连稍长一些的，依次往后。正是因为多了一个元素，有序思考变得更凸显、更有意义。

可能有些老师会质疑，“每两个人握一次手，4个人一共握几次手”不是三年级的教学内容吗？提到二年级来是不是超纲了？这样的质疑有一定的依据。确实，三年级“搭配（二）”中主要解决“4个元素和5个元素中两两组合的组合数”。但是，在二年级进行这样的适度拓展，正是基于培养思维系统性的一个考量。引进了4个元素中两两组合的组合数，更能体现出有序思考的教学价值，也为三年级的学习埋下了伏笔，更好地体现了这个知识点的教学脉络。当然，二年级的教学内容和三年级的教学内容各有侧重，教师在教学设计时既要体现出结构化，还要注意把握好教学的“度”。

数学思考力的培养是一个系统的过程，需要清晰和有序的教学策略来支撑。通过结合传统教学方法和现代技术，可以更有效地激发学生的学习兴趣，培养他们的逻辑思维和问题解决能力。

三、深入辨析，让数学思考力逆向提升

所谓“理不辩不明”，当学生在学习过程中遇到迷惑不解或者含混不清

的知识点时，通过深入辨析，学生可以更加深刻地掌握和理解新知。在教学中，教师要有意识地培养学生的辨析能力，也就是在听课或者思考的过程中多问几个“为什么”“是这样吗”“还有可能是什么”等问题，引导学生多质疑、多思辨、不盲从、不跟风，培养学生的独立思维和批判思维，这对培养学生的思维能力大有裨益。限于心理特点和学习规律，小学生的思辨能力还处在初步发展阶段。教师在教学中要善用策略，创设辨析时机，引导学生进行有效的思考和辩论。

（一）引“辨”有方

教学不能为“辨”而“辨”，否则就会走人空谈的误区。教师应当准确把握教学中的“辨析点”，抓住教学中有辨析价值的问题，通过对这些问题的辨析，达到厘清概念、发展学生思维的目的。

例如，在“认识周长”这节课教学中，教材里呈现：封闭图形一周的长度叫作周长。一开始，教学往往借助树叶和课本封面，通过找一找、摸一摸、说一说的方式，在动手操作中，引导孩子尝试着说一说什么是周长，根据孩子们对“边线一周”的不同描绘结果，以对比的方式突出对“边线一周”的理解后，进行总结概括，然后在此基础上，顺其自然地引出“周长”的含义。根据以往的经验，学生对“边线一周”存在模糊的认识，所以在这个环节，可以展示不同的“非周长”情况，让学生辨析，深化理解“封闭图形、一周、长度”这几个关键词，理解周长的含义，提高思维能力。

又如，在“三角形的特性”这节课的教学中，教师抓住了学生学习中的一个疑难点，设计了一个问题——画出下面三角形AB边上的高，激起了学生讨论的热情和兴趣，达到了很好的教学效果。

学生对于锐角三角形和钝角三角形指定的底边上的高没有什么疑问，而对于直角三角形指定底边上的高产生了分歧，出现了如下的不同解答。有学生认为，BC边的高就是AB边；有学生认为必须“画”才是高，所以明明感觉不太对劲，还是固执地在三角形里画出一条“高”来，这就是学生的一个疑惑点。这里，光靠教师直接告知答案是不够的，教师可以引导学生就这个分歧展开辩论。通过辩论，学生明确了在直角三角形中两条直角边互为底和高。有学生生动地做了这样的阐释：“直角三角形直角边上的高被另一条直角边挡住了，重合在了一起。”教学中，教师捕捉到了学生学习中的难点，设计了相关练习，让学生产生认知分歧，再通过辩论明晰认知盲点，从而更好地掌握新知。

（二）导“辨”有法

在新知学习中，“辨”是内在的思维活动，“辩”是外显的语言阐述，两者互为促进，融为一体。由于小学生的思维能力和语言表达能力还不成熟，无论是自我辨析还是同伴间的辩论，都需要教师即时点拨引导，才能“辨”得有方向、有效果。

例如，教学“三角形的面积”，教材引导学生利用两个完全相同的直角三角形、锐角三角形、钝角三角形通过倍拼的方法，转化成已经学过的图形进行探究。在以前的学习中，学生积累了类似的经验，不难得出三角形的面积公式。但是在教学实践中，可以不给学生不同类别的三角形，而让学生先利用倍拼法或者画图法自主推导，并且展示不同的做法，然后说说怎么想的，再对比不同同学的做法有什么相同点和不同点（如，两个三角形要完全相同，深化倍拼法或者公式中2的意义。也可发现，有的同学用的是钝角三角形，有的同学用的是直角三角形，有的同学用的是锐角三角形，从而得出三角形的类型可以不同，以及两个完全一样的直角三角形拼出的是长方形和正方形等结论），最后在表达三角形面积公式的推导过程中，教师帮助学生厘清思路，形成“有条理地思考，有根据地表达”的数学素养。

又如，在“长方形和正方形”一课的教学中，教师从信封里抽出图形的一部分，让学生猜猜信封中藏着的是什么图形。有的学生猜是长方形，有的学生猜是正方形，双方争执不下。学生这时候的“辨”处在直观辨认阶段，是“看”了之后的直观感知，这样的辨析达不到发展学生思维的目的，也难以达到这个环节的教学目标。这时候，教师要及时引导点拨，帮助学生看清直观感知背后的数学本质。教师可以适时提出问题：“你们是怎么判断出它是什么图形的呢？”帮助学生从直觉阶段走入思考阶段，学生们开始结合图形的特征说理。虽然学生能够说出“图形露出来的部分有两个直角，上下两条对边看起来相等”，但还是不能触及更深层次的思考。教师还应及时补充问题：“怎样才能确定它是长方形还是正方形？”在这个问题的引导下，学生将目光聚焦在两条邻边的关系上。学生提出："可以把图形再拉出来些，如果上面的边和侧边一样长，就是正方形；如果上面的边和侧边不一样长，就是长方形。"在这个教学环节中，教师的两个关键问题，让学生的辨析从直觉感知走向了理性判断。深入辨析作为一种教学方法，能够有效促进数学思考力的逆向提升。通过问题倒推、案例分析、理论反证和结构重组等策略，学生能够在理解深度和问题解决能力上获得显著提升。教师应积极探索并实践这些策略，以培养学生的逆向思维能力。

四、多维思辨，让数学思考力灵动联通

数学的魅力之一在于它是"活"的。学生在探究一个数学问题时，往往不只一条路径，不只一种答案，其中的千变万化常常令学生沉迷。教师在教学中，要引导学生进行发散思考，培养学生思维的灵活性。在习题设计中，教师要有意识地设计一些开放的、灵活的题目，在解决问题的过程中培养学生思维的灵活性。

（一）设计灵活的习题

传统的习题设计，答案往往是单一的、封闭的，这在一定程度上束缚了学生思维的发展。我们在设计习题时，要注重避开陈旧、老套的出题模式，设计一些灵活有趣的题目，有益于发展学生思维的灵活性。

例如，教学"质数与合数"一课，教师设计一题"猜猜我是谁"，通过学生自己的学号数字，写出自我介绍，让学生猜自己是几号。这类题目每个学生都有内容可写，还可根据其他相关知识介绍，如因数与倍数，奇数与合数，列算式等，提供不同信息让别人猜到，题目具有多样性和趣味性。学生认真思考后准确表达，可以达到学以致用的效果。

又如，教学行程问题时，常见这样的习题："学校操场长400米，小明每分钟走120米，小红每分钟走80米。他们两人同地相背而行，经过几分钟之后两人相遇？"这属于相遇问题的基本题型，是对相遇问题模型的基本运用。如果这样改编一下题目："学校环形操场长400米，小明每分钟走120米，小丽每分钟走80米。小丽和小明同地出发，小丽先走6分钟，小明再出发。小明该朝哪个方向走，能最快与小丽相遇，相遇时经过了几分钟？"这

样一改，使得这道题目变得更灵活有趣。小丽先走6分钟，其实小丽和小明之间的差距就是80米。由于这相差的80米，使这道题既可以是相遇问题，也可以是追及问题，有了两种不同的思路，避免了思维惯性，培养了学生思维的灵活性。

（二）设计开放的习题

封闭式的习题，答案唯一，学生容易形成整齐划一的“步调”，对学生、对教师而言都比较好掌握。然而，长期解答封闭的题目，对于发展学生的思维是不利的。因此，在习题设计上，我们可以设计一些开放的题目，让答案不唯一，给予学生更广阔的思维空间。

例如，执教“小数的意义”一课，老师设计了一道前测题：你能画出0.1吗？你能画出$\frac{1}{10}$吗？学生根据生活经验，画出各种$\frac{1}{10}$和0.1的图形，有长方形、正方形、圆形、线段等，通过统计学生的答案，展示相同与不同的例子，在课堂上让学生自然而然地联系分数与小数，强化平均分成10份，理解小数的意义，促进后续学习小数的进位的迁移。

再如，教材上有一道练习：用0、0、0、1、2、3、4等7个数字组成1个7位数。某教师在黑板上板书这7个数字后，问学生：“用这7个数字卡片组成1个7位数，你能想到什么数学问题呢？”学生依次提出了“怎么不读出0”“怎么只读1个0”“怎么3个0都读”“怎么读2个0”等问题。老师将学生的这些问题简单地板书在黑板上，再让学生尝试分别自己写一个问题。类似这种具有思考力的习题（比如“※号题”），需要教师对教学进行有序组织，充分展开讨论和交流，拉长思考的过程，提升学生的思维品质。

在教学过程中强调问题的关键信息和求解目标，帮助学生形成精准的问题理解。通过逻辑思维训练，如命题逻辑、推理方法等，提高学生的思维严谨性。加强数学基本概念和原理的教学，可以为学生提供坚实的知识基础。通过限时练习和模拟考试，培养学生快速识别问题和解决问题的能力，激发学生的学习兴趣和思维活力。

五、精准切入，让数学思考力严谨敏捷

在教育过程中，学生面对数学问题时往往缺乏精准性和敏捷性，导致数学思考力不够严谨和高效。学生在解决数学问题的过程中，不仅要能够正确解答，最好还要提高解决问题的效率，遇到问题时能够快速地准确地做出判断。教师要教给学生解决问题的方法，培养学生思维的敏捷性。

（一）善于捕捉信息

面对纷繁复杂的信息，能不能准确地对信息进行分类整理，并且快速地找到所需要的信息，影响着学生解决问题的速度。因此，教师要着重培养学生收集整理和捕捉信息的能力，使学生能够快速准确地找到有用信息，从而更好地解决问题。

例如，教学“年月日”时，计算经过天数是重要的内容。这种练习中经常会出现多个数字，学生需要看清题目信息及问题，想清楚再解答。如2021年6月17日—2021年9月17日，“神舟十二号”航天员在太空驻留了几个月？驻留了几天？可以让学生独立思考这道题，尝试列式解决，并汇报答案，不同思考过程会有不同结果。

再如，根据线索确定日期。看小视频“80秒带你回顾‘神舟十二号’发射全程”，猜神舟十二号飞船发射时间。线索1：和儿童节在同一个月；线索2：这个月的第三个星期四。猜飞船降落时间。线索1：升空后的下一个小月；线索2：降落日期和升空日期相同。根据线索，在2021年年历卡上圈出两个日期（6月17日和9月17日）。指名说思考的过程。每一小题都是需要快速提取学过的知识，分析处理信息才能解决问题，思维能力要求高。

又如，教学“运算定律”这个单元时，在“乘法运算定律”这个章节有这样一道例题：“一共有25个小组，每组里4人负责挖坑种树，2人负责抬水浇树，每组要种5棵树，每棵树要浇2桶水，负责挖坑种树的一共多少人？”这道题的信息量是比较大的，而解决问题只需要提取其中的两个信息即可。学生在通读题意之后，先对题目中呈现出的信息进行归类，将相关联的信息整理清楚，再根据问题快速寻找到所需要的条件，很快就能解决这道题目。如果不能梳理信息，不能执果索因或者执因寻果，就容易

陷入“一团麻”的状态，也就谈不上解决问题的效率，形成不了敏捷的思维。

（二）巧于寻找规律

在浩瀚的数学知识海洋里，潜藏着许多规律，捕捉到这些规律性，对于提升解决问题的效率大有裨益。教师要引导学生多去发现和总结规律，不断提高学生思维的敏捷性。

例如，四年级上册的“烙饼问题”，需要对题目理解分析后，明确烙饼规则和需要解决的问题，引导学生借助圆纸片，编号后边动手操作边思考，最后通过不同张数的纸片，总结规律，再利用规律快速解决其他“烙饼问题”。

再如，四年级上册综合与实践“一亿有多大”，需要学生联系实际进行猜想，教师可用具体的例子——“纸张”为学生提供利用局部推算整体的数学研究方法，通过一百张纸、一千张纸、一万张纸的厚度，最终推算出一亿张纸的厚度。最后将一亿张纸的厚度与具体的珠穆朗玛峰的高度进行对比，帮助学生更好地理解和感知“1亿有多大”。这样的练习可以使得学生在自主使用中学好、用好“局部推算整体”这一数学研究方法，切实增强数学问题的探究能力。同时通过反思与回顾，帮助学生感受数学在生活中的价值。

又如，面对诸如“25 × 32 × 125”这样的题目，为什么有的学生能够快速准确地计算出得数，而有些学生却需要草稿纸上不断写写算算才能有结果？其中的区别就在于是否掌握了计算中的规律。计算教学中，教师要引导学生发现规律、运用规律，能够灵活地进行简算、巧算，既提高计算的正确率和速度，又发展学生的思维。

（三）勤于总结反思

学生们在解决问题的过程中，不断积累着解决问题的经验。如果没有反思的习惯，这些经验将呈现零散的状态并很快销声匿迹，很难在学生脑海里留下什么深刻的印象和痕迹。如果学生在学习的过程中能够经常性地进行反思，总结自己在学习数学和解决问题的过程中积累的成功经验，反思出现的失败并寻找对策，经年累月，学生就能总结出许多解决问题的方法，从而掌握更多解决问题的策略，提升解决问题的能力。反思的好习惯，能够使学生在学习数学和解决问题的过程中自然地选择最佳策略，从而提升思维的敏捷性。

例如，在“优化”的教学中，教师提问：“我们学过哪些有关优化的课？”让学生围绕这一问题展开讨论，并引导学生将各自的思考用自己喜欢的方式记录在地图上，以此基础展开深入的辩论活动。由此，学生通过列表观察与推理，并通过对比不同课之间的关系，深刻体会“优化”思想的共性与差异性，在辩论的过程中提升思维逻辑能力。

再如，“线的认识”教学中，学生分别认识了线段、射线、直线的特征后，可用表格等方式进行汇总，总结与区分三种线端点数量、延伸性、长度等共同点与不同点，清晰这些之后再进行一些练习，或面对生活中的实例，感受极限思想，培养几何直观。

将模糊与缓慢的思考模式转变为精准与敏捷的思考模式，有助于学生克服对数学的恐惧，提升其数学思考力，以及在学术和实际问题解决中表现出色。教师应通过有效的教学策略，使学生掌握数学知识，并应用于实际问题解决。

“七改七引导”，促进思考力生成与提升

“为思考力而教”必须建构“思辨数学”课堂，在这种课堂教学中，教师“为思考力生成和提升而教”和学生“为思考力日臻发展而学”。“思”是内隐的自我对话，是数学思维的提升与发展，“辨”者，辨别、分辨，是外显的思维表达，是理性思维的应用与体现。“思辨”指思考辨析，常常是通过逻辑的思考、经验的思考、推理演算来实现的，是一种综合性的数学思维能力。教师在教学过程，力求做到“七改七引导”，即改“快思考”引导为“慢思考”，改“闹思考”引导为“静思考”，改“暗思考”引导为“显思考”，改“弱思考”引导为“强思考”，改“浅思考”引导为“深思考”，改“怕思考”引导为“乐思考”，改“固思考”引导为“活思考”，从而促进学生思考力的生成与提升。

一、改“快思考”引导为“慢思考”

大家都知道，数学教学应当帮助学生学会“长时间的思考”。因为，不管是“快思考”，还是“慢思考”，都是思考的方式，也可以说是重要的思维形式。然而，“快思考”被作为日常思维的主要形式，自然会有明显的不足，缺乏思维的良好品质，特别是容易导致一些规律性的错误，这就需要通过提倡“慢思考”予以补救和改进。

有一次，一位教师教学“平行四边形面积计算”时，首先，让学生复习长方形的面积计算的方法，进行长方形和正方形的面积计算练习；接着，进入出示“情境图”，开启探索新知的阶段，引出问题“怎样求一个平行四边形的面积”。教师话音刚落，一个学生马上回答：“老师，您不是说，三

角形具有稳定性，平行四边形具有不稳定性，平行四边形这么一挪就成了长方形，长方形面积不就是长乘宽吗？”许多学生听该学生这么一说，一片哗然——“是啊”。像这种课堂教学，教师一提问就指名学生回答，或教师提问的话音未落，学生便急不可耐地发表意见，都会误导课堂的走向，影响课堂教学进程。实际上，我们一些教师为了课堂教学节奏快、效率高、学生思维灵活，不少环节都是步履匆匆，忽然而来、倏然而过，都没有给学生驻足、流连、沉思的时间。其实，这些“快”的背后是学生的学习及思考没有经过深思熟虑，没有消化、整合、生成，只是停留在“快言快语”层面，离“快思考”仍然很远。为此，笔者想强调的学生思考力培养应该从“慢思考”开始。

一般来说，思考力的生成与提升是一个动态发展的过程，经历“生根、发芽、长叶、开花、结果”等一系列生长过程，思考也要经历发现问题、提出问题、分析问题、解决问题等过程。没有驻足、流连、沉思的时间，没有经历思考的过程，学生的内心秩序与思考系统都会受到影响。湖南师范大学刘铁芳教授把“慢思考”称为“闲暇的心态”，认为学习因此才得以徜徉、荡涤自由的心灵，让学习散发出充满生命光泽的幽微馨香。

在数学教育中，将“快思考”引导模式转变为“慢思考”模式，有助于学生建立更深层次的数学理解，培养其解决问题的能力，以及促进创新和批判性思维的发展。教育者应通过适当的教学策略，创造一个鼓励深入思考的学习环境，使学生能够在“慢下来”的过程中，真正掌握数学知识，并将其应用于解决复杂问题。

二、改“闹思考”引导为“静思考”

苏霍姆林斯基说：“教室里一片寂静，学生都在聚精会神地进行紧张的思考。教师要珍视这样的时刻。课堂上应当经常出现这样的寂静。”引导学生学会安静地思考，指导学生学会享受思考的安静，是有造诣教师的作为。

教育家蒙台梭利重视对儿童“安静”的练习，她认为，“安静练习”是精神生命的蓄水池。“安静练习”有助于沉思、默想，“沉思的结果是心灵更加强健、更加活跃”。特别是对“已经专心致志深思的”学生来说，那是“发生影响，使之开花结果”的种子。她断言：“培养孩子天性的方法就是‘沉思’，因为没有其他方法能够使我们如此持久地专心致志，并逐渐获得内心的成熟。”

然而，“闹思考”却在中小学教学中屡见不鲜，尤其是小学数学课堂教学。“闹思考”是社会生活中的浮躁、喧腾之风向课堂、学校的蔓延，在教学中表现为光怪陆离的声、光、电设备的过度充斥与轰炸，音像情境不适宜的创设与利用，背景喧宾夺主，而思想则退避三舍。

“闹思考”是以表面热闹来掩盖内在的虚无与浅薄，粉饰思维品质的低劣与底蕴的缺乏；以身体性的活动、感官的娱乐化来刺激本能反应。看似在课堂教学，实则在稀释学生智慧的含量与思考的浓度。因此要提高课堂教学质量，务必万物归寂，万念归心，“清明在躬，气志如神”（孔子），改“闹思考”引导为“静思考”。

法国教育家马里坦认为，儿童很早就有沉思能力，完全可以在没有骚动、集中注意力的沉思状态中学习。只有这种学习，才能真正促成青少年的自觉活动，激发其心智，形成其对认识的渴望等，最终使他们从掌握真理的过程中获得愉悦，作为对艰苦努力的报偿。

总之，教育者应通过有效的教学策略，创建一个支持安静思考的学习环境，使学生能够在“静”的环境中更好地掌握数学知识，并应用于实际问题解决中。

三、改“暗思考”引导为“显思考”

课堂教学中学生的思考常处于“暗箱状态”，对于学生有没有思考、思考什么、怎么思考、思考到什么程度，我们基本上没有细致而明确的关注；对于如何训练学生思考的方法及品质，怎样检测思考效果等问题，教师往往是凭感觉在“暗中摸索”，其结果就是“莫名其妙，一塌糊涂”。因此，长期以来，学生思考力的培养也一直处于“黑洞”状态。如何“化暗为明”“化隐为显”，逐步增强学生思考力训练的可控性与实操性，这是至关重要的。

我们来看一下教学“认识分米和毫米”一课时，两位教师对“分米”部分的不同教法。

教师1：（课件出示）一把以1厘米为单位的直尺，对比于以10厘米为单位的直尺，请学生观察，引导学生发现以10厘米为单位的直尺同样每10厘米中有10个小格，建立分米概念，1分米=10厘米，然后请学生量一量文具盒，用分米作单位，它的长宽是多少。

教师2：首先，让学生用吸管做的1厘米的小尺有选择地测量出5厘米、10厘米、13厘米3种吸管的长度；接着，指导学生选用桌上4种长度的吸管，同桌两人合作测量出桌上彩带的长（30厘米）；再让学生进行小组交流，看看哪一组量得既准确又快速；最后，全班总结评价中引出“分米”概念。

钟启泉教授曾在《课堂转型》提出，思考是一个不断地内外深化与转化的过程，都会经历“自性阶段、对他性阶段、对自性阶段”三个阶段。这就是说，学生的思考过程是“看得见”的，让学生思考的过程可以不断得到生成与提升，从而不断提升他们思考的层次与品质。

上述案例，教师1将学生的思考置于“暗箱状态”，对于学生有没有思考、思考什么、怎么思考、思考到什么程度，根本没有精心设计和明确的引导，学生在教师的指令中亦步亦趋、迷迷糊糊地被动学习。长此以往，教师1的“暗思考”教学方式必然把学生思考力培养带入“黑洞”，养成思考的“惰性”。如何“化暗为明”“化隐为显”，逐步增强学生思考力训练的可控性与实操性，这是至关重要的。

上述案例，教师2强调学生思考力培养“显思考”，让思考显性化，通过同桌两人合作互动交流，记录思考过程与结果、进行作品展示等方式，实现对学习方法与状态及思考的方法、过程、效果的自我监控与调整。再通过全班反馈丰富、补充、修正、总结评价等方式引导学生在学习过程中呈现思维从模糊到清晰的过程，实现从自我到他者再到新自我诞生的过程，完成学习与思考的内化与外化互化互生的过程，也学会用数学的眼光观察现实世界、用数学的思维思考现实世界、用数学的语言表达现实世界。

因此，将“暗思考”转变为“显思考”，有助于学生的思考过程变得透明化，促进了师生之间及生生之间的有效沟通，加深了学生对数学知识的理解，培养了学生的批判性思维和创造性思维。

四、改“弱思考”引导为“强思考”

在众多的教学场景中，我们时常发现，教师们精心拆解的学习任务往往过于简单，缺乏足够的挑战性。这样“弱思考”的学习，使得学生无须过多努力思考，更不必说深入地探索和冥思苦想了，他们的思维状态因此常常陷入一种松散和疲软的模式。因此，学生思考力培养应该重在“强思考——强调学生的深入理解和应用”。

在日常课堂教学中，我们常常发现，学生在教师的“好心帮助”下，缺乏深入思考的空间和时间，答案不加思考就可以脱口而出，这样的学习，学生根本不需要努力思考，更不要说冥思苦想了，长此以往，学生的思维必然会处于松散且疲软状态。我们可以预见，这种学生长大成人以后，往往特别喜欢跟风盲从，不爱思考分析，看别人做什么简单，自己就跟着做。

教育学家赞科夫认为：儿童的智力、情感和意志，就如同肌肉一般，若不给予适当的锻炼和负担，它们不仅无法得到应有的增强，反而会出现衰退的迹象。这不禁让我们警醒，课堂上的思维训练同样需要“锻炼”和“负担”。钱理群先生在分享阅读经验时，提出了一个颇具深意的观点：“读半懂的书”。他主张，阅读应当选择那些只懂一半的书，这样能够激发学生的探索欲望，引导他们去思考、去追求。这样的阅读过程，不仅能让学生兴趣盎然，还能让他们在从半懂不懂—似懂非懂—乍然懂透的过程中，经历一个具有思维强度的训练。因此，学生思考力培养应重视“强思考”。

课堂教学中的学生思维训练，也应当遵循这一原则。我们需要为学生提供具有挑战性的学习任务，让他们在紧张的脑力活动中得到锻炼。只有学生的思维得到足够的“锻炼”，他们的思维能力才能真正“强健”起来。教学不应只是简单的知识灌输，而应是为学生的紧张脑力活动提供充足的“食粮”。这样的教学，才能使学生得到迅速而积极的发展。

可见，引导“深思考”是促进学生向高阶思维能力跨越的重要方式，没有“跳一跳摘果子”动力和适当的思维强度，学生的思维能力就无法顺利进阶和跨越。只有不断为学生张弛有致的脑力活动提供充足的“食粮”的教学，才能促进学生思考力迅速而积极的发展。

五、改“浅思考”引导为“深思考”

当前课堂存在一些倾向“短平快”的教学模式，导致学生在课堂上的思考时间不足。一些课堂教学追求“短平快”，学生在课堂上思考的时间就少了，所谓的“思考”不过是一答一问中蜻蜓点水式的浅思浅答。这样的思考只是浮在表面的“浅思考”。“浅思考”主要表现为：在学习层次上，主要是以记忆为主，最后沦为机械重复、死记硬背，缺乏高阶思维的训练与运用；在学习毅力上，不是迎难而上，而是知难而退，不是持之以恒，而是散漫随意，匆匆而过，敷衍了事；在学习内容方面，以学习静止的、客观的知识为目标，不关注学习方法、思想观念、精神价值的探究。这种“浅思考”使学生对问题缺乏敏感性，无法敏锐地发现问题、提出疑问并分析问题，面对许多信息、知识都一划而过，无法切入核心，无法突破常规的硬壳，不仅影响了学生对知识的深入理解，也阻碍了他们高阶思维能力的形成。

“浅思考”的弊端主要体现在：首先，学生对于问题缺乏敏感性，无法敏锐地捕捉到问题的核心，无法提出深入的问题并进行有效的分析，无法突破常规的思维定式；其次，学生的学习层次主要停留在记忆层面，缺乏对知识的深度理解和运用，往往沦为机械重复和死记硬背，学生不会提问，不会质疑，没有批判意识，没有怀疑精神，不会理性思考。因此，学生思考力的培养应该重在“深思考——学会深度思考”。

思考本身是一件很痛苦的事，但思考会催生信念，信念会指导行动，行动会带来改变。纽曼先生在《大学的理念》中写道，一个人可以听一千场讲座，读一千本书，好似通过这种方式获得了知识。但是，求知的过程不仅仅是被动地接受知识，而是让知识进入自己的头脑。求知不是消极地接受，而是真实主动地进入知识领域，拥抱知识，掌握知识。思维必须行动起来，主动出击，迎接迎面而来的知识，丰富自己的心智，让自己从无到有。“深思考”就是一种主动拥抱、主动出击、主动生长的过程。

“深思考”不仅仅是表面的、短暂的思维活动，而是一种深入持久、全方位的思考过程，即深入持久地思考，盯住某一点，从各个角度来思考，愈入愈深地思考，最终形成深度思考。它要求学生在时间上持续思考，不断跟进；在情绪上情不自禁“一往情深地”投入思考；在深度上，思考应该意味深长，深入人心。陶行知先生建议的“一、集、剖、钻、韧”学习法，即通过“一（专一）、集（搜集）、钻（钻研）、剖（剖析）、韧（坚韧）”的学习方式，目的是让学生深入学习、深入思考和深入理解。《义务教育数学课程标准（2022年版）》建议“选择能引发学生思考的教学方式”，明确提出：教师要丰富教学方式，改变单一讲授式教学方式，注重启发式、探究式、参与式、互动式等，探索大单元教学，积极开展跨学科的主题式学习和项目式学习等综合性教学活动。根据不同的学习任务和学习对象，选择合适的教学方式或多种方式相结合，组织开展教学。通过丰富的教学方式，让学生在实践、探究、体验、反思、合作、交流等学习过程中感悟基本思想、积累基本活动经验，发挥每一种教学方式的育人价值，促进学生核心素养发展。其目的亦是指导教师通过革新教学方式，推进学习方式的转变，通过学习方式的转变实现深入学习、深入思考和深入理解，从而让学习真正发生。在培养学生“深思考”能力的过程中树立学好数学的信心，养成良好的学习习惯。

总之，“深思考”是培养学生高阶思维能力的重要途径。我们应该在课堂教学中注重培养学生的“深思考”能力，帮助他们养成独立思考、深入理解的习惯，从而更好地掌握知识，提高学习效果。

六、改“怕思考”引导为“乐思考”

“学为中心”是新课程标准的重要精神，它要求教师要将课堂从教师主导逐渐变成学生主导，使学生成为课堂学习的中心。在以往的数学课上，学生以听讲为主要学习方式，基本上处于被“锢聪明、禁智慧”的状态中，大量的练习使得课堂了无生气，学生的主导地位因此很难显现出来，导致学生普遍存在“不思考”“怕思考”的现象，所以教师应该主动通过一些富有趣味并且贴近实际和生活的活动或游戏来呈现课堂，从而达到学生主动融入课堂学习，成为课堂学习的主人，在“乐思考”中增强“思考力”的目的。让学生在“乐思考”过程中体验到思考的尊严与快乐，发现属于自己的真理；在“乐思考”中，伴随着惊异、赞叹、陶醉、欢欣鼓舞、欢呼雀跃等的心灵快乐与思想乐趣。

高明老师曾概括说，“乐思考”有三种状态：一是被好奇心及问题意识所点燃的一种叩开知识大门、探索宇宙人生的兴奋感、急切感、新奇感；二是思考过程中身心俱忘，与时间、思考对象融为一体的专注感；三是思考过程中一波三折、峰回路转、寻幽探胜给人带来丰富、真切、深刻的心灵体验，令人流连忘返。

笔者所在学校王老师教学“认识1元以上的人民币”时，设计了一个模拟生活场景的学习任务，让学生分组扮演角色。将“135元、250元、310元、420元、530元、675元”写在方格纸上当作一块块土地租赁价格，骰子抛到哪里，你就可以使用手中的人民币租下来。学生在这个过程中认识了1元、5元、10元、20元、50元、100元的人民币。在这个“乐思考”过程中，教师通过观察、思考、推理、合作、交流、实践等学习方式调动了学生的学习积极性和主动性，带给学生满满的体验感和价值感。师生之间、生生之间在愉快的交流中，通过认钱、付钱、找钱、换钱，有关人民币的问题都得到了灵活处理。在“乐思考”中，学生既扎实地训练了“基础知识、基本技能”，又促进了思考力的生成与提升。

总之，将“怕思考”引导模式转变为“乐思考”模式，有助于促进学生创新和批判性思维的发展。教育者应通过有效的教学策略，创建一个支持和鼓励“乐思考”的学习环境，使学生能够在愉悦的氛围中掌握数学知识，培养其积极探究和解决问题的能力。

七、改“固思考”引导为“活思考”

“固思考”是思想的固化、运转不灵，指学生在认识、思考问题时，由于既往经验、思维习惯等因素的影响，产生一种固定的思考方式，导致对问题的思考受到限制，难以从新的角度去看待和解决问题。在“注重知识灌输和应试能力”背景下，学生容易受狭隘的知识经验范围所限，在学习过程中仅是被动地接受知识，缺乏自主思考的能力，这导致他们在面对新问题时，无法从多个角度去解决问题，仍以原来的思考方式解决问题，形成“固思考”，对事物产生错误或歪曲的判断和理解。还有，学生在过去的学习中获得了一些知识和技能，但是这些学习也可能成为他们思考问题时的“包袱”，导致他们无法超越过去的认知和思考方式，从而产生“固思考”。

“固思考”在数学教学中是常见的问题，教师习以为常的处理方法，几轮启发没有效果时，就急于自己讲解，而忽视从思维发展规律上去探究如何破解“固思考”对问题解决的影响，没有从解除“固思考”的方面帮助学生生成与提升“思考力”，提高思维的品质。长此以往，学生先前积累的处理问题的经验和已有的思考习惯，在反复使用的过程中形成了比较稳定的、定型的思考方式，对创造性思维和发散性思维的发展产生阻碍。因此，教师在课堂教学中要千方百计改“固思考”为“活思考”。

“活思考”是根据环境、条件的变化或依据情境及动机、目的，吸纳多方信息与资源，进行重新整合，随机应变、因势利导，从而获得更灵活、更智慧的思考策略与做法。鉴于此，教师在课堂教学中，应努力做到：①启发学生想象，提升思考的广阔性，教师应该及时帮助学生提高他们的思维品质，不断启发学生思维，充分发挥他们的想象力，让他们尽量去联想和问题有联系的知识点，通过对已有知识的整合去找出解决问题的新路子、新方法；②重视变式训练，提升思考的深刻性，教师要经常引导学生从不同的角度去思考问题，如一题是否可以多解，或者从一个题目是否可以联想到其他一些有关联的题目，注重变式训练，使学生逐渐摆脱单一思考方式，提高思考的深刻性；③引导学生自省，提升思考的灵活性，在学生学习的过程中，引导学生回过头来仔细研究自己的解题方法，经常提醒自己及时地反思，质疑当前问题解决的方法，时常问自己“这是不是正确方法”“这是不是最好的方法”“有没有其他方法”等，这必然有助于提高学生思维活动的灵活性，对克服“固思考”、持续增强“活思考”是大有裨益的；④克服思维惰性，提升思维的批判性，思维的惰性会引发“固思考”，“固思考”也会助长思维的惰性，所以，教师要注重学生求异思维的训练，增强“活思考”，提升思维活动的批判性。

将“固思考”引导模式转变为“活思考”模式，提升了学生积极探究和解决问题的能力，促进了学生创新意识的发展，培养了他们思维的灵活性、敏捷性和批判性。

案例：老师的教学思路被学生完全颠覆

2013年3月19日上午，陈敬文老师应邀在福建师范大学附属小学上了一节展示课，选用的人教版五年级下册“粉刷围墙”。以下是他的教学实录。

“粉刷围墙”是人教版五年级下册第三单元“长方体和正方体”后的一节“综合与实践”课，因涉及实地的测量与调查，我采取室内教学和室外教学相结合的形式。我以征集重新粉刷校园围墙的方案为出发点，从明确工作、收集数据、分析数据、提出方案4个层次安排了整个实践活动。学生通过调查、询问、上网查资料等多种方法搜集信息，根据提供的信息计算出粉刷围墙面积、粉刷人工费、材料用量等，并根据消费心理确定涂料的型号，计算出涂料费，最后在分析的基础上以文字或表格形式呈现出粉刷围墙的方案。本课活动将数学与语文、美术、心理学等学科进行了整合，使学生的综合能力得到了提高。

“哦，大家都行动起来了！”

师：为了城市家园的美观，学校准备重新粉刷校园围墙。学校领导本周已在我们五年级同学中征集重新粉刷围墙的方案，选中的方案将给予一定的奖励，已经行动的请举手。

科代表：老师，我们已经分工了。

四个小组向老师汇报各自的分工。

组长1：我们是测量小组，了解粉刷的面积。

组长2：我们是劳务市场调查小组，调查围墙人工费。

组长3：我们是面漆价格查询小组，查询涂料的信息。

组长4：我们是颜色和花边设计小组，负责设计颜色和花边。

师：哦，大家都行动起来了！

“科代表，你真是位工程师”

师：科代表，你能不能跟大家讲讲为什么要这样分工？

科代表：我认为，粉刷围墙要知道墙的面积有多大，所以我安排了“测量小组”，测量粉刷的面积；粉刷围墙要用涂料，要买多少涂料，买什么规格的涂料，我就安排了“面漆价格查询小组”，查询涂料的信息；还有，粉刷围墙要找工人来粉刷，我就安排“劳务市场调查小组”，调查人工费现状，估算需要付多少工钱；当然，我们的目标是争第一（狡黠地笑了笑），所以我们安排了“花边设计小组”，负责设计花边。

师：同学们，你们对科代表的“分工思路”满意吗？好，请大家发表意见。

生1：我同意科代表的分工方案，但有的围墙需要粉刷两面，他并没有说明。

生2：我不同意他的意见（生1），具体的问题要具体分析嘛。

师：老师也支持你的观点。

生3：科代表没有说明要用哪种涂料，涂料要指定厂家，我听说单位东西都要定点。

生4：现在都什么时代了，还定点采购，那网购不行？

师：有关采购问题，政府有专门的制度，要按制度办事。我们本次活动可以不考虑这种情况。

生5：我觉得科代表分工方案定的很好，最终形成最佳的方案需要我们大家共同努力。

师：说得好！看样子大家都基本同意科代表的“分工思路”，老师对科代表的“分工思路”也很满意。同学们也通过讨论和点评科代表的“分工方案”，明确了“重新粉刷围墙的方案”需要把握的四项工作：就是……（学生复述，老师板书）。当然，大家对科代表的“分工思路”提出了一些补充意见，都是在实际活动中才发现的问题，而科代表则是在活动前的筹划，所以老师要说：科代表，你真是位工程师！

“用进一法，还是去尾法”

师：好，大家参与的积极性很高，可以预计，我们班这次能够取得好成绩。那请各负责小组汇报你们的观察、调查情况。先请“测量小组”派代表汇报。

1组代表1：我们小组观察校门前的围墙，要粉刷的是前后两个面，测量的数据长25米，高2.2米。门前围墙要粉刷的面积是25×2×2.2=110（平方米）。

1组代表2：我们小组测量文化长廊，要粉刷的面积是前面，后面不需用涂料粉刷，左右两面连着围墙，不需要粉刷。我们测量的长是675米，高2.2米，粉刷的面积是675×2.2=1485（平方米）。

师：1组代表都说得非常好，在计算粉刷的面积时，能结合实际情况灵活应用所学知识解决问题。那么，我们学校围墙一共粉刷的面积究竟有多大，该怎样算？

生：110+1485=1595（平方米）。

师：为了计算方便，我们就按1600平方米算，有意见吗？

生：没意见。

师：好，现在请“劳务市场调查小组”派代表汇报。

2组代表1：据我们调查，人工费按每平方米5元计算。

2组代表2：一般都采用外墙涂料，要粉刷两遍。

师：粉刷这些围墙要人工费多少元？

生1：1600×5=8000（元）。

师：接着请“面漆价格查询小组”派代表汇报。

3组代表1：我们到上渡建材市场了解到，目前市场上的涂料有5种包装规格，也走访了油漆师傅，知道了1千克涂料大约粉刷3~4平方米。

师：为了计算方便，我们就按1千克涂料粉刷3.5平方米计算。那所需的材料费该怎样计算呢？

3组代表2：我们通过计算，学校围墙粉刷所需要的涂料为：1600÷3.5≈457.14（千克）。老师，除不尽。

3组代表3：我们认为，实际粉刷时，都会有自然流失，所以在这里应采用进一法保留。

师：3组同学还提出了新问题，你们同意他们的看法吗？到底用“进一法”，还是“去尾法”？

生：3组同学做事很认真、细致，我认为是用“进一法”（众生：是用“进一法。”）

师：老师也同意大家的意见，用“进一法”。为了计算方便，我们就按460千克计算。现在请“颜色和花边设计小组”派代表汇报。

4组代表1：我们调查了解我们学校老师和同学对颜色的总体倾向，喜欢枣红和淡黄色的偏多。

4组代表2：我们还观察了我们学校的建筑、走廊等各种装饰，倾向传统与现代的融合。我们选用方案4。

（备注：方案1，A规格，耐用期2~3年，总价13520元；方案2，B-1规格，耐用期5年，总价19224元；方案3，B-2规格，耐用期5年，总价18120元；方案4，C规格，耐用期8年，总价27500元；方案5，D规格，耐用期10年，总价34000元。）

师：4组同学用上了统计知识，还联系实际、总体考虑，真不错。看来同学们为设计好粉刷围墙的方案做了充分的准备……

“你们随机应变，我也得随机应变”

师：好，接下来，我们打算以4人为一组来设计方案，同学们还有没有什么要提醒大家注意的？还有什么问题要问呢？

生1：选择涂料时要注意环保问题。

生2：要注意经济实惠、少花钱多办事。

生3：方案怎样写，要写哪些项目或内容等。

师：好，请大家取出“粉刷围墙的方案”模板，开始设计方案吧！

在学生进行方案设计的时候，我来回巡视指导。课程按照教学思路有条不紊地进行时，只见许多学生都按照常规的方案确定了涂料品种、数量及价格。

除了极个别学生选用方案1（A规格，耐用期2~3年，总价13520元），多数学生都选择方案3（B–2规格，耐用期5年，总价18120元），这时已经有95%的学生达到了教学的预期。但有一个小组的方案，让我特别感兴趣，他们选用方案5（D规格，耐用期10年，总价34000元）。我要他们说明理由，他们当中一个男孩侃侃而谈：物美价廉是最好的选择标准，有人说D规格涂料10年耐用期太长，会看腻了，我们不这样认为……我心想，这个孩子可能成为今天课堂的黑马，就对这组的其他孩子说，你们也同意？他们都坚定地点头。

汇报环节开始了，我先让4个有代表性的小组分别发言，前面三个小组都做了精彩发言，同学们都报以掌声。

第四个小组（这是我刻意安排在第四个发言）一上场，就马上“先声夺人”：我们不同意刚才3个小组的意见，我们选用方案5。第一，D规格涂料10年耐用期长，符合学校师生和传统的颜色需求，不会因个别人的颜色喜好而发生变化；第二，我做过调查，五年前人工费100元/（天·工），现在300元/（天·工），整整涨了3倍左右，而涂料的涨价幅度并不明显；第三，每次施工都会给师生的学习生活带来不便，也给环境带来污染……未等发言结束，全体同学报以热烈的掌声。

我故作惊讶：怎么回事，你们都赞同他们的方案吗？我发现，许多孩子都赞许地点头。

“好，我们举手表决！”我假装无奈地说了一句，结果全班齐刷刷地举手。

我接着说，你们随机应变，我也得“随机应变”了，我用手摸着发言孩子的头：“他，颠覆了我的教学思路”。随后，我撤下课件，即时做了调整……

构建“思辨式”课堂

教材是数学知识的载体，但无法完整体现数学发生、发展的真实过程，也无法完整展现数学家繁复曲折的数学思考过程。因此，教师的责任在于返璞归真，再现思考过程，让学生经历知识探究过程，促进思维的发展，构建为思考力而教的“思辨式”课堂是我们的不懈追求。

一、“以问促思”式——在问题情境中诱发数学思考

疑问是思维的开端和创新的基础，有效的问题可以激活数学课堂。每个学生都是一个自主发展的个体，是带着独特的思维特征和知识经验走入课堂进行学习的，所以教师要从学生的思维原点出发，为学生创设恰当的问题情境，引导学生经历有效、真实的探索过程，引发学生的数学思考，从而诱发学生创新的灵感，让学生尝试灵活、多维、创造性地进行思考，使课堂焕发生命的灵性。

例如，教学“3的倍数的特征”时，教师让学生大胆猜测“3的倍数有什么特征”。由于受2和5的倍数特征知识的负迁移影响，一名学生说：“看这个数的个位上的数是否是3的倍数。”刚一说完，一部分学生赞同，一部分学生反对。在激烈的争论中，教师适时跟进：“你们能用具体的例子肯定或否定这个说法吗？”有的学生举例反驳：“43、56、29这些数的个位上的数是3的倍数，但它们都不是3的倍数！”于是教师顺水推舟，引导学生根据已有经验写出几个是3的倍数的数，而后随机选择一个数调换它各位数字的位置，如243，调换位置后得到342、324、423、432、234，再让学生检验、讨论，学生发现这些数仍是3的倍数。这时，一位学生猜测：3的倍数与其每个

数字所在的位置无关。这引发了全班学生的探究兴趣，将学生的思维引向对数学本质的思考。学生经过个人独立思考、小组合作讨论、全班交流，最后得出正确结论。可见，教师提出几个关键性的问题，利于引发学生的深度思考，让学生在思考中感悟，在感悟中收获，从而点亮智慧之光。

再如，在复习了长方体和正方体后，出示六年级上册第34页的思考题。

把1个6面都涂上颜色的正方体木块，切成64块大小相同的小正方体（如图1）。

（1）3面涂色的小正方体有多少块?

（2）2面涂色的小正方体有多少块?

（3）1面涂色的小正方体有多少块?

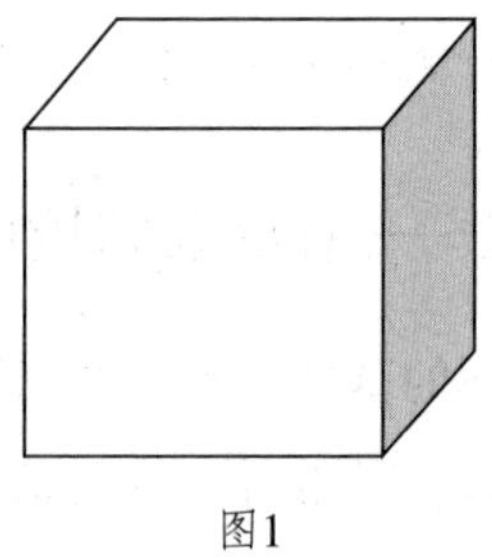

图1

一部分学生看到这样的实际问题无从下手，有的学生一个面一个面地慢慢去数，找到了问题的答案。教师没有止步于此，进一步追问：如果将切成的块数改成5×5×5=125（块）、6×6×6=216（块）、7×7×7=343（块），甚至更多的小正方体，结果如何呢？这时学生认为再一个面一个面地数比较困难而且麻烦，搞不好还会有重复或遗漏。面对学生的困惑，教师启发学生思考：“再想想有没有什么好办法呢？”质疑后有学生提出：“我们还是将切成的块数变少一些，换成3×3×3=27（块）。”还有学生提出：“先用少一点儿的块数来研究规律。”教师适时指出：“先研究块数少的规律，再用得出的规律解决块数多的问题，‘以小见大’是一个非常好的办法，我们来试一试。”随着问题的抛出，思考问题的方法得以有效凸显。

接下来，学生通过动手画一画、找一找、想一想、议一议，发现了切成27块小正方体时3个面涂色的个数是顶点的个数——8，两个面涂色的个数是棱的条数——12，一面涂色的个数是面的个数——6。那么切成64块、125块、216块的结果是否也和正方体的面、棱、顶点的数目有关？随着教师的追问，学生们深入探究，继续画图观察发现：切成64块时，3个面涂色的小正方体个数仍然是顶点的个数——8，两个面涂色的小正方体个数是24，都在棱上，而且是12条棱的2倍，1面涂色的小正方体有24个，是6个面的2^2倍；切成125个时，3个面涂色的个数还是顶点的个数——8，两个面涂色的个数有36，是12条棱的3倍，1面涂色的有54个，是6个面的3^2倍……学生们积极性越来越高，教师不失时机地进一步深究："当切成$n \times n \times n=n^3$（块）时，答案又是什么？"学生进一步研究发现：不管切成多少块，切开后3个面涂色的小正方体个数总是顶点的个数——8，两个面涂色的小正方体个数是棱的条数$12 \times (n-2)$，1面涂色的小正方体个数是面的个数$6 \times (n-2)^2$，由此推导，只要知道切成的小正方体的个数是多少的立方，就可以根据公式计算出不同面数涂色的个数。最后，教师引导学生进一步提出问题"没有涂色的小正方体的个数是多少"，让学生的思维向更深处漫溯。

再如，执教"平行四边形的面积"时，教师没有用一系列小问题进行启发引导，而是让学生在课前直面"怎样计算平行四边形的面积"这个问题，并给他们足够的时间进行独立自由的思考和大胆的尝试。众多不同的答案会促使学生自我反思，会引发学生质疑他人的想法，从而不断生成新问题：割补平移成长方形后算出面积是正确的，那"拉转"成长方形后算得的面积为什么是错误的？周长相等的平行四边形的面积也相等吗？"拉转"过程中导致面积大小发生变化的原因是什么……这些问题才真正是学生自己发现的问题，才能让学生真参与，也才能让学生有思维的真正发展。更重要的是，学生发现问题、提出问题的能力在这一过程中得到培养。正如爱因斯坦所说"提出一个问题往往比解决一个问题更重要，因为解决问题也许仅是一个数学上或实验上的技能而已，而提出新的问题，却需要有创造性的想象力，而且标志着科学的真正进步。"

二、"以动促思"式——在动手操作中关注数学思考

思维产生于动作，动手操作活动要与数学思维紧密结合，脱离了数学思

维的操作活动是非数学活动。教师在学生动手操作之后，要进一步引导学生思考一些有价值的问题，让学生的思维随着活动的不断深入而走向对数学本质的思考，达到在动中思、思中悟的目的，从而有效形成数学思维，品味数学思考的魅力。

例如，教学“可能性的大小”时，教师出示一个放有白球和黄球的盒子，但不打开盒子看，让学生说出有什么办法知道哪种颜色的球多。有一名学生建议：可以通过摸球知道，如果摸出哪种颜色的球次数多，就说明这种颜色的球多。于是，学生根据小组内摸球试验结果推断黄球多。教师再次提出问题：“如果再摸一次，一定是黄球吗？”此时学生在操作过程中已经形成了自己的感悟：盒子里黄球比白球多，摸出黄球的可能性大，摸出白球的可能性小，但是可能性再小也有可能摸出白球，所以摸出的不一定是黄球。这样通过问题驱动学生主动审视自己的操作过程，加深操作过程中所获得的认识。可见，只有将操作活动与推理想象、思考表达相互融合，让学生在操作中思考、在思考中操作，有效提升学生的数学素养。

又如，教学“长方形和正方形面积计算”，教师设计了以下教学流程。

第一步：学材催化。学材一：拼一拼，面积变了吗？用6个1 cm^2的小正方形纸片分别摆成两个不同的长方形，观察两个长方形面积是否一样。发现：面积的大小就是单位面积的多少（方格数）。学材二：数一数，面积是多少？呈现长方形方格图，寻找快捷的数面积方法。发现：长方形面积大小取决于长与宽的格数。学习材料的合理投放能够有效激活经验背景，支持学生独立思考，使其广泛获得“什么是长方形面积”“面积与长宽相关”等基本经验。

第二步：问题转化。教师出示长6 cm、宽4 cm的长方形，让学生用小正方形纸片摆一摆算面积。活动中有几个学生想到只摆长边与宽边求面积，教师肯定“少摆”后顺势追问：摆的小方格还可以再少吗？在“少摆”的问题驱动下引发全体思考，更多学生生成创见性摆法，通过“摆满—少摆—只摆一个”等问题转化，学生发现用一个方格动态量一量长边与宽边并做标记，同样可以求长方形面积。这样做让数学思考走向抽象与动态，不断突破思考层级。

第三步：思考优化。数学是模式的科学。教师需要帮助学生在优化思考策略中，超越现实情境，从具象走向抽象，从特殊走向一般。教师在第一步与第二步探究基础上，继续引导思考：如果我们要知道教室的面积，还用1平方厘米的小方块测量合适吗？该怎么办？

生1：太不合适了，教室有好几米长，量几百次，人都要累趴下啦。

生2：用1平方米的小方块量合适。

师：1平方米的方块小吗？（笑）用这样的大方块量面积就方便吗？观察一年级下册前面的方法，有什么求长方形面积的捷径？

生3：都是量出长方形的长和宽里各有几块方格，再用方格数相乘求面积。

生4：我觉得教室面积可以用米尺或卷尺量教室的长和宽是几米，就知道长边与宽边各摆几个1平方米的“大方块”了……

再如，在教学“圆”的部分内容时，由于教材要求认识圆、了解圆的各部分名称，掌握周长和面积的计算公式，并进一步体会圆在实际生活中的运用，教师设计了“骑自行车”的综合实践活动。

活动一：自行车车轮滚动一圈能走多远？跟我们所学知识有何关联？

生1：自行车车轮滚动一圈走的路程，就是求自行车车轮的周长。只要知道车轴到车轮边上的长度，也就是车轮的半径就行了。

生2：其实不需要这么复杂，直接推车使车轮滚动一圈，记下它在地面上留下的痕迹，直接用尺子量就可以了。

生1属于学习型学生，能迅速把生活和数学联系到一起，动手测量半径、直径，再用周长公式计算；而生2却“脑洞大开”，他将数学和生活紧密地连在一起，把自行车的周长转化成其在地面上行走后留下的痕迹。学生只有充分思考并理解周长概念，才能更加精准地解决生活中遇到的实际问题。

活动二：利用自行车求出操场的周长。

生3：只要知道一圈的长度就可以了，我只要骑车绕操场一周，记录下车轮转动了几圈就可以求出操场的周长了。

生3完美地解决了这个问题，将数学知识运用在生活中，从而解决实际问题。这样，学生在解决生活问题的过程中进一步巩固了数学知识。

活动三：测算不同的自行车滚动一圈所走的路程。绕操场骑行一周，与用所学知识计算出操场的周长，结果一样吗？

生4：不同的自行车滚动一圈走的路程不相等，因为车轮有大有小。

生5：算出来的结果差不多，不是完全一样。

生6：之所以出现不一样的结果可能是我们的记录有误差，还有我们骑行的跑道不一样。

学生在实践活动和操作中思考，更深刻地掌握了圆的周长概念，并懂得测量有误差，更需要认真对待的道理。在整个活动过程中，小学生用所学知识解决生活中的问题，在实践中巩固了知识，从思辨中深究知识，将知识掌握得更加牢固、理解得更加透彻，思维也更开阔。

三、“以辨促思”式——在比较讨论中升华数学思考

受知识水平和年龄的限制，小学生在学习过程中出现一些错误是很正常的，这些错误是学生数学思维的本真表现，教师要用心读懂学生的这些本真信息，仔细揣摩学生的真实想法，引导学生在辨析中思考、在思考中明理。

例如，教学“用字母表示数”时，师生一起唱“青蛙”儿歌：“一只青蛙一张嘴，两只眼睛四条腿；两只青蛙……五只青蛙……八只青蛙……”师：“这么多只青蛙，还想唱吗？谁能想个办法只用一句话就把这首儿歌唱完？”学生的想法如下。

方法一：a只青蛙，b张嘴，c只眼睛，d条腿。

方法二：a只青蛙，a张嘴，a只眼睛，a条腿。

方法三：a只青蛙，a张嘴，$2a$只眼睛，$4a$条腿。

通过个别学生说想法、集体比较讨论的方式，学生发现：“方法一中青蛙只数和嘴的张数一样多，却用了不同的字母；方法二中看不出青蛙只数和眼睛只数不一样多。”提出方法二的学生反驳：“a不是能表示任何一个数吗？第1个a表示3时，第2个a也表示3，第3个a表示6，第4个a表示12。”其他学生反对：“虽然你说得有道理，但是别人要听你说了才明白，如果这句话到了别的地方去，别人根本不知道你表示的意思，所以我们要写让所有人都看得懂的式子。方法三更合理、更简便，只用了一个字母，而且能体现各部

分数量间的关系。”可见，教师要善于引导学生经历独立思考、自主尝试、观察比较、交流讨论、修正明晰的过程，促进学生思维由数量拓展到数量关系，在不断的思辨中内化知识，使思维更加开阔、敏捷和严密。

又如教学六年级上册“分数乘法”的复习课，教师设计一组习题。

（1）把一根钢管截成两段，第一段用去$\frac{2}{5}$米，第二段用去全长的$\frac{2}{5}$。两段钢管相比较，哪一段用去的长一些？

（2）两根同样长的钢管，第一根用去$\frac{2}{5}$米，第二根用去$\frac{2}{5}$。哪一根用去的长一些？

（3）两根钢管，第一根用去$\frac{2}{5}$米，第二根用去全长的$\frac{2}{5}$，这时剩下的钢管一样长。哪根钢管原来长一些？

结合学生的学习实际，将教学中的易错题、易混淆的知识点融入具体的生活情境中，将易混淆、易错的知识点放在一起进行对比练习，让学生比较题目中的相同点和不同点，能更好地促使学生认真审题，在不断的比较中掌握解题的关键，及时得到正确的知识，不致轻率盲从。通过暴露学生思维的过程，纠正学生的错误想法，在比较中完善学生的认知结构。思维严谨性表现在不仅要“知其然”，更要“知其所以然”，要“全面知道”，还要“知道全面”。许多数学概念、法则、公式，或是内容相似，或是形式相近，学生常常混淆。那么培养学生思维的严谨性，就要针对这些问题，通过编成题组进行对比训练，从而让学生发现问题、提出疑问、进行讨论。通过顺向思考和逆向思考，学生可以分清什么是正确的，什么是错误的，从而提高思维的严谨性。

四、“以练促思”式——在练习设计中促进数学思考

得当的练习设计，可以激发学生潜能，达到事半功倍的练习效果，有利于培养学生可持续发展的能力。练习设计中的“说理由”与“写理由”是两种有效的方式。

（一）以说促思——将思维外化为语言表征

“语言是思维的外壳”。为了促进学生对知识的理解和内化，应从小培养学生的口头表达能力，让学生表达学习过程中的思考、困惑疑问，通过自评、互评或师评等方式，实现“说中学”和“说中悟”。

一年级教学口算时，让学生把口算过程说给同桌或组长听，回家说给家长听。为了让“说”的过程不乏味，可以让学生加入一些自己的语言，使原本枯燥的算理变得活泼、有味、充满童趣。“说”的过程也进一步促进了学生对知识的理解，更有效地促进了学生的语言和思维同步发展。

（二）以写促思——将思维外化为文字表征

“说数学”对培养学生的思维习惯大有裨益，教师要尽可能多地给学生创造“说”的良机。笔者采用变“说”为“写”的教学方式，在学生的作业中加入了一项特殊的作业——写解题思路。这样，学生不仅有“说”的机会，而且可以充分展示思考过程，同时，这也有利于教师及时发现学生的思考障碍，及时抓住学生认知的误区和思维的盲点，巧妙地讲解，调整他们思考的方向。

例如，在“单位换算”的作业布置中，教师要求学生写“120分=（　　）时”的解题思路，出现了四种写法。

写法一：高级单位“分”换算成低级单位“时”，用120乘进率60，得7200。

写法二：低级单位“分”换算成高级单位“时”，用120除以进率60，得2。

写法三：低级单位“分”换算成高级单位“时”，用120除以进率100，得1.2。

写法四：低级单位“分”换算成高级单位“时”，用120除以进率10，得12。

面对他们的错误，由于教师关注到学生真实的思考过程，清楚把握了所有学生的学习情况，教师的辅导就有了针对性，因而为学生创设“写理由”机会，使他们学会有依据地思考问题。

又如，在复习了圆柱的体积后出示六年级下册第28页的思考题。

在一个圆柱形储水桶里，把一段半径是5厘米的圆钢全部放入水中，水面就上升9厘米；把圆钢竖着拉出水面8厘米长后，水面就下降4厘米。求圆钢的体积。

在出示了这道思考题后，教师让同学们认真地读题，静静地思考，没有急着让学生给出答案，而是留给他们足够的时间去思考，要求他们自己想办法找到解决问题的突破口，写出思考过程。

生1：把圆钢竖直拉出水面8厘米长后，水面就下降4厘米，说明下降的水的体积等于拉出水面的圆钢的体积$\pi\times5^2\times8=628$（立方厘米），从而求出圆柱形储水桶的底面积为$628\div4=157$（平方厘米），因此整个圆钢的体积是$157\times9=1413$（立方厘米）。

生2：圆钢拉出8厘米，水面下降4厘米；那么水面上升9厘米，圆钢就会全部浸没水中18厘米，说明水面的变化与圆钢长度的变化之间是有规律的，从而求出圆钢的体积。先用$8\div4=2$，再用$2\times9=18$（厘米），最后用$\pi\times5^2\times18=1413$（立方厘米）。

生3：用$9\div4\times8=18$（厘米），用$\pi\times5^2\times18=1413$（立方厘米），先求出第一次水面的变化是第二次水面变化的几倍，然后乘上8，就能得到圆钢的长度了，最后用$\pi\times5^2\times18=1413$（立方厘米），求出圆钢的体积。

通过上面的教学过程我们可以发现：教师课前要给学生一些独立思考和研究的时间和空间，让学生自己在思维的道路上走一回，自己发现、尝试解决，而不是在课堂上“学生看老师走一回”，不能搞教师的“一言堂”。相信学生，放手让学生自由表达，多角度地思考，从不同的角度找到解决问题的突破口，培养学生的数学思维能力。

五、“以读促思”式——在数学文化感受中提升数学思考

数学，是一代代人社会生活经验和劳动创造的凝聚与智慧的结晶，教师要向学生讲述数学的发展史，引领学生感受博大精深的数学文化、领略人类的文明与智慧，促进学生更深层次的数学学习。

例如，教学“圆的周长”时，当学生通过观察与操作，发现了“圆的周长总是它直径的三倍多一些”的规律时，有一名学生提出疑问：“三倍多

一些，到底多多少呢？”教师没有直接告诉学生答案，而是先组织学生阅读《周髀算经》中“圆周率”的相关资料，接着借助电脑演示“割圆术”，进一步让学生体验数学家刘徽利用“割圆术”求圆周率的思想和方法。教师出示一个圆内接正六边形图形，组织学生猜测“正六边形边长”与“圆半径”之间的关系，接着就有了下面精彩的对话。

师：结合刚才的猜测，正六边形周长是圆直径的几倍？

生：我发现正六边形周长是圆直径的3倍，因为正六边形的每一条边与圆半径的长度相等，所以6条边长度的总和就是圆直径的3倍。

紧接着教师出示圆内接正十二边形图形，组织学生再次比较、观察，问：“比较正十二边形周长和圆周长的长短，你发现了什么？

生：这个图形的周长还是比圆的周长短，但比正六边形更接近圆的周长。

师：（点击课件又出示一个图形）观察这个圆，现在被平均分成了多少份？你又有什么发现？

生：我发现正二十四边形周长比正十二边形周长更加接近圆的周长，真是太有趣了！

师：请同学们大胆想象，按照这种分法继续往下分，可能是几边形呢？

生：可能是正四十八边形、正九十六边形……

师：如果就这样一直分下去，你想到了什么？

生：一直这样分下去，正多边形的边数越多，这个图形的周长就越无限接近于圆的周长，求出的圆的周长和直径的比值就越准确。真是太神奇了！

教师介绍，这就是刘徽提出的用“割圆术”求圆的周长和直径的比值的方法，继而让学生带着问题阅读祖冲之研究圆周率的过程，以及后代数学家对圆周率的研究结果。在阅读过程中，教师引导学生用心去观察、思考，使学生了解了圆周率的研究史，在“割圆术”中体验化曲为直、极限等丰富的数学思想方法内涵。这样，教师引导学生通过阅读，以思想方法的分析带动具体知识的学习，从而真正做到“教活、教懂、教深”，促进了学生思维品质的发展，提升了学生的数学思考能力。

在计算教学中培养学生的数学思考力

——以“小数的加法和减法”为例

计算教学的目的不仅是让学生理解算理、掌握算法，能正确、熟练地进行计算，更重要的是发挥学生的学习主动性，发展学生的数学思考力，培养学生对数学的情感，促进学生可持续的发展。那么在计算教学中如何培养学生的数学思考能力以促进学生思维发展呢？笔者结合最近执教的一节“小数的加法和减法”试谈几点探索。

一、情境创设，让学生思之有源

生活是数学的源泉，《义务教育数学课程标准（2022年版）》明确指出：“数学教学是数学活动，教师要紧密联系学生的生活环境，从学生的经验和已有的知识出发，创设生动的数学情境……”对计算的兴趣和学习计算的信心对学生来说是十分重要，教师就应该将学生的生活与计算学习结合起来，让学生熟知、亲近、现实的生活数学走进学生视野，进入计算教学的课堂，使数学教材变得具体、生动、直观，让学生真切感受“生活中处处有数学”，才会产生思考的兴趣。执教时笔者创设了以下这样的生活情境。

师：同学们去超市买过东西吗？

生：去过。

师：杨老师也经常去，而且特别喜欢买水果。瞧，我昨天买的水果有这些。（课件出示表1）

表1

水果名称	质量	价格
草莓	1.31千克	8.25元
苹果	3.8千克	25.75元
香蕉	2.3千克	9.4元

师：你们从中看到哪些数学信息？能提出用一步计算的数学问题吗？先帮老师解决下面三个问题行吗？

（1）苹果和香蕉一共买了多少千克？（3.8+2.3）

（2）苹果和香蕉一共多少元？（25.75+9.4）

（3）苹果比香蕉多多少元？（25.75−9.4）

师：这三道算式有什么共同的特点呢？（算式中都有小数）怎样计算呢？这就是这节课我们要研究的内容。

虽然设计的购物情境很平常，没有什么新鲜奇特，但最贴近学生的生活实际，学生兴趣盎然，纷纷提出很多数学问题。这不仅培养了学生采集信息、整理信息、提出问题的能力，也激发了学生的学习热情，渗透了数学与生活的联系，为开展本课学习奠定了基础。特别是借助元、角、分知识，可以帮助学生理解算理，从而达到知识的内化。因此教师要善于根据教材内容和学生实际创设适宜的情境，让数学思考根植于生活的源泉里，从而激发学生的思考积极性。

二、问题启动，让学生思之有质

《义务教育数学课程标准（2022年版）》明确指出，学生的数学学习活动应当是一个生动活泼的、主动的和富有个性的过程。而创造性思维品质的培养，首先应当使学生融会贯通地学习知识，养成独立思考的习惯。因此教师在教学时应在知识的疑难点、关键点、探究点处抓住主要问题设疑，并给学生充分的独立思考空间和时间。

如，为了突破本课的教学难点，让学生真正理解“小数点对齐”的道理，笔者抓住主要问题设疑：25.75百分位上的5为什么不和9.4十分位上的4对齐，而要“小数点对齐”呢？请同学们先静心思考，然后再把你的想法和小组里的同学交流交流。

通过学生的独立思考，从而有了下面精彩的生成。

生1：因为数位没对齐。

师：你能说得更具体完整些吗？

生1：因为5在百分位，4在十分位上，数位没对齐不能相加。

师：怎样的数位对齐才能相加？

生1：相同数位对齐才能相加。（师相机板书）

生2：因为计数单位不同，5在百分位表示5个0.01，4在十分位表示4个0.1，它们的计算单位不同，就不能相加。

师：非常好，你一下子就抓住了计算的关键——计数单位，计数单位不同就不能直接相加减（师相机板书）。

生3：可以联系生活将它们实际看成5角和4分，5角不能加4分。

师：如果把5分直接加4再等于9能说成9分吗？能说成9角吗？用简单的生活道理来解释数学问题，是学习数学的好方法。

生4：小数点对齐就是相同数位对齐。

……

师：同学们真会思考，看来小数点对齐其实就是相同数位对齐，相同数位对齐才能保证计数单位相同，只有计数单位相同的数才可以直接相加减。

接着教师课件验证，完善板书（如图1所示）

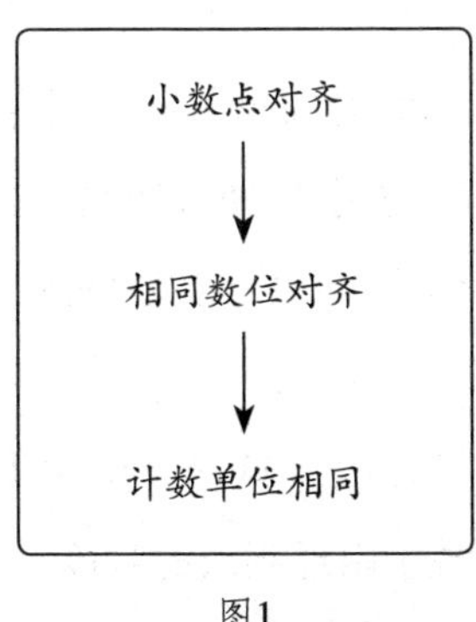

图1

这样通过启动问题教学，使学生有目的、有方向地畅游在思考的海洋里，思维过程得以充分展示，学生再将产生出的想法和观点进行交流与讨论，产生心灵的共鸣和思维的碰撞，促使思维不断得以深化。试想如果教师没有给学生以问题思考并保证充分的思考时间，能有这比较深刻、全面的思维活动吗？能有这比较理性、有质的思维过程吗？只有通过自己的思考完成理解的过程，才能深刻地挖掘出知识中包含的内涵和思想，才能培养学生的分析、综合、判断、推理等思维能力，这才是学习的真正目的。当然如果没有充足的时间保障，学生就来不及思考，更谈不上仔细斟酌和推敲，学会思考和发展思维就是一句空话。

三、有效引导，让学生思之有序

新知从探索到研究直至形成的过程都离不开有效的思考活动，教师要把问题的发现、思考过程作为新知探索的重要的教学环节，然而思考常因各种原因而停带，因此教师要循循善诱，适时启发引导，将学习内容转化成一个个适于学生的，有探索价值的问题，让学生很快找到思考问题的切入点，帮助学生学会有序地思维。

如，在教学“25.75+9.4”和“25.75−9.4”时，教师引导学生观察这两道算式的小数部分，再与3.8+2.3比较，然后引导学生带着两个问题（问题1：你认为要怎样列竖式？问题2：怎么算？）边算边思考。

又如，汇报“25.75−9.4”算法时，教师进行如下引导。

师：小数加法大家会算了，那小数减法呢？用竖式计算小数减法时，也要注意什么，从哪一位算起？

再如，在新知学习结束后教师又做了如下引导。

师：刚才同学们已经探究了小数加减法的计算方法，你认为计算小数加减法要注意什么？（先让学生畅所欲言）根据刚才的计算过程我们一起再来回顾一遍。（师生共同总结）

这3处的设计有异曲同工之处，首先，给学生一个自悟自省的过程，然后，通过几个问题巧妙地实现了由理到法的对接，突出了重点，突破了难点，抓住了关键，使学生顺利完善小数加减法的计算方法，并点拨了计算的细节，为计算更加准确、迅速奠定了基础。这样的方式有效地避免了学生思维流于表面，让学生学会有序地、有条理地思维，培养了思维的条理性和概括性。

四、反思评价，让学生思之有悟

荷兰著名数学教育家费赖登塔尔教授指出“反思是数学思维活动的核心和动力”。学生反思数学学习过程，对所学的内容、学习过程、运用的数学思想方法进行回顾和思考，在头脑中不断进行再加工和整理，不仅能及时将学到的新知识进行梳理，深化理解，并能产生进一步对新知的探求和追寻的渴望。这也是学生对数学学习的自我监控和调节。

例如，在教学学生计算中容易出错的，小数部分位数不同时可以补0（如6.7–2.56），和、差末尾有0的应该去掉（如15.48+3.52）这一环节时，笔者先让学生独立试算，再组织汇报交流，引导学生进行辨析、反思，同学之间相互提醒。

又如，巩固练习笔者设计了“数学医院——有病我来治”环节。

$$\begin{array}{r} 5.35 \\ +2.47 \\ \hline 7.72 \end{array} \qquad \begin{array}{r} 9.86 \\ -4.26 \\ \hline 560 \end{array} \qquad \begin{array}{r} 1.82 \\ -0.95 \\ \hline 87 \end{array}$$

列举了学生在计算中可能出现的错误，教师通过巧妙设计变“错”为宝，注重反馈，机智地将错误转化为有助于课堂教学的资源，让学生亲身经历错误的解决过程，从而促进学生思维、能力等非智力因素的发展，让学生在判断、改错、对比、互相提醒的过程中突出重点，突破难点，理解算理，掌握算法，实现错误背后的创新价值，培养学生的批判性思维。学生在学习中不断反思自己的思考过程，思中有悟，悟中有思，只有这样才能真正抓住数学思考的内在本质，提高数学思考能力，改进自己的学习方式，因此引发学生学会反思是培养学生数学思考能力，发展思维不可或缺的重要因素。

总之，教师要把握计算教学的规律，寓思维品质训练于计算教学，方能取得“无心插柳柳成荫”的效果，从而实现在计算教学中也能培养学生的数学思考能力，发展思维的目的。

以“三层教学”推进学生抽象能力成长

——以人教版三下“认识小数”教学为例

数学学习离不开抽象，数学抽象是核心素养里最关键最基本的素养。如何在数学学习中设计有效活动，发展抽象素养呢？

一、立足学生实际，大胆整合教材

创设切合学生生活实际的、生动有趣的生活情境或富有挑战性的问题，从而使学生爱上数学、喜欢数学，是最高水平的教学设计，也是培养数学素养的关键。

关于“小数”，学生在生活中已经积累了大量的感性经验，如超市中物品的价格是以“元”为单位的小数。对这些小数所表示的实际钱数学生比较熟悉，但对这些钱数用小数来表示的缘由并不知晓。利用人民币之间的单位换算来体现一位小数和十进位分数之间的关系比较抽象，学生理解比较困难。以“米”为单位的小数，学生在生活中有过接触，对0.1米表示的意义大多不了解，借助米尺，学生可以更直观具体、更容易地理解1分米=$\frac{1}{10}$米。这两种直观模型各有优缺点，笔者通过深度研读教材，对“元”和“米”两个量进行了充分的分析后，改变了原教材的呈现顺序，进行重新整合，设计了三个层次的教学。

层次一，笔者以“元”为单位引入，通过“抓钱游戏”引导学生开启初识小数之门，而后以一个0.1元的纸杯为研究对象，借助生活经验和代表1元的长方形直观图，引导学生主动推导出“$\frac{1}{10}$元=0.1元”，沟通$\frac{1}{10}$和0.1之间的关系，初步感知小数。此环节点到为止，不再涉及元与分的关系或分与角的关系，既符合现实生活背景，也降低了学习难度。

层次二，笔者引入“米”：你能在这把米尺上找出1分米吗？（课件出示米尺）学生通过观察米尺，并在已有的分数知识经验的帮助下，很容易看出“1分米=$\frac{1}{10}$米”，由于学生已有刚建立起来的“$\frac{1}{10}$元=0.1元”的认知经验，自然迁移出“$\frac{1}{10}$米=0.1米”，学生借助这一学习过程理解$\frac{1}{10}$和0.1之间的关系。这一教学设计帮助学生实现知识和方法上的迁移，简约而又高效。

层次三，教师引导学生进行类推活动，通过大量多元的生活化素材沟通其他带量的分数和小数之间的关系，丰富学生对小数的初步认识。

此乃本课第一个“三层次”教学，既关注到学生原有的认知基础，又充分渗透数学思想方法。如此设计，不仅降低了学习难度，充分发挥了学生的主观能动性，突出学生的主体地位，还让学生体验到数学与生活的紧密联系，为发展学生思维打下良好的基础。

二、巧借直观模型，助力抽象能力提升

教师在学生感性认识的基础上，让他们通过观察、分析、比较获得丰富的表象后，应及时引导学生进行抽象概括，揭示数学的本质和内涵，培养学生的抽象能力，提升数学素养。

在认识小数的初始阶段，学生对小数的认识必须依托具体量，这符合学生的认知规律，但如果学生的认识只停留在具体的带“量”的小数，思维便得不到发展与提升，也偏离了教材的编排意图。因此在教材的习题设计中，出现了方格图、数轴等抽象的模型，要求学生脱离具体量写出相应的小数，这是对认识小数的初步抽象提升，也是小数的内涵所在。因此，如何从“有量的小数”提升到“无量的小数”，是本节课的核心，笔者借助线段图直观模型设计了一个换计量单位的数学活动，以三个层次展开教学。

层次一，笔者引导学生归纳：把1米平均分成10份，其中的几份可以用十分之几米和零点几米来表示。之后，笔者安排了“在线段上找0.8米”的活动，学生通过观察、思考，顺利地找到0.8米。

层次二，笔者顺势推舟，你能在线段上找到0.8元、0.8千克、0.8时吗？笔者画出计量单位为元、千克和时的线段，学生在充分观察、比较思考的基础上，发现虽然出现的计量单位不同，但是本质意义是相同的：都是把一个计量单位平均分成10份，其中的8份可以用$\frac{8}{10}$或0.8来表示。

层次三，笔者继续推进：如果是0.8，你还能在线段上找到吗？经过讨论，学生认识到要找到0.8就必须去掉单位，这样去掉“量”的教学要求水到渠成。笔者顺势把三条线段中的“具体量”去掉变成“无量”，把三条线段合并为一条线段，从而实现由“有量”过渡到“无量”的抽象提升，直触小数意义的本质。

此乃本课第二个“三层次”教学。基于对“小数的意义较为抽象，三年级的孩子理解上有一定困难”的学情认识，笔者给学生充足的时间和空间，借助线段直观模型，依托直觉和经验，顺利实现“有量小数”到“无量小数”的转化，直指概念本质。笔者所选用的教学素材虽与教材的习题设计中出现的方格图和数轴不同，但有异曲同工之妙，且简约高效，能够让学生经历数学抽象的过程，同时体会数形结合的思想，数学思维再次得到提升。

三、关注沟通联系，建构知识体系

小数是数集合的一部分，非孤立于整数、分数之外而存在，教师应重视沟通知识间的联系，有意识地引导学生找到小数与整数、分数之间的关系，使学生主动将小数的认识纳入原有数系当中，这既有利于学生对小数意义的理解提升至一个理性层面，实现学生对原有知识结构的重建，也是对自身数学抽象思维的进一步提升。为实现这一目标，笔者安排了“找小数”的环节，以三个层次展开。

层次一，要求学生在“0和1”之间找出1.6。笔者以问题“1.6应该在哪两个整数之间呢？要找到1.6，该怎么办”引发学生思考。由于有直观图的支撑，学生自然想到把线段向右延长。层次二，要求在线段图上寻找“2.1、3.2、4.8、7.6”等小数。在找小数的过程中，学生发现要找到这些小数，就得先思考这些小数在哪两个整数之间，再将这两个整数之间的线段平均分成10份，所以要把线段向右不断延伸，数轴自然而然地形成了。这一过程中，学生的抽象思维进一步得以发展。层次三，教师小结：以上这样的小数叫一位小数。最后，教师设问：一位小数在数轴上找得完吗？除一位小数外，还可能有什么小数呢？让学生充分发挥想象。

此“三层次教学”，教师引导学生在寻找小数过程中感悟小数、分数、整数之间的内在联系，主动地将小数纳入数系范畴，实现了数系的重构，综合考虑知识间的横纵联系，盘活了知识，为将来进一步学习小数的意义奠定基础。

在争辩中跟进，让生成更加精彩

课堂教学中常出现“争辩”的场景，教师在争辩中若能择机及时跟进，能引发学生竞相迸射智慧的火花，让生成更加精彩，促使学生思想能真实的表达，思维能真实的碰撞，从而提升思维水平，促进学生的发展，构建生命化的课堂。

片段回放一：人教版四年级上册（数学广角——等候问题）

主题图中呈现：码头上同时有3艘货船需要卸货，但是只能一艘一艘地卸货，船1要1小时，船2要4小时，船3要8小时，按照怎样的顺序卸货能使3艘货船等候的总时间最少呢？

教师引导学生收集信息后，通过独立思考，学生有了4种不同的做法：①船1→船2→船3，列式：1+4+8=12（小时）；②船3→船2→船1，列式：8+4+1=12（小时）；③船3→船2→船1→船3，列式：4+4+1+4=12（小时）。教师把4种方法板书在黑板，请学生汇报自己的想法时，引发了下面的争辩。

生1：我用第一种方法，因为船1卸货时间最短，要让它先卸货，尽早离开，下面2艘船就不用等那么多时间，也可以尽快卸货。

生2：这种方法不合理，我不同意，我用第二种方法，因为船3货多要卸8小时，船1、船2货少，用的时间少，要让货多的先卸（看来学生挺有爱心，有“孔融让梨”的精神）。

生3：我不同意你的做法，先卸船1的货对船3不公平，先卸船3对船1、船2不公平。我有个折中的方法：船3有那么多的货，让它先卸一部分货用4小时，然后再卸剩下的货再用4小时。这跟厨师为顾客炒菜一样，如果有3个顾客来用餐，不能让第3个顾客等前2个顾客都吃完，才给第3个顾客炒菜

（下面同学听了频频点头，认为生3说得十分有道理。看来，受上节课烙饼问题的知识负迁移影响比较大）。

教师问学生支持哪一种想法，学生看法不一，争辩得面红耳赤。教师问学生是否还有不同的想法，没有一个同学回应，教师发现学生根本没有真正理解题意，于是马上“跟进”，有了下面的设问。

师：刚才3个同学都说了各自的道理，不管先船1还是先船2卸货，当一艘船在卸货时，其他船在干什么呢？

生（部分）：等待。

师：大家说得非常好，一下子抓住了问题的关键——等待、等候，当船1卸货时，船2、船3要怎样？

生齐：等待。

师：等多长时间呢？请大家再静心思考思考。

生4：老师，我有新发现了。船1卸货1小时，船2、船3也要等1小时，所以用（1×3）；船2卸货4小时，船3得等待4小时，所以用（4×2）；再加上船3独自用8小时，列式是：1×3+2×4+8=19（小时）。

师：现在你们支持第几种方法呢？

（学生纷纷改变主意，认为第四种才是正确的）

师：你们都认为前3种方法是错误的吗？老师有点儿纳闷了，前三种方法用的总时间都比第四种方法少呀，究竟听谁的意见呢？（听教师这么一说，学生又开始疑惑不定了。沉寂的课堂又一下子热闹起来，开始了第二次的争辩）。

生5：我还是认为第四种方法是正确的，前面3种方法都错了，因为前面几种方法都只算自己的卸货时间，没有去计算等候的时间。

师：真会思考，你抓住了问题的关键——等候。我们要计算等候总时间，除了卸货时间要算，还要加上等候的时间，所以第四种方法是正确的，但这种方法最节省时间吗？

（生不敢回答，呈疑惑状。）

师：如果用第二种方案卸货，应该怎样计算等候总时间？如何改算式呢？

生6：8+8+8+4+4+1=33（小时），时间超过，不好。

生7：说不定其他的顺序可以。

师：你们想不想自己来验证一下？

（生纷纷投入到与同桌的紧张探讨、交流、验证之中）

……

归因评析：在“争辩对错”时“跟进”，错误也是一种资源。

在此片段教学中，对于学生在课堂出现错误或是认知矛盾，教师没有急于解释下定论，而是经过情势的判断，选择合适的时机，对学生突出的思维倾向和存在的问题进行再次的跟从、推进，把认知冲突作为一种教学资源巧妙地加以利用，因势利导，给学生多一些思考的时间，多一些交流的机会，让他们在探讨中、沟通中充分暴露自己的思维过程。

其实错误的解答很多时候源于错误的思维，对待学生的学习错误，我们要先认真分析，了解学生思维究竟在哪个环节上出了问题，是概念不清还是理解失误，是推理方法不科学还是直觉有误，再引导学生从不同的角度去改正错误，让学生在争辩中分析，在争辩中明理，在争辨中内化，在争辨的过程中培养思维的深刻性。

此案例由于教师善于随机应变，择机“跟进”，适时引导，使学生从思维的岔道上顺利地走上正轨，提高了分析、判断、解决问题的能力。

片段回放二：苏教版五年级上册“找规律”

教师组织学生观察主题图中的盆花、彩灯、彩旗的摆放顺序，引导学生用数学的眼光去发现它们的摆放规律，汇报发现的规律。接着教师出示盆花课件图（图1）：照这样排下去，左起第15盆是什么颜色花？

图1

教师放手让学生尝试练习，把自己的各种想法写在答题纸上，然后选择有代表性的几种方法进行展示交流。

生1：我是用画图的方法。

○代表蓝，△代表红，○△○△○△○△○△○△○△○△，第15是○，○代表蓝，所以第15盆是蓝色的。

生2：我是用计算的方法。15 ÷ 2=7（组）……1（盆），蓝。因为每2盆为一组，15里面有7个2，就是有这样的7组，还余1盆。从左数1盆是蓝色。

生3：我有更好的方法。因为单数是蓝，双数是红，15是单数，所以是蓝色。一下子就判断出来第15盆花是什么颜色，非常节省时间。

师：现在有3种不同的方案都能判断出第15盆是蓝色的，你们比较喜欢哪一种？（生激烈讨论，纷纷举手要求发言）

生1：我喜欢列举的方法，很方便。

老师问还有哪些同学喜欢这种方法，结果有大半班学生喜欢，这时突然有一个学生提出反对意见。

生2：我不喜欢列举的方法。

师：列举法的“粉丝”那么多，你为什么不喜欢它呢？

生2：如果每组有3盆花，就不能用双数来判断（该生还举例说明自己的想法）。

师：看来列举法既有优点，又有局限性。

生3：我喜欢画图法，随便画什么图形都可以代表物体。

生4：画图法也有局限性，如果东西太多，画图就太麻烦了。

生5：我觉得用计算法比较好，只要有信息都可以算。

师：看来，我们要根据实际情况来确定采用哪种策略，相对来说，哪一种方法应用更广泛些？

生（齐）：计算法

师：下面请你们选择自己喜欢的方法来解决第2、第3个问题。（生都采用计算法）

……

归因评析：在“争辩优劣”时“跟进”，择优是一种策略。

《义务教育数学课程标准（2022年版）》指出，学生学习应当是一个生

动活泼和富有个性的过程。在探究第15盆花是什么颜色时，学生从多个方面提出不同的解决方案。无论教师在课前是否预设，都应当针对即时生成的各种教学资源加以整合与应用，当学生观点不同时，教师择机“跟进”，创造出激发学生求知欲望的境界，以极大的耐心引导学生争辩、评析，尊重每位学生的见解。此时，争辩的目的不是求同，而是在求异的基础上优化策略，从而有意识地促进学生思维的发展，培养了创新能力。

启迪

在课堂教学中常出现争辩的场景，要使数学课堂中的争辩更为有效，让生成更为精彩，笔者认为应该重视如下几方面的内容。

1. 设问生疑——引发生成，凸显争辩的价值

学贵有思，思源于疑，课堂教学过程从某种意义上讲是一个设疑、分析、解惑的过程。学生个性思维有差异，对同一问题的认识也就会有差异。有差异，就可能有争辩。因此，教师应善于设置问题，择机跟进调控课堂，使学生产生困惑或认知冲突，从而激发探究欲望，引发争辩，这样既可生成多种资源，深化学生对知识的理解，又可将学生思维引入深处，提高课堂教学的有效性。

2. 鼓励对话——促进生成，彰显个性的机会

杜威提出“教育即生长”。教师与学生的思维碰撞产生火花，课堂教学才能不断生成。教师要及时抓住这些“生成点”跟进教学，变“生成点”为“亮点”。教学过程其实是师生、生生对话，共同成长的过程，一个充盈着对话的教学空间，让人感受到的是生命的真实展现。教师要创设机会，让学生进行争辩，暴露自己的思维过程。在争辩过程中，教师如能择机跟进，促进生成，学生的主体意识就会大大增强，个体潜能就能得到尽情发挥。在对话的过程中，学生获得的不仅是数学知识，同时还能获得思考成功的喜悦和探索失败的反思，从而逐步变得有思想、会思考。

3. 适时引导——帮助生成，明晰思考的方向

给学生争辩的机会，有时也会出现学生的思维天马行空的混乱局面，或陷入“山穷水尽疑无路”的争辩僵局，这时教师适时的启发式转问和引导，即及时的跟进，能起到帮助学生避免非数学因素的干扰或宽泛思维的负迁移影响，促进学生运用数学的思维方式进行思考，从而生成有用资源，使学生的思考有了明确的方向，增强了目的性和实效性，进而把学生引向深入的思考中，起到抓住“数学本质”或“柳暗花明又一村”的效果，有效地促进学生的思维发展，从而实现教学过程最优化。

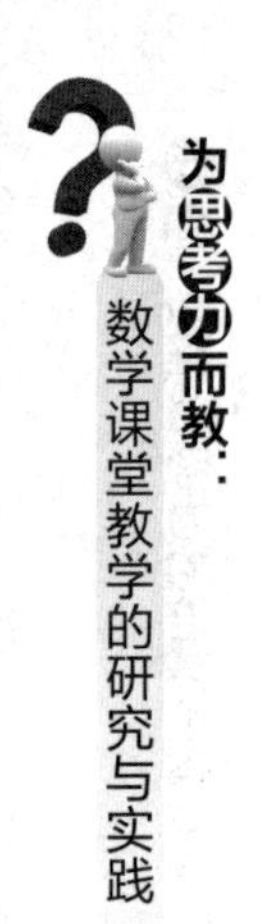

数学思考力培养策略

数学教育作为基础教育的重要一环，不仅要让学生习得数学知识，更重要的是让学生学会数学思考，掌握学习方法，懂得怎样学和怎样用，并能创造性地学和创造性地思考。教师通过适当而有效的教学手段，促进学生真正地把握知识的本质属性，学生的数学思考力也会得到相应地生成、提升，思维品质更会相应地得到优化。当然，思考力的培养是一个系统工程，需要教师通过实施有针对性的策略和方法，不断适应未来社会的变化，方可培养出更多具有高阶思维能力的个体。

策略一：三大举措，确保思考力持续进阶

学生学习数学，离不开思维的积极参与。事实上，学生的数学思维活跃，越积极，越缜密，则数学学习效果越好。思考力张扬的数学课堂，强调了学习过程中学生思维的积极参与，重视了在学习过程中对学生思维的培养，打造以思维培养为导向的课堂教学，从而有效提升学生的数学核心素养。数学思维的培养，应当贯穿在课堂教学的始终，包括课前、课始、课中、课末，采取有效举措对学习的全过程进行梳理和思考。

（一）以“三思”问题单驱动，让教师精心备课和学生思考深度化

“三思”问题单包括：课前引思单、课中研思单和课后拓思单。“三思单”的推行，从根本上改变教师教和学生学的效能，实现以学定教，以提高课堂效率。

教师备课必备“三思单”，设计出好的“三思单”对教师的备课提出更高的要求，教师必须读懂教材，读懂学生，读懂课堂，这就需要教师不断学

习、研究和探索，从而促进专业素养的提升。“三思单”的推出，也为学生开展自主学习提供了可供操作的载体。它将学生的课前预习、课前反馈，课堂探究、课堂反馈，课后检测与反馈糅合在一份材料上，便于把学习的各个环节进行有机整合，环环紧扣。“三思单”体现了学生“思考权”的回归，学生通过对“三思单”的应用过程，实现了独立思考和自主学习，促进学生数学思考能力的养成。（如图1所示）

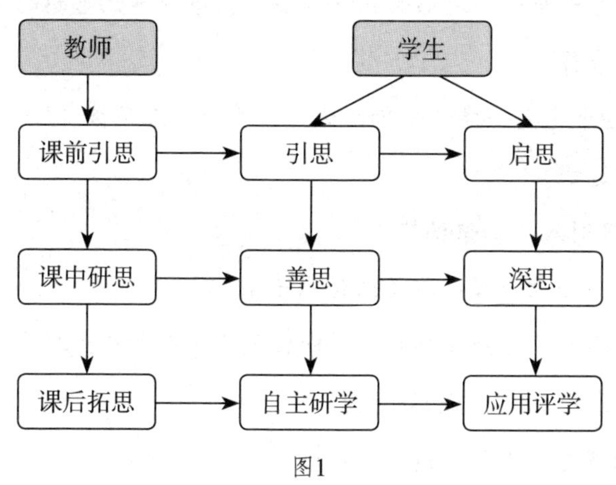

图1

（二）以“三观表”改进教师教学行为，让数学思考能力可视化

“三观表”即思辨课堂互动空间评价量表、思辨课堂交互对话评价量表、思辨课堂核心问题驱动学生思考评价量表（见表1~3）。“三观表”促进教师正视自己的课堂，不断修正自己的课堂教学，加深自己对课堂教学的理性认识。其更为重要的价值是使“隐性”的数学思考“显性”化，通过量化的数据跟踪学生数学思考能力的提升过程。

“平行四边形的面积”教学设计

一、教学内容

人教版五年级上册“平行四边形的面积”。

二、教学目标

（1）探索平行四边形面积计算方法，能正确运用公式解决简单的实际问题。

（2）通过操作、观察、比较、想象，经历平行四边形的面积计算公式的推导过程，领会转化的思想方法并发展推理能力和空间观念。

（3）培养学生的合作意识和探索创新精神，感受数学知识的奇妙。

三、教学重难点

教学重点：通过探索活动理解和掌握平行四边的面积计算公式。

教学难点：通过动手操作把平行四边形转化为长方形，找出两个图形之间的关系，推导出平行四边形面积计算公式，体会转化思想的运用。

四、教学准备

每个小组2个完全一样的平行四边形，剪刀、三角板。

五、教学过程

（一）复习引入，知识铺垫

（1）长方形面积计算回顾（课件出示）。

①什么是面积？②面积公式。③回顾长方形面积公式推导。

（2）拉一拉长方形，观察变化。

（3）揭示课题：平行四边形的面积。

（二）假设中排除，想象中转化

1. 提出假设（课件出示）

提问：你觉得这个平行四边形的面积应怎样计算？

假设：①$6\times5=30$；②$6\times4=24$；③$5\times4=20$。

2. 排除假设

（1）估测。

提问：每个小正方形的面积是1 cm^2，估一估这个平行四边形的面积。

（2）测量。

课件演示：用1 cm^2小正方形去测量平行四边形。

① 排除第三种假设：小正方形每行5个，摆4行。

② 排除第一种假设：小正方形每行7个，摆4行。

③ 验证第二种假设：把多余的图形去掉，右边的小三角形平移到左边的小三角形拼成正方形，小正方形每行6个，摆4行。

提问：平移之后小方块形状变了，面积有没有变化？

3. 转化推导

（1）提问：想要计算更大的平行四边形，用数格子的方法方便吗？

（2）动手操作。

① 出示活动要求：小组合作通过剪一剪、移一移、拼一拼把平行四边形转化成长方形。

思考以下问题。

A. 平行四边形转化成长方形，什么变了，什么没变？

B. 平行四边形转化成长方形后，发现平行四边形的底和长方形的长、平行四边形的高和长方形的宽有什么关系？

② 生操作。师收集学生有几种剪拼方法（课件演示）。

③ 汇报。

④ 完善板书：长方形的面积=长×宽。

平行四边形的面积=底×高。

⑤ 字母表示公式$S=ah$。

（3）小结：我们通过假设和转化的方法得出了平行四边形的面积=底×高。

（三）分层练习，巩固深化

（1）学习例1。

（2）拓展练习。

（四）全课小结，拓展延伸

回顾本节课的学习，你有什么收获？我们是如何推导出平行四边形的面积公式的？

附1：三思单

“平行四边形的面积”课前引思单

（1）下面图形的面积是多少平方厘米？

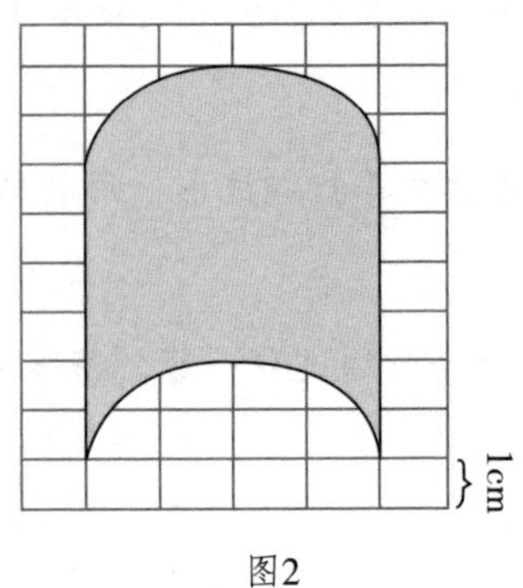

图2

答：（　　）平方厘米。

（2）长方形的面积是怎么推导的？

（3）你觉得平行四边形的面积可能与什么有关？你知道平行四边形的面积是怎样推导出来的吗？

“平行四边形的面积”课中研思单

1. 想一想：能否把平行四边形变成已经学过的图形？

2. 说一说：原来的平行四边形与剪拼后的图形有什么关系？

长方形的长相当于平行四边形的（　　），长方形的宽相当于平行四边形的（　　），因为长方形的面积=（　　）×（　　），所以平行四边形的面积=（　　）×（　　）。

3. 写一写：平行四边形的面积公式。

“平行四边形的面积”课后拓思单

1. 今天用什么方法推导出平行四边形的公式？用你喜欢的方式表示出来。

2. 下图中大平行四边形的面积是48平方厘米。A，B是上下两边的中点。你能求出三角形的面积吗？

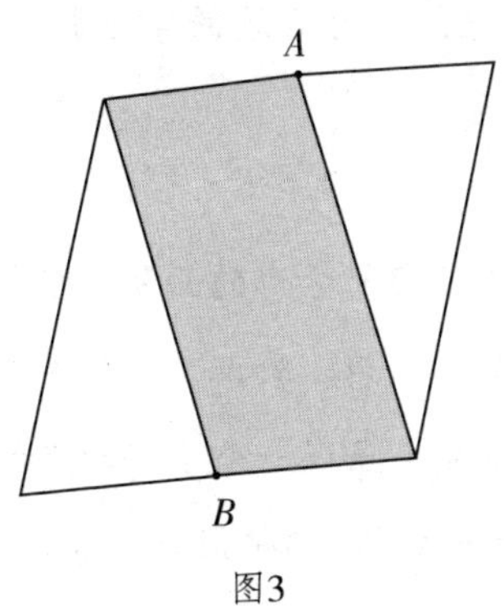

图3

3. 想一想：可以利用平行四边形的面积公式推导什么图形的面积公式？

六、磨课心得

（一）磨课要点

知识起点：本课是这一单元的起始课，它是在学生已经掌握并灵活运用长方形面积计算公式、理解平行四边形特征的基础上进行教学的。

生活起点：对于平行四边形，学生在日常生活中已经经历过一些感性例子，但不会注意到如何计算平行四边形的面积，学起来有一定的难度。

终点：理解和掌握平行四边形的面积计算公式，为以后学习的几何图形面积的推导，如三角形面积公式、梯形的面积公式推导提供方法、经验借鉴。

（二）磨课思考

“平行四边形的面积”是小学阶段“图形与几何”内容中较为重要的一课。学生初步运用“等积变形”的策略将新问题转化为旧知识。这一内容是在学生学习了长方形、正方形的面积计算方法及平行四边形的特征，并能够画出平行四边形各底边上的高等知识的基础上进行教学的。它是“多边形的面积”单元的起始课，承载着为进一步探索三角形、梯形、圆的面积等其他图形面积公式提供思想方法、学习经验的重任。本课的教学目标不仅是掌握平行四边形的面积计算公式，更重要的是体会“转化”的思想，并在探索实践中积累基本的数学活动经验。所以在打磨这节课时，便聚焦了这样的问题：如何创设合适的情境促使学生有效学习？如何引导学生发现平行四边形与长方形之间的关系，经历将未知转化为已知的思考过程？怎样能润物细无声地让学生感受"转化"思想，为后续的学习打下基础？围绕这些问题，我们进行了深度思考。

1. 于猜测验证中引思

经过磨课，我们确定以复习长方形的面积来唤起学生回忆，为学习新知做好知识铺垫；接着通过观察、猜想、验证、操作等学习活动引导学生探究平行四边形面积的计算公式。首先，呈现一个平行四边形（底边长6 cm，高4 cm，斜边长5 cm），并提出计算面积的3种假设：①6×5；②6×4；③5×4。然后，引导学生猜想、测量和比较，验证假设，将错误的假设逐一排除，让学生感知、体会"在假设中排除"的学习方法。最后，引导学生动手操作，将平行四边形转化为面积不变的长方形，引导学生在操作与思考中发现平行四边形与转化后的长方形之间的等量关系，进而推导出平行四边形面积的计算公式，让学生感悟"在转化中推导"的学习方法。

2. 于合作共学中深思

在探索平行四边形面积计算公式的过程中，我们计划通过小组合作学习，学生互相讨论之后再动手操作。给学生创设了一种民主、宽松、和谐的学习氛围，并给予他们充分的思考问题的时间，让不同层次的学生通过合作学习得到了不同程度的发展，使学生在课堂学习中善于思、乐于学、敢于说，不但轻轻松松地突破了教学重难点，学生也获得了成功的喜悦和自豪。

七、教学反思

本节课内容是在学生已经学会长方形、正方形的面积计算的基础上掌握平行四边形的特征，并认识平行四边形的底和对应的高的基础上教学。我们根据学生已有的知识水平和认知规律进行教学。心理学家皮亚杰指出："活动是认知的基础，智慧从动手操作开始。"动手操作过程是学生学习的一种循序渐进的探索过程。所以，我主要采用了动手操作、自主探索、合作交流的学习方式，通过课件演示和实践操作，以激发学生的学习兴趣，调动学生的学习积极性。通过学生动手操作、观察、实验得出结论，体现了教学以学生为主体、老师为主导的教学思想。

（一）渗透“转化”思想

引导探究通过本节课的学习，要能够为推导三角形、梯形面积的计算公式提供方法迁移。“转化”是数学学习和研究的一种重要思想方法。我们在教学本节课时采用了“转化”的思想，先通过数方格求面积发现数方格对于大面积的平行四边形来说太麻烦，然后引导学生大胆猜想平行四边形的面积可能与谁有关，该怎样计算，接着让学生将平行四边形转化成已学的图形来推导它的面积。学生很自然地想到把平行四边形转化成长方形，再来探究它们之间的关系。

这样启发学生设法把所研究的图形转化为已经会计算面积的图形，渗透“转化”的数学思想，培养学生的创新意识。接着，运用现代化教学手段，为学生架起由具体到抽象的桥梁，使学生清楚地看到平行四边形到长方形的转化过程，以及它们之间的关系，突出了重点，化解了难点。

（二）重视操作试验，发展能力

本节课教学我们充分让学生参与学习，让学习数方格，让学生剪拼，引导学生参与学习全过程，去主动探求知识，强化学生参与意识。我们引导学生运用割补法把平行四边转化为长方形，从而找到平行四边形的底与长方形的长的关系、高与宽的关系，然后根据长方形的面积=长×宽，得到平行四边形面积计算公式是底×高，再利用讨论交流等形式要求学生把自己的操作—转化推导的过程叙述出来，以发展学生思维和表达能力。这样教学对于培养学生的空间观念，发展解决生活中实际问题的能力都有重要作用。

（三）注重优化练习，拓展思维

练习设计的优化是优化教学过程的一个重要方面。本课教学过程中，注重学练结合，既有坡度又注重变式。

第一题告诉学生底和高，直接求平行四边形面积，规范格式，检验学生是否达到运用公式，解决实际问题；第二题出示含有多余条件的图形题，强调底和高必须对应，学习上更上一个层次；第三题认识等底等高的平行四边形的面积相等。让学生明确两个平行四边形共底，根据平行线间的距离处处相等，它们的高也相等。

附2：课堂观察表和课后访谈

表1

“为思考力而教”课堂观察量表

课堂观察表（一）：思辨课堂互动空间评价量表

课题：平行四边形的面积　执教者：杨鸿　观察者：翁云钦　时间：2020 年 10 月 29 日

讲 台

1

★★△△	★△
√√	
√	√
	△△★△

2

	★★★√√√ △△△ △△△△
√△	
√√	√
△△△	√√

3

	△
△	√△
√√√△△△	
√√△△	

4

△★★	△√
	★△
	√

5

√√△	

观察点	关注度：△被提问，★有互动，活跃度：√活跃，○拘谨，×不活跃				
提问次数	31	提问人数	15	提问面	60%
互动次数	9	互动人数	6	互动面	19%
活跃人数	15	不活跃人数	3	活跃面	30%

观课分析及建议：

本节课提问面比较广，有师生互动，也有生生互动；教师的关注面比较集中，但第五组缺乏关注；活跃面广，学生在积极主动思考，问题比较细、广，同一个问题回答人数最多只有两次，课堂气氛比较活跃。教师对“跟不上”节奏的学生采取“扶一扶”的方式，在课堂的重难点部分“停一停”“等一等”，让他们“跟着说”“仿着说”；对有生成问题的学生进行适时的跟进、追问，引导有深度的思考。学生由被动渐渐地变为主动，学习积极性高涨，满足了不同需求的学生，让不同的学生有不同的发展。建议教师课堂的关注面再加强些

"为思考力而教"课堂观察量表

表2

课堂观察表（二）：思辨课堂交互对话评价量表

课题：平行四边形的面积　　执教者：杨鸿　　观察者：薛洪清

时间：2020 年 10 月 29 日

评价类型	评价特征	对话环节摘录	出现次数
提问对话	学生的答案错误，教师以同一个问题，通过不断提问不同学生得出答案	①面积重要吗？ ②长方形的面积？（长+宽）×2	1
追问对话	学生的答案错误或不完整，教师调整问题不断追问同一个学生或不同学生得出答案	师：请你猜一猜平行四边形的面积是多少？ 生1：6×5；生2：6×4；生3：5×4 师：还有其他的可能吗？这3道算式到底哪个是正确的？你有什么办法验证？	2
同伴对话	同伴通过对话交流合作，相互补充，不断完善答案	我来补充，可以用割补法来研究	1
辩论对话	学生通过辩论，表达各自见解，得出答案	为什么一定要沿着高线来剪？斜着为什么不行？	5
多元对话	教师、学生交互对话得出答案	刚才通过孩子们的互相补充，我们已经明确了为什么沿着高线剪下的道理，还有其他问题吗？	2
观课分析及建议： 本表从五个观察点入手观察对话形式。前两个点关注教师行为，后三个点聚焦学生表现。教师和学生在融洽的氛围中围绕开放的内容进行对话，由此实现思想与思想的碰撞，不断生成新的意义。从前两个对话中可以看出教师的教学理念发生了很大变化，教师能精心设计核心问题，瞄准知识的本质，因时设问，恰到好处，教师提出问题后，耐心等待，没有马上重复问题或指定其他同学来回答。从后三个对话可以看出，教师在课堂上把更多的时间还给学生让他们交流，引发思维碰撞，学生回答问题后，教师等待足够的时间，再对学生的回答作出评价或者再提另外的问题，使全体学生有一定的时间来判断答案的准确性；学生也可以说明、补充或者修改他的回答，从而使回答更加系统、完善，而不至于打断思路，从而充分感受平行四边形的面积与底和高有密切关系			

"为思考力而教"课堂观察量表

表3

课堂观察表（三）：思辨课堂核心问题驱动学生思考评价量表

课题：平行四边形的面积　　执教者：杨鸿　　观察者：周焰

时间：2020 年 10月 29 日

序号	核心问题（原话）	问题来源（A课本，B改造，C教师设计，D学生提问）	思考方式（A独立，B合作讨论，C动手操作）	回答方式（A无应答，B集体回答，C个别回答）	学生回答（原话）	课堂实施情况评价
1	它的面积变了吗？	C	A	B	没有	□→▱→▱
2	面积是多少？	C	A	C	① 5×6=30 ② 4×6=24	两种答案，第一种居多
3	怎么验证？	D	A	C	平行四边形放在平面图上，数数有多少个格子	学生发言积极，各抒己见
4	摆到这里，可以知道哪个答案肯定是错的？	C	A	C	① 旁边有空隙； ② 旁边有多余	6×5 6×4 5×4 学生的猜想与实际造成矛盾
5	为什么要沿着高剪？ 追问：长方形有什么特征？拼成长方形有什么作用？	D	B A	C A A	因为沿着高剪下来多余的三角形	发言积极，引发辩论
6	还可以怎么剪？	C	C	C	平行四边形中间部分垂直剪下来	让学生感受转化的多样性

续表

序号	核心问题（原话）	问题来源（A课本，B改造，C教师设计，D学生提问）	思考方式（A独立，B合作讨论，C动手操作）	回答方式（A无应答，B集体回答，C个别回答）	学生回答（原话）	课堂实施情况评价
7	原来的平行四边形与剪拼后的图形有什么关系？ 谁听懂了？再说一说	A C	B	C	平行四边形的底剪拼后变成了长方形的长，平行四边形的高剪拼后变成了长方形的宽，所以平行四边形的面积相当于长方形的面积	围绕这一核心问题，师生继续深入探究，充分感知
8	为什么5×4不行？	D	A	C	因为不是对应的	参与面广，思维活跃，有个性
9	能比较它们的大小吗？	C	A	C	一样大，因为高一样	参与面广，思维活跃

观课分析及建议：

教师从“核心问题”维度的“呈现”视角和“学生思考方式”维度的“回答”视角，设置了“核心问题”“问题来源”“思考方式”“回答方式”“学生回答（原话）”等观察点。教师提出的问题既不能过于简单，也不能脱离学生的认知水平，把问题提得太难。教师设计问题要寻找学生的“发展区”，在教学内容的重点、难点关键处提问，提出有利于学生积极思维、具有思考价值的问题。根据观察表可发现，教师提了9个问题，除第2个问题比较简单外，其他的问题均瞄准本节课知识的重难点和关键点。从课堂实施情况看出当学生的思维出现障碍时，在小组内交流讨论依然不能解决问题时，教师及时点拨，引导学生理顺思路，发挥了教师的引导者和帮助者角色。可见教师的教学观和学生观先进，始终让学生站在课堂的中央，依据学生的认知水平，问在疑处，点在惑时，以达到引发认知兴趣、获得知识、提高能力的目的。科学地设计并进行课堂提问，可能及时地唤起学生的注意，激发学生的学习兴趣，培养学生的质疑能力，有利于促进学生数学思维发展，产生积极作用，达到良好的效果。建议第5个问题提出来时，给学生更多的思考时间，激发更多的学生进行思考，从而让所有学生真正经历面积公示的推导过程，让学习真正发生

“为思考力而教”课后学生访谈

课题：平行四边形的面积　　执教者：杨鸿　　观察者：薛萍

时间：2020 年 10月29 日

亲爱的同学们，你好：

你已经完成了这节数学课的学习，请你结合自己实际的想法、做法，在下列符合你情况的□里打上“√”，或者在“____”上写出你的答案。认真回答将会使你更了解自己的状况，有利于你今后更好地发展；如果不按自己的实际情况回答，那么这项调查对你是没有意义的。

1. 你觉得平时自己的数学水平

☑1. 很好　□2. 一般　□3. 不太好　□4. 很不好　□5. 不清楚

2. 这节课你对自己的表现

☑1. 非常满意　□2. 基本满意　□3. 不太满意　□4.完全不满意　□5. 不清楚

3. 这节课你对上课老师的看法

☑1. 非常喜欢　□2. 基本喜欢　□3. 不太喜欢　□4.完全不喜欢　□5. 不清楚

4. 这节课后的练习题你能独立完成吗？

☑1. 能　□2. 不能

——如果不能，你觉得是因为什么原因？

□1. 上课不认真　□2. 上课没听懂　□3. 题目太难　□4.不能理解老师讲的内容

☑5. 还没认真思考　□6. 不习惯老师的教学方式

5. 这节课你被提问 2 次，正确 2 次，主动发言 1 次，主动发言的内容是 平行四边形可以转化为长方形，再求它的面积。

6. 这节课你主动提出问题 2 次，你主动提出的问题是 求平行四边形的面积有哪些方法？

7. 这节课老师的上课方式你觉得与平时相同吗？

□1. 完会相同　☑2. 基本相同　□3. 不太一样。

8. 你喜欢这种上课力式吗？

☑1. 非常喜欢　□2. 基本喜欢　□3. 不太喜欢

9. 你喜欢思考吗？

☑1. 非常喜欢　□2. 基本喜欢　□3. 不太喜欢

10. 这节课你有认真倾听、认真思考吗？如果满分10分，你能得几分？ 10 分。

11. 能说说你最喜欢这节课的哪个活动吗？为什么？剪平行四边形的高转化成长方形。

本张访谈抽测了在课堂上主动发言次数较少、被提问2次的孩子。访谈中发现该生平时学习数学水平也很好，孩子自己课堂表现打了满分10分，对这节课自己的表现非常满意，非常喜欢老师的上课方式，而且课后练习题能够独立完成，并且也知道不会完成任务的原因，是因为上课不认真，或者是上课没有认真思考，说明孩子学习态度端正，学习目的性强。该生被老师提问两次都正确，说明孩子的总体学习水平还是比较高的。主动发言一次，说明这位孩子上课的发言积极性方面还有待于提高。孩子学习兴趣浓厚，能独立完成练习，说明课堂学习效率高。

“为思考力而教”课后学生访谈

课题：平行四边形的面积　执教者：杨鸿　观察者：薛萍

时间：2020年10月29日

亲爱的同学们，你好：

你已经完成了这节数学课的学习，请你结合自己实际的想法、做法，在下列符合你情况的□里打上“√”，或者在“____”上写出你的答案。认真回答将会使你更了解自己的状况，有利于你今后更好地发展；如果不按自己的实际情况回答，那么这项调查对你是没有意义的。

1. 你觉得平时自己的数学水平

☑1. 很好　□2. 一般　□3. 不太好　□4. 很不好　□5. 不清楚

2. 这节课你对自己的表现

☑1. 非常满意　□2. 基本满意　□3. 不太满意　□4.完全不满意　□5. 不清楚

3. 这节课你对上课老师的看法

☑1. 非常喜欢　□2. 基本喜欢　□3. 不太喜欢　□4.完全不喜欢　□5. 不清楚

4. 这节课后的练习题你能独立完成吗？

☑1. 能　□2. 不能

——如果不能，你觉得是因为什么原因？

□1. 上课不认真　□2. 上课没听懂　□3. 题目太难　□4.不能理解老师讲的内容

□5. 还没认真思考　□6. 不习惯老师的教学方式

5. 这节课你被提问 4 次，正确 3 次，主动发言 5 次，主动发言的内容是 平行四边形的面积公式。

6. 这节课你主动提出问题 1 次，你主动提出的问题是 平行四边形的面积与什么有关系 。

7. 这节课老师的上课方式你觉得与平时相同吗？

□1. 完会相同　☑2. 基本相同　□3. 不太一样。

8.你喜欢这种上课力式吗？

☑1. 非常喜欢　□2. 基本喜欢　□3. 不太喜欢

9.你喜欢思考吗？

☑1. 非常喜欢　□2. 基本喜欢　□3. 不太喜欢

10.这节课你有认真倾听、认真思考吗？如果满分10分，你能得几分？ 10 得分。

11.能说说你最喜欢这节课的哪个活动吗？为什么？都喜欢，因为老师讲得非常有趣。

本张访谈抽测了在课堂上主动发言的孩子。访谈中发现该生平时学习数学水平也很好，孩子自己课堂表现打了满分10分，对这节课自己的表现非常满意，非常喜欢老师的教学方式，能准确快速独立完成课后练习题，学习积极性高，逻辑思维能力强。能主动发言5次，善于质疑提出有价值的问题，说明孩子的总体学习水平比较高；解决问题的能力较强，说明教师平时善于培养学生数学思考力，发展学生思维；课堂学生始终保持积极、愉悦、良好的主动学习状态，说明教师教学方式方法科学，深得学生喜欢

（三）以“四领域”思考力助学策略表导引，让数学思考能力内涵明晰化

从四个领域分类整理，抓住思考内容和思考能力要点，帮助教师全面把握教学目标，有效落实“四基”“四能”，促进思考力的发展，提升学生数学核心素养。下面是不同领域数学思考力的培养。

小学“数与代数”领域数学思考力助学策略表见表4，小学数学“图形与几何”领域数学思考力助学策略表见表5，小学数学“数学广角”领域数学思考力助学策略表见表6，小学数学“统计与概率”领域数学思考力助学策略表见表7。

表4

教材	教学内容	思考内容	思考方法	指向核心素养
一年级上册	20以内数的认识	感受数认识的框架结构，认识数字符号的表达意义，建立数感	观察、联想、迁移、推理	观察能力、数学表达能力、认真倾听和独立思考能力
	20以内的加减法	理解加减法的运算意义，理解算理	观察、操作、对比、类推	操作能力、归纳表达能力、运算能力
一年级下册	100以内数的认识	知道个、十、百位的数位概念，掌握数位顺序表	观察、交流、操作、比较	观察能力、分析能力、推理能力、数学表达能力、建立数感
	100以内的加减法	百以内数的加减的基本类型、百以内加减法的3种基本算理，及3种算理的类比运用	比较、交流、归纳算理，明晰思路，建立模型，分析转化	分析归纳能力、有序思考问题能力、转化思想、合作交流能力
	数的排列规律	发现给定事物的简单的排列规律	观察、猜测、分析、推理	观察能力、逻辑推理能力、集合和等量代换思想
二年级上册	表内乘法	理解乘法运算的意义，感受和理解乘法与加法的关系，发现表内乘法算式间的内在关系与规律	观察、交流、合作、类推、有条理思考及表述，并尝试反思解决问题过程	有条理交流表达能力，用数学语言表达自己的观点，发展演绎推理思想

续 表

教材	教学内容	思考内容	思考方法	指向核心素养
二年级下册	万以内数的认识	知道从数认识的框架结构出发认识数，掌握万以内数的结构，并运用这个结构生成新的数	迁移、类推、操作、交流归纳	操作观察归纳能力、表达交流能力、估计能力、建立数感及符号意识
	表内除法混合运算	理解除法运算的意义及其算理，感受除法与减法的关系，逐步形成有序地、严密地思考问题的意识。	观察、操作、分析推理、交流（画图）	分析推理能力、有序全面思考问题、有条理的数学表达能力
三年级上册	万以内的加减法	对不同的问题可以选择不同的计算策略，进一步培养分析问题和解决问题的能力	迁移、类推、自主探究、合作交流	分析交流、表达、归纳的能力，掌握解题策略
	多位数乘一位数	初步掌握笔算乘法，能结合具体情境进行乘法估算	借助直观操作，通过多元表征间的转换、对比归纳，建立模型	借助图形理解算理、分析数量关系，体会数形结合的思想；学会归纳、抽象出计算法则
	分数的初步认识	理解分数的意义	在观察、猜想、验证等活动中，发展合情推理，进行交流和归纳	借助直观图，分析比较分数的大小，学会归纳和比较的方法
三年级下册	除数是一位数的除法	理解笔算除法的算理，估算方法，将乘法运算的思维方法迁移到除法中	迁移、类推、自主探究、合作交流	探索解决不同问题的不同思路和策略
	两位数乘两位数	如何让学生在直观感知中理解算理和计算方法	数形结合，观察、交流、合作、类推、有条理思考及表述，并尝试反思解决问题过程	创新意识、归纳能力、探索问题中的解题思路

续 表

教材	教学内容	思考内容	思考方法	指向核心素养
三年级下册	年、月、日	认识年、月、日，了解它们之间的关系	观察比较、综合分析、合作交流、抽象概括	体会数学的基本思维方式
	小数的初步认识	能结合情况应用小数。	观察、操作、对比、类推	学会独立思考，建立数感
	数学广角——搭配	在参与数学活动中发展推理能力	观察、分析，学习简单的推理方法	形成有序全面的思考问题的习惯
四年级上册	大数的认识	感受大数的意义，培养估算能力	知识经验迁移，对数据进行比较和分析	进一步发展数感和符号化思想
	三位数乘两位数	经历发现、提出数学问题、探索计算方法、解决数学问题的全过程	迁移、类推、估算	运算能力、培养估算意识
	除数是两位数的除法	引导充分交流试商方法	通过计算、观察、比较等方式，应用已有的知识经验解决问题	用数学语言表达数学结论的能力
	数学广角——优化	体验解决问题方法的多样性	观察、操作、猜测、推理与交流	学会独立思考，体会数学的基本思想和思维方式
四年级下册	小数的认识和加减法	理解小数的意义和性质	观察、比较和归纳	学会独立思考，建立数感
	小数乘法	理解并掌握小数乘法的计算方法	沟通小数乘法与整数乘法之间的联系，自主探索计算方法	培养知识迁移能力和合情推理能力
	认识方程	了解等式的性质，利用等式的性质解简单的方程	通过观察、比较，分析方程蕴含的数学关系，利用天平的直观性理解等式的性质	渗透函数思想，感受数学表达方式的严谨性、概括性和简洁性

续 表

教材	教学内容	思考内容	思考方法	指向核心素养
五年级上册	小数乘法	小数乘法的算理和计算方法，积的近似值，简便计算，解决问题	观察、联想、迁移、推理	学生的数感、推理能力、运算能力
	小数除法	理解小数除以整数、一个数除以小数的算理和方法，商的近似数，循环小数，解决问题	观察、联想、迁移、推理	学生的数感、推理能力、运算能力
	简易方程	如何从算术思维转换到代数思维，增强方程意识	观察、操作、对比、类推	建模思想、推理能力、运算能力
五年级下册	因数与倍数	理解因数和倍数的含义，知道因数和倍数相互依存的关系	观察、交流、探索、比较	推理能力、建立数感
	分数的意义和性质	理解分数意义、分数与除法的关系、真假分数，了解分数的基本性质	观察、思考、探究	推理能力，运算能力
	分数的加法和减法	理解相同分数、异分母分数相加减的算理，以及混合运算	观察、逻辑推理	培养数感和运算能力
六年级上册	分数乘法	理解分数乘法的意义，理解分数乘法的计算方法，会用分数乘法解决问题	观察、交流、合作、类推、有条理思考及表述，并尝试反思解决问题过程	运算能力、推理能力
	分数除法	认识倒数，理解分数除法和分数乘法之间的关系，抽象“1”解决实际问题	观察、交流、合作、类推、有条理思考及表述，并尝试反思解决问题的过程	运算能力、推理能力

续表

教材	教学内容	思考内容	思考方法	指向核心素养
六年级上册	比	理解比的意义、性质和应用	观察、交流、合作、类推、有条理思考及表述，并尝试反思解决问题过程	模型思想
六年级下册	负数	认识负数，掌握正负数读写法，知道正负数和0的关系，用正负数描述现实生活中的现象	观察、比较、联想、猜测、推理、合作交流	培养数感和符号意识
	百分数（二）	解决“折扣、成数、税率”问题	自主、探究、合作、操作、表达	模型思想、推理能力
	比例	理解比例的意义，基本性质，解比例	探究、发现、对比、变式	推理能力、建模思想

表5

教材	教学内容	思考内容	思考方法	指向核心素养
一年级上册	位置	认识“上、下、前、后、左、右”基本含义，初步感受它们的相对性	直观观察、动手操作、自主探索、感受特征	空间观念、抽象思维
	认识图形（一）	直观认识长方体、正方体、圆柱和球等立体图形，能辨认和区别这些图形	在拼、摆、搭等活动中，获得对简单几何体的直观体验	培养学生的观察、想象、表象思维和语言表达能力，初步建立空间观念
一年级下册	认识图形（二）	直观认识长方形、正方形、平行四边形、三角形和圆形，能辨认和区别这些图形	观察活动，动手拼摆的操作活动，获得对平面图形的直观认识	培养学生的观察、想象、表象思维和语言表达能力，初步建立空间观念

续表

教材	教学内容	思考内容	思考方法	指向核心素养
二年级上册	长度单位	体会统一长度的必要性，初步认识线段，学会用尺子量线段的长度	观察、操作、探究、归纳、比较	建立长度观念，培养估量的意识和能力
	角的初步认识	尝试从数学的角度去观察周围的世界	观察、动手操作	观察能力、抽象能力、空间想象能力
	观察物体	感受局部和整体的关系，初步形成全面看待事物的意识	观察活动，动手拼摆的操作活动，进行想象、猜测和推理的探究活动	空间观念、推理能力、建模能力
二年级下册	图形的运动（一）	认识图形的平移和旋转现象，认识轴对称图形	在观察、操作活动中，积累图形运动经验，描述或画出图形的运动和变化	发展空间观念，培养想象能力
三年级上册	长方形与正方形	能够清晰地掌握长方形和正方形的基本特征	观察、实验、猜测、推理	观察能力、数学表征能力、逻辑推理能力
三年级下册	位置与方向（一）	辨认方向，表达与交流物体所在的方向	创设丰富的便于操作的实践活动情境，观察、描述和交流的过程中体验方位的知识	发展学生的空间观念，发展创新意识、数学能力
	面积	探索体会引进统一的面积单位的必要性，认识面积单位，掌握长方形、正方形的面积公式	积累数学活动的实践经验和思维经验，经历实验—猜想—验证—概括的完整过程	数学思维和方法（不完全归纳法），形成解决数学问题能力的机会
四年级上册	角的度量	区分直线、射线、线段，比较角的大小，运用工具——量角器完成测量角度的操作	通过实际操作和实验，获得图形的感性认识；通过探索交流经历知识的形成过程	观察能力、数学思维、表述能力、空间观念

续 表

教材	教学内容	思考内容	思考方法	指向核心素养
四年级上册	平行四边形和梯形	认识图形，学会一些简单的作图方法；体会各种图形的特征及图形之间的联系	观察、操作、探究、归纳、比较	空间观念的发展、观察能力的提升
四年级下册	观察物体（二）	从不同的位置观察几个几何体的组合体	观察活动，动手拼摆的操作活动，进行想象、猜测和推理的探究活动	观察能力、抽象能力、空间想象能力
	三角形	进一步认识三角形的特性	在自主探索的活动中体会分类活动，在操作探索中发现，形成结论	分类讨论思想、空间观念、推理能力、建模能力
	图形的运动（二）	探索平面图形运动的特性和方法	观察、操作活动中，积累图形运动经验，描述或画出图形的运动和变化	空间观念，转化思想
五年级上册	位置	明确“列”“行”的含义及一般规则，会用数对确定物体的位置	充分利用学生已有的生活经验和知识基础，适时渗透数形结合的思想和方法	发展数学思考，培养空间观念
	多边形的面积	平行四边形、三角形和梯形的面积计算	大胆猜想—动手实践—验证猜想—推导概括	转化思想、培养学生运用多种策略解决问题的意识和能力
五年级下册	观察物体	能分别根据1个方向和3个方向看到的形状图摆出相应的几何组合体，体会不确定性和确定性	拼搭、观察、操作、想象、猜测、分析、推理	提高空间想象力和推理能力，进一步发展空间观念

续表

教材	教学内容	思考内容	思考方法	指向核心素养
五年级下册	长方体和正方体	认识长方体和正方体的特征以及展开图，理解体积的含义，掌握体积和表面积的计算方法，并能解决一些简单的实际问题	观察、分析、归纳，重视想象	培养学生分析、比较、类推、归纳的能力，进一步发展空间观念
	图形的运动	认识图形的旋转，学习画简单图形旋转90度后的图形，能从对平移和旋转的角度欣赏生活中的图案，并设计图案	想象、猜测、推理	培养空间想象力和推理能力
六年级上册	位置与方向	根据位置说出相对于观测点的方向和距离，根据方向和距离确定位置，会描述简单的路线图	联系生活经验和已有知识，观察、分析、独立思考、合作交流	渗透数形结合思想，培养空间观念
	圆	圆的特征，圆的周长和圆的面积的计算	化曲为直、转化	掌握转化、极限等数学思想
六年级下册	圆柱与圆锥	圆柱和圆锥的认识，圆柱的表面积，圆柱的体积和圆锥的体积	观察、比较、测量、交流	培养自主解决问题的能力，在观察、操作、推理、想象的过程中掌握知识，发展空间观念

表6

教材	教学内容	思考内容	思考方法	指向核心素养
一年级下册	找规律	发现图形和数字简单的排列规律	观察、实验、猜测、推理	观察能力、数学表征能力、逻辑推理能力
二年级上册	搭配	最简单事物的排列数和组合数	观察、猜测、实验	观察能力、分析能力、逻辑推理能力、数学表达能力
二年级下册	推理	初步理解逻辑推理的含义，初步获得简单推理的经验	观察、猜测、操作	观察能力、分析能力、逻辑推理能力、有条理地阐述自己推理过程的数学表达能力
三年级上册	集合	初步感受数学思想方法的奇妙与作用，逐步形成有序地、严密地思考问题的意识	观察、操作、猜测、推理、交流（画图）	逻辑推理能力
三年级下册	搭配（二）	有序、全面地思考问题	观察、操作、猜想	分类讨论思想、数形结合思想、符号优化思想、逻辑推理能力
四年级上册	优化统筹对策	体会统筹思想和对策论方法在解决问题中的应用	自主探究	优化数学思想
四年级下册	鸡兔同笼	较清楚地表达思考过程	自主探究（列表、假设）	推理能力、数学模型
五年级上册	植树问题	从实际问题中探索问题有效方法	观察、猜想、验证、推理、画图策略（线段图）	数学模型、解决实际问题的能力
五年级下册	找次品	体会解决问题策略的多样性，优化解决问题的有效性	比较—猜测—验证—归纳（直观图或流程图）	应用意识、逻辑推理能力
六年级上册	数与形	自主探索图形中隐藏的数的规律	自主探索、合作交流	归纳能力、逻辑推理能力、数形结合、极限思想
六年级下册	鸽巢问题	用“抽屉原理”解决简单的数学问题	猜想、尝试、验证（直观枚举、分解数）	数学建模

表7

教材	教学内容	思考内容	思考方法	指向核心素养
一年级下册	分类与整理	根据给定的标准或自己选定的标准进行分类，能够用自己的方式(文字、图画、表格等)呈现分类的结果，能够对数据进行简单的分析，并能根据数据提出简单的问题	观察、分析、交流	观察能力、分析能力、数学表达能力、分类思想
二年级下册	数据收集与整理	学会用调查法来收集数据，学会记录数据，认识简单的统计表，会用给定的统计表呈现和整理数据，对数据进行简单的分析表达与交流	观察、分析、交流	观察能力、分析能力、数学表达能力、数据分析观念
三年级下册	复式统计表	1.认识复式统计表，能根据统计表的数据进行简单的分析。 2.理解统计方法	观察、分析、交流	观察能力、分析能力、数学表达能力、数据分析观念
四年级上册	条形统计图	初步认识条形统计图，能根据统计图中的数据回答并提出简单的问题，初步体会数据中蕴含的信息	观察、操作（画图）、分析、交流	观察能力、分析能力、数学表达能力、数据分析观念
四年级下册	平均数与条形统计图	1.体会平均数的作用，能计算平均数，能用自己的语言解释其实际意义。 2.认识复式条形统计图能根据复式条形统计图提出并回答简单的问题，并进行简单的类推分析	观察、分析、交流	观察能力、分析能力、数学表达能力、数据分析观念
五年级上册	可能性	1.感受简单的随机现象，初步体验有些事件的发生是确定的，有些是不确定的。 2.能列出简单的随机现象中所有可能发生的结果。 3.感受随机现象结果发生的可能性是有大小的，能对些简单的随机现象发生的可能性大小作出定性描述	观察、操作、探究、分析、交流	观察能力、分析能力、数学表达能力

续 表

教材	教学内容	思考内容	思考方法	指向核心素养
五年级下册	折线统计图	1认识单式折线统计图，能根据需要用折线统计图直观地表示数据。 2.认识复式折线统计图及其特征，能根据需要选择折线统计图直观、有效地表示数据对数据进行简单的分析和预测	观察、分析、交流	观察能力、分析能力、数学表达能力、数据分析观念
六年级上册	认识扇形统计图，认识众数、中位数，找规律	1.了解扇形统计图的特点与作用，知道扇形统计图可以直观地反映部分数量占总体的百分比。 2.读懂扇形统计图，获取必要的信息。 3.知道对于同样的数据可以有多种分析的方法，能根据需要选择合适的统计图直观、有效地描述数据	观察、分析、交流	观察能力、分析能力、数学表达能力、数据分析观念

策略二：优化教学过程，促进思考力提升

《义务教育数学课程标准（2022版）》明确指出，学生的学习应是一个主动的过程，认真听讲、独立思考、动手实践、自主探索、合作交流等是学习数学的重要方式。教学活动应注重启发式，激发学生学习兴趣，引发学生积极思考，鼓励学生质疑问难，引导学生在真实情境中发现问题和提出问题，利用观察、猜测、实验、计算、推理、验证、数据分析、直观想象等方法分析问题和解决问题；促进学生理解和掌握数学的基础知识和基本技能，体会和运用数学的思想与方法，获得数学的基本活动经验；培养学生良好的学习习惯，形成积极的情感、态度和价值观，逐步形成核心素养。由此可见，数学教学将更加注重学科内涵发展即思考力的培养。下面以“数学思考”中“小棒根数与三角形个数之间的关系”的教学为例，谈谈如何合理优化数学教学过程，提高学生思考力。

（一）优化问题情境，引发数学思考

学生思考、创造的动力来源于创造的动机和欲望。因此，教学时要根据具体内容，从学生实际出发，还要充分利用小学生好奇心强、求知欲旺盛的特点，创设情境、巧设问题，激发学生的学习兴趣的同时，又营造学生探索、思考的氛围。在本节课教学中，可以这样导入。

1. 产生认知冲突

师：同学们，认识它吗？

生：三角形。

师：摆1个三角形要几根小棒？

生：3根。

师：摆两个这样的三角形呢？

生1：6根。

生2：5根。

师：咦？明明摆1个要3根，摆2个不是得用6根吗？怎么会是5根？谁来摆一摆？（一生示范）

2. 介绍公共边

师：少用1根，少在哪呢？

生：两个三角形连起来摆，中间有1条公用的边，可以省1根小棒。

师：这条边我们可以称作……

生：公共边。

师：像这样连接着摆2个三角形，最少要用5根小棒。像这样摆3个呢？

生：7根。

师：4个呢？

生：9根。

3. 激发探究需求

师：如果摆100个呢？还摆吗？为什么？

生：摆100个太麻烦了！可以计算。

4. 导入

师：怎么算呢？关键是得先找出三角形的个数与小棒根数之间的规律，

这就是我们要探究的——图形中的规律。

板书课题：图形中的规律。

师：到底这些图形隐藏着什么规律呢？我们就从简单的摆1个、2个、3个开始研究吧！

在本案例中，教材上的问题是摆7个三角形需要多少根小棒？将7个改成了100个，数字变大了，再用摆小棒的方法显然太麻烦了，从而使学生产生探究规律的强烈需求，引发数学思考。并让学生认识到在遇到复杂的问题时，一般要从简单的入手开始研究。

（二）优化数学活动，发展数学思考力

数学活动首先是活动，而且是为了数学的活动。正如史宁中教授说，中国未来小学数学教育将转入更加注重内涵的改革深化阶段：其一，注重思考力的培养；其二，注重过程性经验的积累；其三，注重真正意义上的“理解”。这更突显了数学活动对发展学生数学思考能力的重要作用，要让学生在面临各种各样的实际问题时，能够从数学的角度去思考，并自觉运用数学的知识和思想方法去解决问题。在本节课教学中，可以这样组织学生操作探究，发现规律。

1. 动手操作，初探规律

（1）说明活动要求。

师：请大家按照这样的摆法，用小棒摆出一排连接的三角形，请先看清要求。（课件出示）

活动要求：

① 摆一摆，摆一个记录一次；

② 画一画，画出所摆的图形；

③ 算一算，用算式计算小棒的根数。

（课前准备学习单：表格）

师：请拿出学习单（表格）研究研究，开始吧！

（2）学生动手探索规律，教师进行指导。

师：先完成的同学想一想，还有别的方法吗？

师：仔细观察表格，把你的发现和同桌说一说！

2. 反馈交流，观察发现

（1）一形不变法。

（2）一边不变法。

（3）减重复边法。

在本案例中，教师以“数形结合”为主线，着重让学生在研究连接三角形规律的过程中，学会用算式来解构图形，借助形来研究数的规律，从而积累探究规律及解决问题的经验，发展学生的思维能力。教师让学生通过摆小棒的直观操作，经历观察探索发现的过程，体验发现图形中的规律的方法。不同的学生，他们的认知水平、观察发现能力不同，观察事物的角度也不一样，探索的规律也可能不同，有机地结合展示交流进行板书，起到了顺学而导的作用。这样的优化处理，让学生亲历“数形结合“的分析过程，提高了学生的操作、发现、思辨、表达等能力，从而发展了学生的数学思考能力。

（三）优化建模过程，提高数学思考力

学生在教学过程中通过参与观察、猜想、实验、证明等系列活动，自主探究、合作交流来建立模型，形成数学知识。在这个过程中，教师要帮助学生对当前学习内容所反映的事物的性质、规律及该事物与其他事物之间的内在联系达到较深刻的理解，从而提高其数学思考能力。在本节课教学中，可以这样适当处理教材，帮助学生建构模型。

1. 建构模型

师：刚才我们从不同的角度观察、思考，用不同的方法计算出摆7个三角形的小棒根数，如果摆100个你会算吗？

师：需要几根？

生：201根。

师：怎么能算得这么快？

生：我是用“一边不变法”来算的，1+2×100=201。（板书）

师：还可以怎么算？

生：3+2×99=201，我用的是“一形不变法”。（板书）

师：还有不同的算法吗？

生：3×100−99=201，我用的是“减重复边法”。（板书）

师小结：想法不同，结果却是一样的，真是殊途同归呀！看来，大家已经学会了从不同的角度来分析问题，真了不起！

师：如果连着摆500个、1000个三角形你还会算吗？

生：会。

师：如果摆n个又该怎么算呢？小组讨论一下。

师：谁来说说，你是怎么算的，用的是哪种方法？

[板书：$3+2(n-1)$，$1+2n$，$3n-(n-1)$]

2. 举一反三，类比迁移

探究连接正方形中的规律。

师：现在老师如果把图形换一换，你还会算吗？

(1)照这样摆20个正方形需要多少根小棒？

(2)学生独立计算。

(3)汇报交流。

师：你是怎样算的？跟刚才的哪种方法差不多？有什么不同？

生1：$4+3\times19=61$（根），我用的是“一形不变法”，不同的是正方形有4条边。

生2：$1+3\times20=61$（根），我用的是“一边不变法”。

生3：$4\times20-19=61$（根），我用的是“减重复边法”。

3. 小结

看来只要是像这样连接着摆成一排的图形，都可以用“一形不变”“一边不变”等方法来研究它们的规律。

在本案例中，教材的设置是让学生通过探究“连着摆7个三角形需要多少根小棒”来发现三角形个数与小棒根数之间的关系。教师在教材的基础上适当增加，层层推进，“如果连着摆100个你会算吗”“如果连着摆500个、1000个……n个呢”通过提问，让学生亲身经历从具体形象表示—数学语言描述—抽象归纳出字母式子这一符号化、形式化的建模过程，让学生感悟到数形结合、一一对应、抽象归纳等数学思想，促进学习的正迁移。此外，教师还引导学生运用类比迁移的方法研究连接正方形的规律，通过比较摆三角形与正方形的相同与不同，让学生感受到解决数学问题的本质是抓住相同的思维模型，感悟它们之间的内在联系，让学生在联系比较中，进一步体会图形与数的联系，从而凸显数学本质，发展学生的抽象概括能力，提高学生的数学思考能力。

总之，数学教学应从学生实际出发，优化教学过程，创设有助于学生自主学习的问题情境，引导学生通过观察、操作、思考、发现、交流等活动，获得数学的基本知识技能、基本思想、基本活动经验，不断提高学生的数学思考能力。这样，学生在数学学习中就能事半功倍。

策略三：关注思维发展，助力思考力提升

数学的思维发展是核心素养中的一个方面，对学生的数学能力形成具有重要的决定作用。因此，数学教师要非常重视学生的思维能力培养，让学生用数学思维解决实际的数学问题，让学生在数学能力方面有所提升。但是提升学生的数学思维不是短期的教学工程，需要数学教师进行教学观念的改变，从培养学生的数学思考能力出发。

（一）关注思维直观性，提升数学思考力

唯有突出学生的主体地位，学生的学习主动性才会体现。并且，小学生的思维还处在形象思维的阶段，教师要为学生提供形象化的学习环境，让学生因为学习环境的影响而积极思考，让数学课堂变成积极有趣味的课堂，让学生高效理解数学内容。在必要的时候，数学教师可以让学生走出教室进行观察，然后让学生将自己的观察结果进行分享。

例如，在“位置与方向（一）”的学习中，本节课单独依靠教师的讲解进行学习，学生会感到一定的压力，而如果教师采用形象化的教学支持，就会降低学生的学习难度。为此，教师可以让学生走出教室，到操场上做游戏。教师可以让学生站在操场的不同位置，朝着不同的方向进行观察，因为在不同的方向有不同的建筑和物体，学生看到的具体物体不同。学生观察之后回到教室，教师可以让学生描述自己观察到的不同物体。如此一来，学生的学习热情高涨，他们纷纷将建筑、树木、红旗与方向联系起来，认识方向就显得简单多了。在这样形象化的数学教学中，学生很快吸收了相关的知识，促进了高效课堂的形成。

（二）关注思维逻辑性，提升数学思考力

在传统的教学中，部分数学教师为了让学生快速掌握有关的数学知识，让学生不停地进行概念的死记硬背，导致学生缺乏思考的机会，也影响了学生逻辑思维能力的形成。在提倡学生核心素养的背景下，数学教师应让学生进行数学规律的总结，让学生发现数学的本质，从而提升学生的数学理解能力，同时强化学生的数学判断能力。在必要的时候，数学教师还可以为学生提出一定的问题，让学生在判断中提升逻辑思维能力。

例如，在“100以内的加法和减法（一）”中，在讲到满十进一的时候，有的学生无法听明白，因此，教师可以让学生摆小棒，并为学生提出一定的引导性的问题。在计算18+12时，教师可以让学生用小棒进行摆弄试验，10个小棒为1捆，那么18个小棒可以捆成1个小捆还剩下8根，12个小棒可以捆成1个小捆还剩下2根。这时候，教师可以问学生“你们看看，剩下的小棒可以捆成一捆吗”，这时，学生们进行挪用，发现剩下的小棒依然可以捆成一捆。教师还可以继续追问学生：“剩下的那些小棒捆成了一捆，所以，一共捆成了几捆？”学生发现一共捆成了3捆，也就是满十个就可以进一位了，即从原来的2捆变成了3捆。通过动手操作和回答教师的提问，学生对数学问题的认识也越来越清晰，将较复杂的东西简单化了，并且有了明显的逻辑思维。

（三）关注思维灵活性，提升数学思考力

变式教法是培养学生灵活思维的基本方式，可以让学生感受到数学的多变性，让学生在多个角度进行问题的解答，为此，教师可以让学生快乐地参与教学活动。在具体教学中，教师可以通过让学生转变数学语言的叙事形式，让学生从多个角度看待同一个数学问题，从而真正拥有“举一反三”的能力。教师可以让学生参与语言的叙述，提升学生的数学语言转述能力，也活跃学生的数学思维。

例如，在“比较多少”的相关教学中，教师可以为学生提出具体的数学主题，然后让学生进行问题的补充和解答。如，教师可以为学生提出“妈妈今年36岁，明明今年6岁，你们可以提出哪些问题”，有的学生提出“妈妈比明明大多少岁”，有的学生提出“明明比妈妈小多少岁”也有的学生提出“妈妈与明明的年龄相差多少岁”，等等。经过学生们的热情提问，再让他们结合这些问题进行列式计算，结果学生们发现这些问题的列式是一样的，其结果也是一样的。这样的活动不仅活跃了学生的思维，也提升了学生举一反三的能力。

总之，让学生经历数学思考的过程，是唤起学生对数学的好奇心，激发并维持学生主动和自主学习的根本保证，也是学生学数学的基本前提。教师要不断思考和探索新的教学形式，从观念上做出改变，突出学生的主体地位，让学生进行实践和反思，从根本上提升学生的数学能力。

策略四：着眼现实，推进思考力有效发展

一切与数学相关的常识均从现实世界中来，最终又都回归于现实世界。小学阶段的学生富有强烈的好奇心和求知欲，因此，作为数学教师应当根据学生自身的智力发展水平及生理发展水平，为学生创设生动有趣的学习场景，激起他们的学习欲望，活跃他们的数学思维；让学生在动手实践中进行思考，在思考中进行探索，在探索中收获知识。

（一）营造温馨融洽的“大家庭”，激发学生的数学思考

新时代的教育强调学生是学习的主人，要求建立以学生为主，教师为辅的课堂地位，真正地让每一位学生都能参与到课堂中来。首先，建立平等民主的师生关系是至关重要的。教师应该从讲台上走下来，走进学生中去，充分了解学生，融入学生，听学生所说，感学生所想，只有这样才能更好地开展教学工作。其次，课堂上应让学生多操作、多观察、多表达。教师应鼓励学生不断思考，并善于用温暖的言语和激励的眼神给予学生适当的鼓励，培养学生敢问、会问、勤问的习惯，从而激发学生的数学思考和创造潜能。可见，创建一个温馨融洽的班级环境——“大家庭”，对于发展学生的数学思考能力是多么的重要。

在教学“圆面积计算公式”中，教材给出的方案是在硬纸板上画圆，把圆等分成16份，剪开后，用这16个近似于等腰三角形的硬纸板拼成一个和长方形差不多的形状，由此得到该长方形的长近似于πr，长方形的宽近似于r，因此得到$S_{长方形}=\pi r\times r$，从而推导出圆的面积计算公式是$S_{圆}=\pi r^2$。笔者在教

学这部分新课时，把主动权交给学生，让学生自主动手操作，为他们提供足够的思考时间和空间，引导他们将自己的解题过程大胆地表达出来。当一个学生提出可以将圆通过剪拼成梯形从而推导出圆的面积计算公式时，笔者没有轻易否定他的想法，而是让他上台展示，将他的具体想法呈现给其他同学，全班进行交流探究。同学们惊讶地发现即使不按照教材上的方法，也可以推导出圆的面积计算公式，而后跃跃欲试，开始深入思考：是不是将圆剪拼成平行四边形、三角形也可以推导出结论呢？在这种温馨融洽的教学氛围中，学生积极地进行数学思考，体会到数学思考带来的惊喜，不断地大胆创新。

（二）设计富有思考性的“开放题”，培养学生的数学思考能力

数学思考与解题过程是紧密联系的。数学“开放题”的价值就在于没有既定的求解过程，也没有现成的算法，就连答案也是不确定的。这就要求学生积极思考，丢掉思维惰性，勇于创新，灵活运用已有的解题思路及知识储存去解决尚未知晓的难题。

一题多变，即把一道题的已知信息、要求问题进行顺逆、扩缩、变换等，使一道题衍生出多道题，让学生在不断变化的问题情境中，从不同的角度出发去思考、去解疑，从而培养学生的数学思考能力。

有这样的一道题“三（1）班有学生48人，男同学占三（1）班总体的六分之四，求男同学共几人”，这种题型解答对于学生来说没有难度，而教师可以继续向学生提问：“你还能提出一个数学问题并解答吗？”学生经过独立思考后会提出如下一些问题：①三（1）班的女同学共几人；②三（1）班的男同学比女同学多几人；③三（1）班的女同学占全班同学的几分之几；④三（1）班的女同学是男同学的几分之几……教师要求学生多方位地提出问题，推动学生重新调整思考方向，这不仅激活了学生的数学思维，而且还可以让学生乐于进行数学思考。

拓展性训练题，通过训练来拓展学生思维，引导学生想得更深更广，使学生经过进一步的思维延伸之后能够发现更深层次的数学奥秘。在拓展性训练中，教师要从学情出发，密切联系生活实际，结合教材设计出具有价值的数学“开放题”。

如这样的一道题，“图书馆、学校、小明家在一条马路上，小明家和学校相距650米，学校和图书馆相距300米，小明家和图书馆相距多少米？”，在解决问题的过程中，我们要让学生通过观察、分析、思考来更加深入地认识到三者的位置关系不仅仅只有一种。这种拓展性训练题向学生数学思考的灵敏性和严谨性发出了挑战，学生们从激烈的讨论声中得到启发，不仅满足了他们的好奇心，而且培育了他们的数学思考能力。

（三）适时疏导学生思维的障碍点，感受数学思考带来的魅力

通常来说，学生的数学思考或从已有的知识经验出发，或从旧知识入手，但无论起点如何，教育工作者都应当以旧知识为依托，通过转化、迁移等数学思想，让学生的数学思考过程合理化、清晰化。

有这样的一道题，“小红参加数学竞赛，和参加竞赛的每个选手都要握一次手。小红一共握了40次手。参加数学竞赛的一共有多少人？”，运用常规思路来解决这个问题似乎有点儿困难，学生的思考出现“卡壳”，此时教师要帮助学生理清思路，适时地疏导，唤醒学生“转化”的数学思想，引导他们将问题“小红和参加竞赛的每个选手都握了一次手，一共握了40次手”转化为“她和参加数学竞赛的40个选手都握了一次手”，再加上她自己，则参加数学竞赛的一共有40+1=41（人）。这样适时点拨和引导，使学生的思考方向发生了转折，让学生茅塞顿开，不仅激发学生探究难题的欲望，还能让学生的发散思维得到充分开发，尽情体会数学思考的魅力。

优秀的数学教育，不仅要传承和发展渊源的人类文化，还要发展学生的数学思考能力，让学生成为懂数学思考，悦于数学思考的人，为祖国孕育具备良好数学素养的优秀人才。

问题驱动，让深度思考成为可能

——以“分数的初步认识”教学为例

数学教学应基于儿童立场，回归到学习本质，应关注数学思考，少一些牵引铺垫，多一些问题引领。笔者认为，以问题引发思考是促使学习深入的有效方式。下面以“分数的初步认识”教学为例，谈谈个人的一些思考。

一、设问引思，于情境引入中触及思考切入点

教师要想快速唤醒学生的元认知，应善于借助情境，提出有助于学生快速切入学习主题的数学问题，激发学生积极主动地思考新旧知识间的联系，为新知学习作孕伏。例如，在教学情境引入环节中，笔者创设了一个问题情境：秋游聚餐，老师要分别把4块、2块、1块比萨分给2个孩子吃，每人分多少？学生根据生活经验，回答每人分到2块、1块和半块。笔者此时把重点集中在与本节课学习相关的问题上，启迪学生思考半块该怎么分，随后用一张圆片代替比萨，随意撕成两半：“这样子对吧？”话一出来，马上引发学生的强烈反对，笔者请反对的学生上来演示并说说理由。通过演示，学生初步理解了“一个”的意思，建立了“一半”的表象，也让学生发现“一半”不能用以前学过的整数来表示，从而引发了认知矛盾冲突，产生需要创造一种新的数来表示的需求。此片段教学中，笔者依托情境中的3个问题，特别是第3个问题，找准知识切入点，借用问题制造认知冲突，调动了学生的学习主动性。

二、互动思辨，于操作活动中瞄准思考关键点

在学习新知过程中，知识概念的易混易淆处往往会给学生造成困扰。为有效地突破思维障碍，教师可借助操作活动，瞄准操作活动的关键点，巧妙地设疑引思让学生加深对数学知识的体悟，重建原有认知结构，从而真正理解知识的本质内涵。

例如，在学生初步感知了$\frac{1}{2}$后，笔者设计了两次设问活动。第一次设问活动：从圆形、三角形、长方形、正方形等各种不同形状的图形中自主选择一个，将它的$\frac{1}{2}$涂上色，随后要求学生把不同涂色方法展示在黑板上，同时说明方法。学生完成后，笔者并未结束本环节的教学，而是马上展示学生的方法并用两个问题相机跟进，引发学生在辨析中反思。问题1：这些图形形状不同，大小也不同，涂色部分为什么都能用$\frac{1}{2}$表示？问题2：这些图形形状相同，但折法不同，涂色部分为什么也都能用$\frac{1}{2}$表示？这2个问题打破了学生原来对$\frac{1}{2}$的粗浅认识，促使学生重构对分数内涵的再认识。

第二次设问：我们在分比萨中找到$\frac{1}{2}$，折纸涂色中找到$\frac{1}{2}$，它们有相同的地方吗？学生通过讨论交流，在倾听、串联与反刍中完善了对$\frac{1}{2}$的内涵认识：任何一个图形或物体，只要把它平均分成2份，其中的1份都可以用$\frac{1}{2}$来表示。这几个思辨问题逐层推进，促使学生在深度思维中理解了分数的本质内涵。

三、价值引领，于建构模型时链接思考的融合点

学会知识仅仅是思维的初级水平，学会建模才是思维进阶的一种表现，

因而教师要引导学生建立数学知识的基本模型，最终真正内化知识、明了本质。在教学完分数的认识后，笔者请学生拿出学具袋中的图形，创造一个自己喜欢的“几分之一”。学生操作后汇报：可以把平行四边形纸片平均分成4份，每份是它的$\frac{1}{4}$；可以把圆形纸片平均分成8份，每份是它的$\frac{1}{8}$……此时，有学生提出：“还有其他分数吗？怎么比较分数大小？这些分数为什么都可以用几分之一来表示呢？”笔者马上引导学生聚焦与本节课有关的核心问题——这些分数为什么都可以用“几分之一”来表示，并进一步抓住学生生成的问题进行设问引思：“你觉得还有其他分数吗？如果在数轴上表示$\frac{1}{2}$、$\frac{1}{3}$、$\frac{1}{4}$，你认为这些分数应该在数轴上的0、1、2、3中的什么范围呢？”（笔者相机画出一条数轴）接着，学生通过对话与思考，不仅发现这些分数都比1小，还发现了分数有无数个，以及还有比1大的分数……这样一来，在学生初识分数时就能初步把分数纳入数系，实现了结构化学习，实现了把知识学活、学深、学通，为下节课的学习打下基石，发展了可持续性学习能力。

四、适度延伸，于巩固应用中拓展思考生长点

学贵有疑，疑问不仅说明学生有浓厚的学习兴趣，也是学生对问题进行深度思考的标志。教师应设计有利于拓展知识面的问题引发学生思考，实现知识的拓展与延伸，发展学生的素养。如在巩固练习部分，笔者利用多媒体展示一幅分数墙，并设计了三道层层推进的问题引发学生思考。

问题1：“在分数墙上找分数，你能找出多少个分数呢？”学生通过观察比较发现同一面墙，平均分的份数不同，得到的分数也不同。这可以看出学生的抽象能力得到了有效培养。

问题2：“你能让分数$\frac{1}{5}$开口说话吗？”学生把一块饼平均分成5份，每份是这块饼的$\frac{1}{5}$；把一颗糖平均分成5份，每份是这五颗糖的$\frac{1}{5}$。这样从“一

个物体”到“多个物体”的转变，实现了从“一个物体”到“一个整体”的拓展，学生思维的火花再次被点燃了，也为将来继续认识分数打下基础。

问题3：“老师这儿有两把尺子（两把尺子分别露出$\frac{1}{2}$和$\frac{1}{3}$），你能根据给出的信息判断出哪根长、哪根短吗？”这个问题把学生的思维导向深处，学生要根据分数的分母进行逆向推导，从而确定尺子的长短，以初步感知单位“1”的不同。广阔自由的思维空间让学生敢于质疑：是不是根据分数的分母，就能比较分数的大小？一石激起千层浪，学生的疑问更是激发了全班同学深度探究的热情，促使课堂上不断产生新的有研究价值的问题，课堂上充盈着智慧的气息。在整个教学中，笔者抓住有利的思考生长点设问，以连续的由易到难的问题串驱动学生深度思考，在思考中生成新问题、新发现，从而把握数学本质，促进思维进阶发展，落实了核心素养培育。

总之，教师应依据学生的实际情况和知识特征，以问题驱动主动思考，以思考促进深度学习，引导学生亲历完整的知识形成过程，从而让学习从肤浅走向深刻。

数学实验：发展数学思考力的有效支点

——以人教版一年级下册“摆一摆，想一想”为例

数学实验犹如一把神奇的钥匙，为开启学生数学思考力的大门提供了可能，在当今的数学教育领域，它正逐渐展现出独特而重要的价值。数学实验并非简单的操作活动，而是融合了观察、实践、探究和思考的综合性学习过程。当学生亲自参与数学实验，他们就不再是被动的知识接受者，而是主动的探索者。通过实验中的操作和观察，学生能直观地感受到数学的魅力和规律。这种亲身经历激发了他们内心深处对数学的好奇与渴望，促使他们积极思考、主动分析。下面以人教版一年级下册“摆一摆，想一想”为例，简要说说借助数学实验发展学生思考力的策略。

一、创设实验情境，激发主动思考意识

学生思考力的发展离不开内在动力的推动，唯有学生对数学学习内容怀有强烈的兴趣，其思考力方可得到良好的发展。一个富有吸引力的实验情境能够有效地唤起学生的好奇心和求知欲。教师精心设计实验情境，可以激发学生的主动思考意识，让学生在兴趣的驱动下，充分发挥自身的思维潜能，不断提升思考力，从而更加热爱数学学习，为未来的学习和发展打下坚实的基础。

“摆一摆，想一想”一课，在课前笔者将教室布置成一个充满数学奥秘的“数字实验室”——在黑板上绘制一个大大的数位表，桌子上摆放着五颜六色的小圆片。学生走进教室，就仿佛置身于一个神奇的数学世界，好奇心

瞬间被激发。

导入时，“同学们，你们想不想成为魔法师给小圆片施加魔法呢”这样的开场故事，瞬间抓住了孩子们的注意力，让学生迫不及待地想要参与其中。接下来，笔者化身数学王国里的小小魔法师，利用“魔法”可以用一个小圆片表示两个不同的数，接着在数位表上摆出了1、10这两个数。在摆的过程中，笔者故意放慢速度，边摆边提问：“同学们，想一想，为什么老师施加魔法可以将1个小圆片变出这么多不同的数呢？”引导学生开始初步思考。

根据一年级学生的身心发展特点，利用他们感兴趣的魔法精心创设的实验情境，一年级的学生便不再觉得数学是枯燥的数字和符号，转而认为它们是充满乐趣和挑战探索的“魔法元素”。学生在情境中主动思考、积极探索，数学思维也在不知不觉中得到了发展。

二、丰富实验类型，引领思考不断进阶

数学实验对学生思考力产生的效果与数学实验类型紧密关联。现阶段，小学数学实验类型较为单一，主要依赖演示实验。这种单一模式束缚了学生思考力的发展，难以满足学生的需求，教师应当以数学教学内容为基础，依照学生数学思考力的发展状况，把演示实验、学生动手制作实验及小组探究性实验等巧妙融合，设计不同的实验类型。比如，先进行演示实验引发兴趣，再让学生通过实际操作去思考，最后进行小组探究，共同解决难题。通过实验让学生的思考逐步深化，实现思考力的提升，强化数学实验对学生思考力发展的积极作用，助力学生在数学学习中思维更加活跃、敏捷。

“摆一摆，想一想”一课，丰富多样的实验类型发挥着关键作用，引领着学生的思考层层深入、不断进阶。

实验一：演示实验。课程伊始，笔者利用“魔法”演示1个圆片的摆数实验，让学生初步认识到位数的概念。接着，增加难度和变化，如提供2个圆片，引导学生思考怎样才能不重复、不遗漏地摆出所有可能的数。

实验二：拓展性实验。比如用3个圆片摆出个位和十位数字之和相同的数，这就需要学生更深入地分析数字的组合规律，从而锻炼他们的逻辑思维。

实验三：对比实验。将不同数量的圆片同时摆出，让学生观察和比较摆出的数的特点及规律。例如，比较用3个圆片和4个圆片摆出的数，探讨数字个数、大小的差异及原因。

实验四：合作实验。每个小组给定相同数量的圆片，但要求他们摆出不同形式的数，并互相交流分享。这种方式可以激发学生的创新思维和团队协作能力。

类型丰富的实验，使学生从初步感知到深入探究，思考力逐步提升，为今后的数学学习奠定坚实基础。

三、关注实验生成，引领思考趋向本质

数学学习不能遵循一成不变的教学流程，它具有明显的动态化特征。数学知识的复杂性和多样性，以及学生思维的活跃性和差异性，决定了数学教学活动充满变数。数学教学活动的这一特点决定了数学实验成为一种常态教学方式。在实验教学过程中，学生的不同反应、独特见解，以及实验的意外结果等，都可能自然产生。这种常态的生成是数学教学的宝贵资源，能为教学提供新的视角和方向，促使教师灵活调整教学策略，引导学生更深入地探索数学的奥秘。

“摆一摆，想一想”一课，通过用圆片在数位表上摆数这一简单而有趣的实验激发了学生的好奇心和探索欲。在实验过程中，学生可能会出现各种不同的摆法和结果。例如，有的学生一开始可能无序地摆放，导致重复或遗漏；有的学生则能较快地找到规律，有序地摆出所有可能的数。教师要密切关注这些实验生成，及时捕捉学生的困惑和亮点。对于出现混乱摆法的学生，要引导他们思考如何才能做到不重不漏；对于那些迅速找到规律的学生，要鼓励他们分享自己的思路，激发其他同学的思考。同时，关注实验生成还能让教师根据学生的实际情况调整教学策略。如果大部分学生都能轻松掌握当前的实验内容，教师可以适当提高难度，如增加圆片数量，或提出更具挑战性的问题；如果学生理解有困难，教师则可以放慢节奏，进一步讲解和示范。

数学实验充满了不确定性和变化，实验过程中自然生成的现象往往超出

了学生的预期。面对这些未曾预料的情况时，学生不得不重新审视自己原有的思考方式和解题思路。他们开始质疑那些固有的模式和规则，不再盲目遵循传统的方法。这种自然生成激发了学生的好奇心和求知欲，促使他们积极主动地探索更多的可能。学生不仅在知识上有所收获，更在思维方式上实现了突破和转变，为未来的学习和生活积累了宝贵的经验和能力。

四、激发数学想象，培养思考的逻辑性

数学想象能让学生跳出常规思维的框架，开拓思维的广度和深度。教师应引导学生遵循一定的逻辑顺序进行思考，比如从简单到复杂、从已知到未知，从而通过数学推理、归纳总结等活动，锻炼学生的逻辑思维能力。另外，教师应给予学生足够的自主思考时间和空间，鼓励学生提出疑问，发表独特见解，不断完善自己的思考过程，在这个过程中，逐步培养学生严谨、有序、条理清晰的思考习惯，为今后的数学学习和生活中问题的解决奠定坚实基础。

“摆一摆，想一想”一课，可以很好地激发学生的数学想象，培养思考的逻辑性。通过1至3个圆片所摆出数的个数，引导学生们猜测当有4个圆片时，能摆出几个数，这个过程本身就为学生提供想象的空间，然后循序渐进，将问题升级：4个圆片能摆出哪些数？此时学生需要在脑海中构想如何摆放圆片才能得到不同的数字，想象把这些圆片分别放在个位和十位的不同组合方式。在这一过程中，要培养他们的逻辑性，引导他们从个位开始，依次增加圆片数量，再考虑十位，按照这样步骤，才能不遗漏、不重复地摆出所有可能的数。在充满趣味的活动中，既能激发学生的数学想象，又能逐步培养他们思考的逻辑性，为今后的数学学习打下基础。

五、对接现实生活，构建思考力实践场

数学学科源自生活，与生活存在着紧密的关联性，这就要求教师必须把数学实验和生活有机融合。数学知识不应仅仅存在于书本和课堂的理论讲解中，而应通过与生活实际的结合，让学生深切感受到数学的实用价值。教师应引导学生从日常生活中发现数学问题，并用所学的数学知识去解决，激发

学生的学习兴趣和主动性。当学生看到数学在生活中的广泛应用，会更积极地投入学习。这种有机的关联，可以使学生在生活中感受数学，在数学中体验生活，从而真正掌握数学知识，提升数学素养。

将“摆一摆，想一想”一课与生活实际相结合，能让学生更直观地感受数学的魅力。例如，在课堂上，教师可以引导学生思考如何用摆圆片的方式来表示自己家中的人数，或者是自己拥有的玩具数量，通过这种方式，让学生明白数学就在身边，增强他们对数学的亲近感。

在超市购物的场景中，也能融入这一教学。让学生用圆片摆出商品的价格，比如15元可以用1个十位圆片和5个个位圆片表示。这样的连接，能让学生在实际情境中理解数位的概念和数字的组合，也为学生构建了一个思考力的实践场。在这个实践场中，学生不再单纯地接受知识，而在实际问题的解决中，主动运用所学进行思考和探索。这不仅提高了他们的数学应用能力，更培养了他们观察生活、发现数学问题的能力，为他们今后的数学学习和生活打下坚实的基础。

数学实验，发展数学思考力的有效支点。数学实验激发了学生对数学的兴趣，让学生在实践中感受到数学的魅力和乐趣；培养了学生的观察能力、分析能力和解决问题的能力，使学生的思维更加严谨、灵活和创新；在实验中遇到的困难和挑战，也锻炼了学生的毅力和勇气，让学生学会在挫折中不断前进。

“思辨课堂评价量化三观表”设计的研究和实践解读

在课堂观察活动中，最重要的核心工作之一是研制适切的观察工具，特别是观察量表，而这也是研究工作的一大难点。课堂观察量表是供观课者使用的、用于记录课堂教学各环节中特定观察点及观察要素下的各种教学行为表现、为研究问题寻找分析证据的观测工具。它具有描述性、比较性和操作性的基本特征，记录的内容多为质性描述，也有少部分量化数据，是评课和后续研究的重要依据。

纵观中外，对观察量表的设计方案有无数种。如何提升学生的数学思考力是我们一直思索的问题，历经两年时间，本课题组在团队成员的努力下，于课题研究中期设计了“思辨课堂量化三观表”（以下简称“三观表”），从多个维度对课堂行为进行分析，要求授课教师正确面对量表反映出的教学实际情况，合理分析，积极改进。通过讨论总结经验和教训，完善教案、改进教学和探索规律，提高教师的口头表达能力、书面表达能力、观察能力、聆听能力、教态等教师专业素养，同时改善观察者的教学水平。通过对量表数据的分析，执教者可以反思个人的课堂教学，修正自己的课堂教学，加深自己对课堂教学的理性认识，从而提升自己的教学能力。

一、基于学生互动空间的量表研制分析

在课堂教学中，学生作为教育教学活动的主体，必须参与建构知识和发展认知能力的学习过程，才能实现教学目标。衡量课堂教学有效性高低的

重要依据之一，是教师在教学过程中是否积极引导学生最大限度地参与教学活动，学生有无积极动手操作、动眼观察、动脑思考和动口表达等学习行为，学生是否真正是学习的主人等。基于研究问题——学生在课堂教学中的学习参与度，我们研制了学生互动空间观察量表，从“学生学习”维度的“互动、倾听、自主”视角，设置“关注度、活跃度”两个观察点，每个观察点设置两个观察要素，这些观察要素中隐含着学生参与课堂学习的深度、广度和效度信息。量表后陈列的观课分析与建议，供观课者课后会议评课时参考。

课堂观察表（一）：“思辨课堂互动空间评价量表”见表1。

表1

“为思考力而教”课堂观察量表

课堂观察表（一）：思辨课堂互动空间评价量表

课题：________ 执教者：________ 观察者：________

时间：____年__月__日

讲 台

1		2		3		4		5	

观察点	关注度：△被提问，★有互动，活跃度：√活跃，○拘谨，× 不活跃				
提问次数		提问人数		提问面	
互动次数		互动人数		互动面	
活跃人数		不活跃人数		活跃面	
观课分析及建议：					

二、基于师生交互对话的量表研制分析

课堂教学交互模式主要包含了师生之间对话和生生之间对话，其中，师生对话主要是为了传递知识信息，即由教师将知识信息和学习资料分享给学生，从而在课堂教学中锻炼学生自身的学习能力和理解能力；而生生对话主要指在小组学习过程中，学生与同伴间的对话交流。不论采用哪种课堂交互式教学形式，都需要尊重学生的课堂教学主体地位，遵循学生自身的认知规律，通过有效的交互式教学内容的设计增加课堂教学活力，增强学生自身的学习自信心，提高其学习数学知识的效率，同时也利于教师从交互对话中了解学生数学思考力发展水平。

基于研究问题———课堂交互对话是否驱动学生思考，我们研制了此观察量表，从“对话”维度的“主体”视角和“文本”视角，设置了“提问对话、追问对话、同伴对话、辩论对话、多元对话”观察点。前两个点关注教师行为，后三个点聚焦学生表现。教师和学生在融洽的氛围中围绕开放的内容进行对话，由此实现思想与思想的碰撞，不断生成新的意义。教师不再以传道授业为职责，而是进一步引导学生在对话中不断超越原有的认知水平，对知识点不断进行探究，最终生成新的意义。观察者记录对话环节摘录及出现次数，对课堂进行分析并提出建议。

课堂观察表（二）：“思辨课堂交互对话评价量表”见表2。

表2

“为思考力而教”课堂观察量表

课堂观察表（二）：思辨课堂交互对话评价量表

课题：____________　执教者：______　观察者：______

时间：____年__月__日

评价类型	评价特征	对话环节摘录	出现次数
提问对话	若学生的答案错误，教师则以同一个问题不断提问不同学生，最终得出正确答案		

续 表

评价类型	评价特征	对话环节摘录	出现次数
追问对话	学生的答案错误或不完整，教师调整问题不断追问同一个学生或不同学生得出答案		
同伴对话	同伴通过对话交流合作，相互补充，不断完善答案		
辩论对话	学生通过辩论，表达各自见解，得出答案		
多元对话	教师、学生交互对话得出答案		
观课分析及建议：			

三、基于突出思辨课堂核心问题驱动学生思考的量表研制分析

问题是数学的“心脏”，也是学生数学思维的“起搏器”，是学生深度学习的“动力引擎”。高质量的数学活动离不开问题驱动，尤其是核心问题的驱动。一个好的问题应当具有启发性、趣味性和探索性。在数学教学中，教师要精心设置核心问题，以核心问题驱动学生的数学学习，学生要经历问题发现、提出、分析和解决的全过程，从而发展自己的数学核心素养。好的核心问题的设计直接影响学生数学思考力的生成。

课堂观察表（三）：“思辨课堂核心问题驱动学生思考评价量表”见表3。

表3

“为思考力而教”课堂观察量表

课堂观察表（三）：思辨课堂核心问题驱动学生思考评价量表

课题：________ 执教者：______ 观察者：______

时间：____年__月__日

序号	核心问题（原话）	问题来源（A课本，B改造，C教师设计，D学生提问）	思考方式（A独立，B合作讨论，C动手操作）	回答方式（A无应答，B集体回答，C个别回答）	学生回答（原话）	课堂实施情况评价
1						
2						
3						
4						
5						
观课分析及建议：						

问题的种类很多，有的指向数学知识的本源，称为本源性问题；有的指向数学知识的本质，称为本质性问题；有的能引发学生的课堂生成，称为生成性问题。在数学教学中，教师要引导学生经历数学知识的探究过程。为此，教师要设置本源性问题，促进学生的数学理解。本源性问题的答案中往往蕴含着数学知识的本质，直指数学知识本源。教师要深度研究数学知识的

“来龙去脉”“前世今生”。通过回答核心问题，学生不仅能把握数学知识的源流，而且能洞察数学知识的发展走向。教师还要精心谋划教学环节，凸显数学知识的本质。

核心问题是依据教学目标而确定的最基本、最核心的教学内容，是学生应该掌握的重要知识和技能。一是在新旧知识衔接处提问。在旧知识向新知识过渡的时候，教师通过设计由浅入深的问题，一环紧扣一环地设问，唤醒学生已有知识经验和认知特点，沟通新旧知识之间的联系，达到向新知识过渡的目的，从而使学生的认识逐步深化。二是在本质属性处提问。学生的学习过程就是理解学科知识本质的过程，问题的设计应指向教学内容的本质，让学生在解决指向知识本质属性的问题的过程中感悟学科本质。从本质属性处提问的方式多适用于概念性、规律性、方法性知识的学习，教师应根据不同的学习内容，以及学生的不同学习基础、不同年龄特点选择合适的提问方式，在尝试中引导学生对知识本质属性进行思考。三是在思维生长处提问。《义务教育数学课程标准（2022版）》在明确“会用数学的思维思考现实世界”时指出“结合相关内容的教学，培养学生进行初步的分析、综合、比较、抽象、概括、对简单的问题进行判断、推理，逐步学会有条理、有根据的思考问题；同时注意思维的敏捷和灵活”。为此，教师需要在学生的已有经验中探寻思维的起点、确定思维方向，从知识方法的生长点提出课堂教学的核心问题，引导学生从思维的生长点出发，经历完整的、有深度的思维过程，深度理解知识和方法的本质，形成用完整思维方式解决问题的能力。

以上的观察量表，从“核心问题”维度的“呈现”视角和“学生思考方式”维度的“回答”视角，设置了“核心问题”“问题来源”“思考方式”“回答方式”“学生回答（原话）”等观察点。以学生为核心，观察者通过详尽地记录表现信息，收集教师授课中核心问题与学生思考关联的依据，为研究主题找到分析证据。观课者通过对报告中的数据进行分析，推断教学行为背后的意图，并判断执教教师的教学行为是否收到预期的效果。

“思辨课堂三思单”设计的研究和实践解读

《义务教育数学课程标准（2022年版）》强调：重视设计合理问题。教师既可以在真实情境中提出能引发学生思考的数学问题，又可以引导学生提出合理问题。问题提出应引发学生认知冲突，激发学生学习动机，促进学生积极探究，让学生经历数学观察、数学思考、数学表达、概括归纳、迁移运用等学习过程，体会到数学是认识、理解、表达真实世界的工具、方法和语言，增强认识真实世界、解决真实问题的能力，从而树立学好数学的自信心，养成良好的学习习惯。由此可见，以问题为抓手进行教学是激发学生思维积极参与的有效途径。有效的数学学习活动不能单纯地依赖模仿与记忆，动手实践、自主探究及合作交流才是学生学习的主要方式。因此，在团队成员的共同研究下，我们开展了以设计和使用“思辨课堂三思单”（课前引思单、课中研思单、课后拓思单，以下简称“三思单”）为抓手的新数学课堂教学模式的学习、研究和实践，试图从根本上改变教师教和学生学的效能，实现以学定教，以提高课堂效率。

一、“三思单”的设计意图

“三思单”的推出，为学生开展自主学习提供了可供操作的载体。它将学生的课前预习、课前反馈，课堂探究、课堂反馈，课后检测与反馈综合在一份材料上，便于学生把学习的各个环节进行有机整合，从而有效培养学生的自主学习意识，帮助学生养成自主学习的习惯，掌握自主学习的方法。此外，“三思单”还体现了学生“思考权”的回归，学生通过对“三思单”的应用，实现了独立思考和自主学习。

二、“三思单”的内容

所谓“三思单”，第一单为课前引思单，内容包括对旧知识的回顾，自学并尝试运用新知识，写出对旧知识的发现和运用感受、提出关于新知识的疑问，主要目的是渗透知识迁移、类比迁移等数学思想，培养学生独立阅读数学文本的习惯和自学习惯，培养学生发现问题和提出问题的习惯与能力。“课前引思单”有利于教师做好学情调研，以便以学定教，突出“以生为本”的理念。

第二单为课中研思单，内容包括“新课学习的内容”，主要是围绕新课例题为主的自学合作研讨，通过设计核心问题和关键问题引发学生思考，促进深度学习。问题不宜太多，一般控制在5个以内，主要目的是培养学生独立思考、合作探究的意识，以及在团队协作的过程中提高学生分析问题、解决问题、掌握方法的能力。

第三单为课后拓思单，内容包括多种题型的课后适度拓展的练习题，也可以是将所学知识应用在生活中的小故事，或有关数学文化的故事等。设计拓思单的目的是帮助学生检测知识的掌握情况和提升思维能力，让学生感悟到数学来源于生活，再利用数学的思想方法和经验回到生活中解决实际问题，感受数学的魅力，了解数学的历史，受到数学文化的熏陶，达到与其他学科整合，运用数学方法解决生活实际问题目的。

“三思单”在数学学科中的使用，真正做到了课堂“以学生为中心”，让学生在课堂上动起来、活起来、能力发展起来，逐步提升了学生的数学学科素养，同时促进了教师备课、上课、反思等能力的提升。但三思单的设计还有待进一步科学化、系列化，在使用上应更加关注学生素质和能力的培养。我们认为，“三思单”的改进应做好以下几点，这也是我们下一步努力的方向：教会学生思考、教会学生合作、教会学生表达、教会学生倾听。在实施这种教学方式时，不仅要教会学生一些必要的方法和技巧，还要多加观察学生的合作，发现问题及时进行调控；教师要站在一定的高度引领学生，要读懂学生、读懂教材、读懂课堂，这样数学“三思单”的使用才能更有效，才能成为辅助教与学的有力手段。

下篇

数学思考力课堂教学实践

数学是一门逻辑严谨、强调推导的学科。在数学知识的学习过程中，学生只有对数学公式、数学定律、数学概念等内容进行深刻的思考与辨析，进行缜密的推理与验证，才能透彻地了解这些抽象内容的内涵与特征，从而活用这些公式定律来解决数学问题。学生只有置身于思辨课堂中，才能通过思辨的过程将对数学知识的感性认识变成理性认识，更深刻地了解数学的特点与作用，活用各种数学定律、公式、定理、方法，高效解答学科问题及现实问题，体会到数学学习的乐趣。由此可知，学生只有具备一定的思辨能力，才能深刻地理解数学知识，拉近与数学之间的距离。

“分数加减法整理和复习”教学设计

【问题与思考】

1. 如何利用课堂有限时间进行知识梳理，形成系统的知识结构？

2. 如何把时间还给学生更自主地进行回顾与梳理，让复习课更加有效？

3. 针对关键性问题如何引发课堂辩论热情？

【磨课要点】

（一）起点

本课时是本单元的复习整理课，要求回顾本单元知识学习历程，绘制成知识结构思维导图。由于学生已有绘制思维导图的经验，所以能比较轻松完成学习任务。教学时应把时间还给学生进行质疑问难，梳理学习中不理解的知识点，在分析、比较中进一步明晰算理，掌握算法，同时沟通知识间的联系，形成结构化知识系统。

（二）终点

在分类、比较、辨析中，进一步理清本单元各知识点之间的联系与区别，形成知识结构；会解决简单的实际问题，提高运算能力和分析问题、解决问题的能力。

通过学习进一步明晰：分数加减法在计算时，同分母分数相加减，分母不变，分子相加减；异分母分数相加减，要先通分，转化成同分母分数后在进行加减。这与整数加减法时的数位对齐、小数加减法时小数点对齐本质上

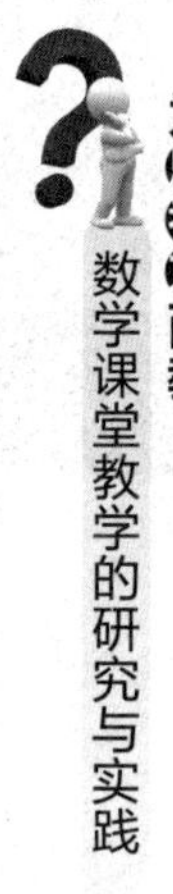

是一样的，加减运算时，只有相同的数位才能够相加减，所以异分母分数要通分后转化成同分母分数再相加减。

（三）过程与方法

鼓励学生课前复习，尝试绘制本单元知识结构思维导图，课堂上进行交流汇报，在分类、比较、辨析中，使学生进一步理清本单元各知识点之间的联系与区别。学生经历了知识回顾、梳理、内化的过程，同时补充完善思维导图，培养了思辨能力，提高了综合运用知识解决问题的能力。

【教学内容】

人教版五年级下册“分数的加法和减法”。

【教学目标】

1. 通过复习活动，进一步理解分数加减法的意义算理和算法，提高计算能力，进一步体会类比、归纳和迁移等思想方法在学习新知中的应用。

2. 回顾用分数加减法解决简单实际问题的全过程，进一步体会采用摘录信息和借助直观示意图的方式理解题意、分析数量关系在解决问题中的应用，感受解决问题的快乐，体会数学知识的应用价值。

3. 在分类、比较、辨析中，进一步理清本单元各知识点之间的联系与区别，完善课前自制的思维导图，提高综合运用知识解决问题的能力。

【教学重难点】

正确熟练地进行分数加减计算，能利用分数加减法解决简单的实际问题。

【教学准备】

实施资源：三思单设计、教学课件。

【教学过程】

（一）课前安排

自主复习整理任务单：请自主复习单元内容，回顾本单元知识学习历程，对本单元知识进行梳理，形成知识思维导图，并解决下面问题：本单元都学习了哪些内容？你认为学习本单元的关键在哪里？

（二）授课过程

第一板块：回顾

（1）师生共同回顾本单元的知识内容。

（2）课件呈现学习内容。

（3）教师指导回顾知识的方法，抓住一个核心“读”。

设计意图：通过回顾，再现知识，教师给予学法指导，授之以渔。

第二板块：梳理

师：课前大家已经对本单元所学的知识进行了梳理，今天我们一起对本单元的知识内容和思想方法进行一次整体性梳理，查漏补缺，并寻找各知识点之间联系的“密码”。

同桌交流课前制作的思维导图。

师：课前大家已经初步整理出本单元的思维导图，并通过交流课前作业，整理出了本单元的知识点，相信大家对本单元的知识有了更深一步的认识。现在请先在同桌交流，通过评价交流相互完善补充，选出最科学的一份全班进行交流。

全班交流，派代表展示分享。

互动评价。

教师引导，完善思维导图，沟通各知识点之间的联系（见图1）。

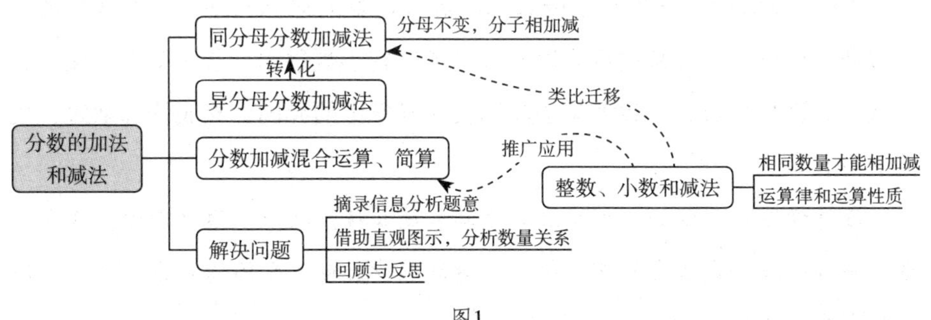

图1

第三板块：应用

例1：益康水果超市新进一批水果，第一天卖出总数的$\frac{4}{15}$，第二天卖出

总数的$\frac{2}{15}$，两天一共卖出总数的几分之几？还剩多少没有卖出？改变数据$\frac{2}{15}$为$\frac{2}{5}$怎么算？

思考：分数加减法与整数、小数加减法在计算中的异同？

（1）独立完成。

（2）评价交流。

（3）引导小结。

（运算法则略）我们在学习时运用了类比迁移的转化学习方法。我们以后也可以用这种方法学习新知识、解决新问题。

设计意图：在具体情境中体验分数加减法的应用，在列式计算中复习回顾小数乘除法的意义、算理和算法。

例2：计算$1-\frac{4}{9}+\frac{1}{4}$；$\frac{7}{9}+\frac{5}{6}-\frac{1}{6}$；$\frac{5}{7}+\frac{3}{8}+\frac{2}{7}+\frac{5}{8}$；$1-\frac{8}{13}-\frac{5}{13}$。

思考：回顾分数加减混合运算、简算和整数、小数加减混合运算、简算的异同。

（1）独立完成。

（2）评价交流。

（3）引导小结。

评价交流时引导学生总结分数加减混合运算的运算顺序，并发现整数、小数加法运算律和加减法运算性质可以推广到小数适用；通过举例比较分数加减法简算与整数、小数加减法简算实际操作中的异同；养成认真细致，规范书写的习惯。

设计意图：熟练分数加减混合运算和简算技能技巧，通过回顾，建立分数与整数小数加减法在算理、算法、运算顺序、简算之间的联系，进一步理解加减法运算。

例3：一根铁丝长6米，第一次用去它的$\frac{1}{3}$，第二次用去剩下的$\frac{1}{2}$，还剩下这根铁丝的几分之几？

思考：解决分数加减法相关问题时，我们可以借助哪些辅助方法帮助我们分析题意，理解数量关系？

（1）独立完成。

（2）评价交流。汇报时，重在引导分析题意和解决问题方法上的讨论。

（3）引导小结。

在解决实际问题过程中体验采用摘录信息分析题意，利用直观示意图分析数量关系在解决问题中的应用，帮助学生养成回顾与反思的习惯，从而深入理解问题与提升思维。

设计意图：在解决问题过程中回顾通过摘录信息理解题意、借助直观示意图分析数量关系，感受数学在生活中的应用，体验解决问题的快乐。

例4：一块布料，第一次用去 $\frac{4}{5}$ 米，第二次用去 $\frac{1}{3}$ 米，还剩 $\frac{1}{5}$ 米，这块布料原来长多少米？

（1）独立完成。

（2）评价交流。

设计意图：结合实际问题，体会分数加法在生活中的应用，并自觉利用加法的交换和结合律进行简算。

例5：一听果汁，昆昆第一次喝了 $\frac{1}{6}$，觉得太甜了，加满白开水后第二次又喝了 $\frac{1}{3}$，第三次它用白开水加满又喝了一半，第四次再加满白开水后全部喝完，昆昆喝的果汁多还是水多呢？

设计意图：用分数加减法解决简单的实际问题；利用信息摘录分析题意，结合直观示意图分析数量关系。学生可以借助信息摘录和直观示意图分析，依次计算出水和果汁各占多少，也可以逆向思考，抓住1杯果汁的总量不变，每次喝掉的水都是新加入的进行思考，体现解决问题策略的多样性，感受用不同方法解决问题的快乐。

【板书设计】

分数加减法整理和复习

回顾转化
梳理类推
应用数形结合

附：三思单

课前引思单

1. 回顾本单元知识学习历程，本单元都学习了哪些内容？

2. 你认为学习本单元的关键在哪里？

课中研思单

1. 分数加减法与整数、小数加减法在计算中的异同？为什么非要分母相同，才能相加减？

2. 分数加减混合运算、简算和整数、小数加减混合运算、简算的异同？

3. 解决分数加减法相关问题时，我们可以借助哪些辅助方法帮助我们分析题意，理解数量关系？

课后拓思单

1. 本单元我认为比较难的问题还有一些，我能收集两道易错题。

2. 我认为本单元“转化”的方法还运用在本学期的这些知识学习方面，我能举一个例子。

“认识方程”教学设计

【问题与思考】

1. 如何在认识方程的初始课中渗透模型思想，提升核心素养？

2. 如何引导学生在问题情境中探索、研究，寻求已知与未知之间的内在联系，建立数量之间的相等关系；如何引导学生进行发散思考？

3. 未知数和已知数之间建立等量关系是方程，未知数和未知数之间建立等量关系也是方程吗？

【磨课要点】

（一）起点

本课是本单元中第2节的内容，教材主要呈现的是根据天平写出式子，通过类比分析、归纳出方程的概念，并根据概念学会正确判断一个式子是不是方程，以及利用方程解决简单的问题。

方程对学生来说是一节全新的概念课，是在学生学了4年的算术知识，和初步接触了一点儿代数知识——用字母表示数和运算定律的基础上进行学习的。学习方程的价值在于会用方程解决问题，从而逐步学会运用代数的方法思考问题，也就是初步培养学生的代数思维能力，进行方程思想的渗透。同时，本课也是学习“解方程”的基础，是用方程表示数量关系式的一个突破口，在本单元中具有重要地位。在此之前，已用一些方式对学生进行了方程的意义的渗透和思维的训练，例如填算式中的括号、数字谜等。本课的学习有助于培养学生的抽象概况能力，发展学生的数学语言和符号意识。

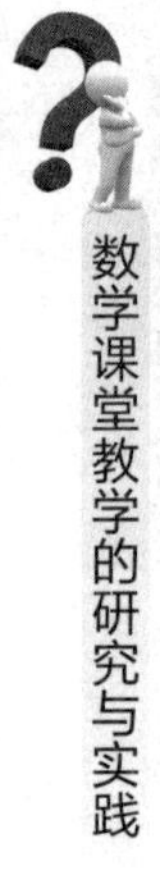

（二）终点

依据五年级学生正由直观思维向抽象思维过渡的年龄特征，在教学中运用了设疑激趣、直观演示、实际操作等教学方法，引导学生通过观察、想象、思考、操作、交流等多种活动形成表象，积累活动经验，发展模型思维。让学生在分析不同表达、不同情境的图与式的过程中，进一步感知具体情境中蕴含的相等关系，初步体会等式的本质就是表达等号左右两边数量相等的关系。让学生初步了解方程的意义，理解方程的概念和等式性质，感受方程思想；使学生经历从生活情境到方程概念的建立过程，体会方程及等式是刻画现实世界的数学模型。

（三）过程与方法

利用等量关系构造方程模型，引导学生在问题情境中探索、研究，寻求已知与未知之间的内在联系，建立数量之间的相等关系，经历以“问题情境—已知数、未知数、等量关系—建立方程模型”的数学活动过程，不断丰富“方程表示已知数与未知数之间的等量关系”的含义，把日常语言描述抽象成数学表达，再转换成数学符号的方程建模过程，突出方程的核心本质，感悟模型思想。

【教学内容】

人教版五年级上册“方程的意义”。

【教学目标】

1. 在观察、比较、合作交流等自主探究活动中，明确方程和等式的关系，理解方程的意义，会判断一个式子是否是方程，会用方程表示生活情境中简单的数量关系。

2. 经历从生活情境到方程模型的建构过程，感受方程思想，感受方程与生活的联系。

3. 通过寻找等量关系列方程，发展学生的数学思考能力，体会方程的价值。

【教学重难点】

教学重点：学生理解方程的意义，并能根据问题正确列出方程。

教学难点：学生理解题意，需找等量关系，正确列出方程。

【教学准备】

教具：课件、天平模具、磁铁。

【教学过程】

（一）借助天平，感悟等量关系

（1）出示天平学具。

我们今天准备研究天平的什么知识呢？天平又能让我们学到哪些与数学有关的知识？

（2）感知等量关系。

（3）观察。

认真观察，现在天平应该是什么状态？说说你的判断理由。能用一个数学的式子来表示吗？

（4）感知不等量关系。

左右不相等的情况，我们用数学知识可以怎么表示？

（5）描述天平状态。

① 左边下沉，橘子+20>100。

② 右边仍然低于左边，橘子+20<100。

③ 天平平衡，橘子+20=100。

（6）小结。

设计意图：利用天平让学生感知“平衡”，建立“等式”的概念；借助天平让学生体会到当天平左右两边相等时，可以利用等式来表达。

（二）合作探究，建立方程概念

1. 用文字表征

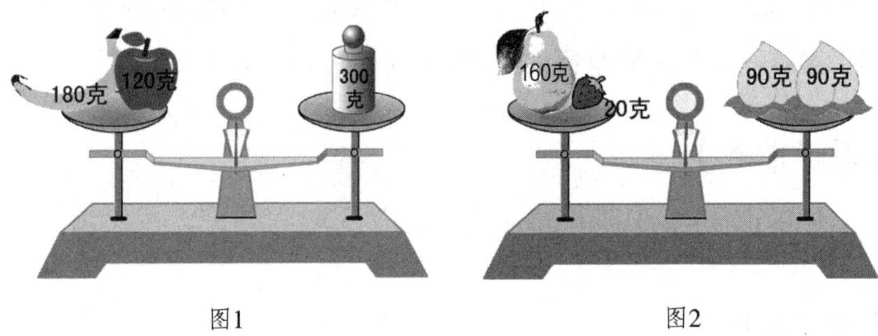

图1　　图2

你能清楚地表示这些左右相等的关系吗？

2. 用符号表征

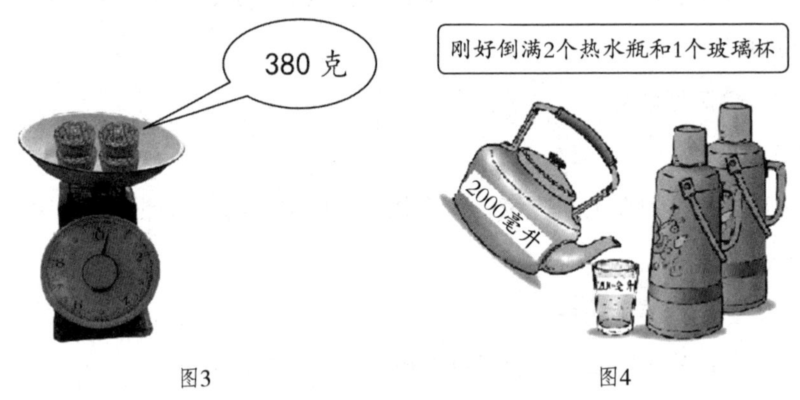

图3　　图4

你还能像天平那样找到谁与谁相等吗？

小结：只要找到了两个相等的数量，就可以像天平一样写出需要的方程。

设计意图：只利用天平帮助学生理解“方程”的意义是远远不够的，因此，教学中继续出示图3、图4。这些生活中的情境虽不像天平那样直观地呈现事物之间的等量关系，但是它们内部也同样具有数量平衡关系。

3. 进行分类，揭示定义

通过刚才的学习我们得到了这些式子，如果要给它们进行分类，可以怎么分？

学生合作，分享成果。

揭示定义：像这样，含有未知数的等式就叫作方程。（揭示课题：认识方程）

设计意图： 通过分类，使学生在观察中更加关注概念间的联系和特点，使方程概念的建立更加充分。同时，让学生在经历观察、分析、分类、比较、抽象、概括、应用等过程，渗透集合、分类、建模与方程思想。

（三）回归生活，深化方程意义

（1）辨析。

下面的式子，哪个是方程，哪个不是？

$a+9$	$35+65=100$	$30+\square=100$
$2y=40$	$m+12>30$	$20\times2=80-z$

（2）结合方程编故事。

出示：$30+\square=100$

$2y=40$

$20\times2=80-z$

这些方程能表示生活中的事情吗？

设计意图： 让学生赋予方程“$30+\square=100$”以情境，编一个生活中的实际问题，这样可以让学生深刻认识到方程模型存在于许多现实生活情境中。

（3）借助生活情境列方程。

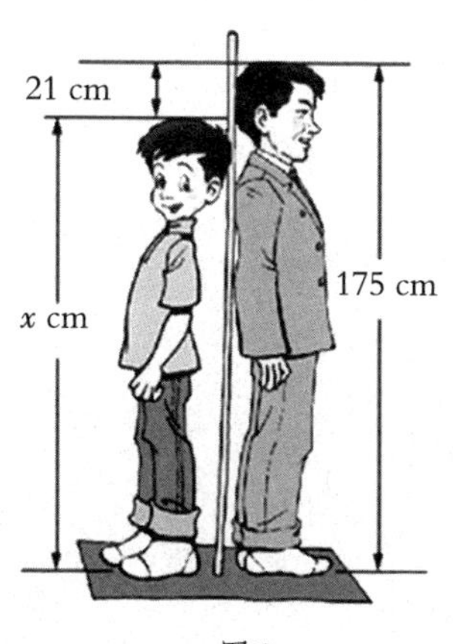

图5

这次你能列出哪些方程？（$175-x=21$；$x+21=175$；$175-21=x$）

设计意图：教师创设看似寻常不过的情境，让学生在列方程的过程中再一次加深对方程意义的理解，感受到方程就在我们的身边，生活中处处有方程。

（4）方程史话。

（四）回顾全课，总结提升

想一想，我们这节课是怎样认识方程的？

设计意图：“回头看”让我们和学生共同驻足。只有驻足，经历才能上升为经验。

附：三思单

课前引思单

1. 数学中的“=”的作用是什么？（　　）

A. 得到的结果用“=”连接

B. 表示左右两边相等关系

C. 不清楚

2. 下面式子是方程的有（　　）。

A. $36+x=48$

B. $12+36=48$

C. 8×（　　）=56

D. 铁的质量+20=180

E. $50+x$

F. □+○=12

G. $48-b=25+12$

H. $46>12+x$

3. 计算：

332+☆=28+12，☆=（　　）。

课中研思单

20+30=50	4×○=380	☆÷20<3
$x+y=z$	$12x-5>31$	180+120=300
120<230	梨+20=90+90	$2x+200=2000$

（1）分类是研究数学的好方法，我想将这些式子进行分类。

（2）从左往右数第（　　）个式子是方程，请你再写出两个方程。

（3）观察第（1）小题分类的过程，你发现了什么？（可以分点叙述）

课后拓思单

1. 结合方程“30+□=100”说一个故事。

2. 根据这幅图你能列出哪些方程？说说你是怎么思考的。

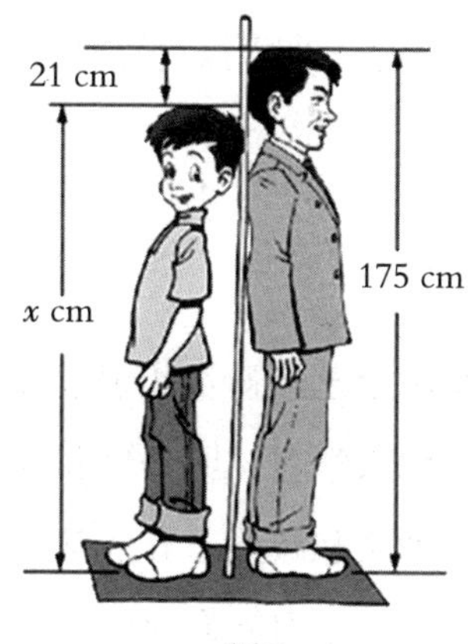

图6

“分数加减混合运算”教学设计

【问题与思考】

1. 如何立足核心素养，与整数加减混合运算建立联系，体现数的运算的一致性？

2. 如何组织有效的合作交流、自主探究算理并归纳算法？

【磨课要点】

（一）起点

学生在三年级上册的学习中已经初步认识了分数，在五年级下册学习分数的意义和性质之后，继续深入学习“同分母和异分母分数的加减法”，本课时学生是在已学了分数的加法和减法运算的基础上学习的，因此已有了丰富的知识基础和学习活动经验，学习起来比较容易。根据学生的思维特点，通过自主探究，把学习主动权交给学生，帮助学生引发与大概念相关的持续性思考，不断激活具体经验，最终达成深度理解，沟通分数与整数、小数加减法之间算理本质的联系，体验运算顺序的一致性，感悟转化思想，建构数的运算的知识体系。

（二）终点

掌握分数加减混合运算的顺序，能正确地进行分数加减混合运算，同时沟通分数加减混合运算与整数加减混合运算之间的关系，让学生感受整数和分数运算的一致性。

（三）过程与方法

在从情境中提出问题—利用知识经验迁移探究算法—交流辨析归纳算法—沟通联系形成结构教学流程和方法的过程中，让学生体现数学学习的价值，培养数学应用意识，建构知识体系。

【教学内容】

人教版五年级下册“分数加减混合运算”。

【教学目标】

1. 掌握分数加减混合运算的顺序，能正确地进行分数加减混合运算。

2. 使学生经历整数加减法运算定律推广到分数加减法这一过程，理解整数加减法运算定律对分数加减法同样适用。

3. 通过学习，使学生能比较熟练地运用加减法运算定律进行一些分数加减法的简便计算。

4. 通过学习，培养学生自主探究解决问题的能力，渗透环境保护的意识。

【教学重难点】

1. 掌握分数加减法混合运算的运算顺序和计算方法。

2. 灵活选用分数加减混合运算计算方法解决实际问题。

【教学过程】

（一）创设情境，引入新课

师：同学们，你们喜欢旅游吗？老师去年暑假去了云梦森林公园旅游，到了森林公园，心旷神怡，流连忘返。

师：老师去旅游带回来有关云梦森林公园的一些资料，请看公园图片。（图1）

图1

师：从图中你看到了什么？

生：森林公园风景优美，这里有高大的乔木林、低矮的灌木林，还有大片的草地。

师点拨乔木林和灌木林统称森林。

师：这是云梦森林公园地貌情况统计表（出示表格）：

表1

植被类型	占公园面积的几分之几
乔木林	$\frac{1}{2}$
灌木林	$\frac{3}{10}$
草地	$\frac{1}{5}$

师：从中你发现了哪些数学信息？根据这些数学信息，你能提出两步混合运算的问题吗？

设计意图：在创设情境中引导学生提出数学问题，一是能有利于调动学生的良好情感体验，激发学习兴趣；二是能让学生感受到数学与生活的紧密联系。

（二）合作交流、探究新知

（1）选择问题。

根据学生提出的数学问题，选择“森林部分比草地部分多几分之几”这一问题。

① 学生先独立解答，再在小组内交流算法。

② 小组代表上台演算。

方法一：$\frac{1}{2}+\frac{3}{10}-\frac{1}{5}$

$=\frac{5}{10}+\frac{3}{10}-\frac{1}{5}$（分步通分）

$=\frac{8}{10}-\frac{1}{5}$

$=\frac{4}{5}-\frac{1}{5}$

$=\frac{3}{5}$

方法二：$\frac{1}{2}+\frac{3}{10}-\frac{1}{5}$

$=\frac{5}{10}+\frac{3}{10}-\frac{2}{10}$（一次通分）

$=\frac{8}{10}-\frac{2}{10}$

$=\frac{6}{10}$

$=\frac{3}{5}$

③ 反馈。

a. 说说解题思路，先算什么？（指名说，同桌说）

b. 观察这两种计算方法的运算顺序，你有什么发现？（根据学生的回答进行比较归纳得出不带括号的分数加减混合运算的顺序是从左往右依次计算）

c. 计算中要注意什么？

教师强调书写格式及注意事项：用递等式计算，等号一律对齐，分数线在同一条直线上；注意最后的结果要化成最简分数。

④ 思考：这两种算法有什么不同？你更喜欢哪种算法？

（方法一用分步通分，方法二用一次通分）

师生共同总结计算方法：分数加减混合运算的运算顺序与整数加减混合运算的运算顺序相同；3个分数是异分母分数，先一次通分比较简便。计算时，可以根据题目的特点和自己的情况灵活选择方法。

设计意图：将数学问题与生活联系起来，激活学生积极情感，引导学生主动参与学习，引起学生探究新知的欲望，引导学生进行辨析，帮助学生加深对算理的理解，培养学生的迁移能力；进一步强调书写过程的规范性，养成认真学习的好习惯。

（2）出示课件。

森林会给环境带来什么好处呢？云梦公园地处长江中下游，雨水特别充足。这么丰富的降水都转化成什么呢？出示这次梅雨季节云梦森林公园和周边裸露地面降水量转化情况对比图，先让学生看懂图片内容，然后教师提问：这次降水后，森林里储存为地下水、地表水和其他形式降水转化情况分别是多少？把谁看作单位“1”？你认为以哪种形式储存的水要多一些？

教师点拨裸露地面的意思，再让学生试着计算。

$\frac{7}{20}+\frac{1}{4}+\frac{2}{5}=$? 找出单位“1”。

因为 $\frac{7}{20}+\frac{1}{4}+\frac{2}{5}=1$，所以森林的降水量是单位“1”，从而得知裸露地面的降水量为单位“1”。

师：已知单位“1”和两部分求第三部分——裸露地面储存的地下水占降水量的几分之几？

学生独立列式解答，点名学生上台演算。

$$\begin{aligned}&1-\frac{11}{20}-\frac{2}{5}\\&=\frac{20}{20}-\frac{11}{20}-\frac{8}{20}\\&=\frac{9}{20}-\frac{8}{20}\\&=\frac{1}{20}\end{aligned}$$

$$\begin{aligned}&1-\left(\frac{11}{20}+\frac{2}{5}\right)\\&=1-\left(\frac{11}{20}+\frac{8}{20}\right)\\&=1-\frac{19}{20}\\&=\frac{1}{20}\end{aligned}$$

请板演的学生说说解题思路。提问：这两种方法有什么不同？你有什么发现？

师生总结：教师加减混合运算中有小括号时，要先算小括号里的。

设计意图：通过小组讨论，激发学生自主探索与合作交流。引导学生在比较的基础上自己总结出计算方法，培养推理和概括能力。注意引导学生弄清楚“1”在这里表示什么，应看作几分之几来计算。

（3）渗透情感教育。

师：我们知道雨过天晴后，太阳出来了，一般来讲，地表水和其他形式的雨水都会被挥发，只有地下水被储存起来。比一比，是森林储存的地下水多还是裸露地面储存的地下水多？通过对比，你想说什么？（渗透环保意识）

小结：你说得非常好，同学们在平时的生活中要行动起来，一起绿化环境，保护水资源。

（4）总结运算顺序。

结合以上问题，教师提问：你能说说分数加减混合运算的运算顺序吗？

小组内互相说一说，再在全班交流。

设计意图：通过相关科学知识的介绍，不但可以渗透环保意识，更重要的是可以让学生更好地理解单位“1”，从而更容易看出降水量就是单位“1”。

（三）方法应用、巩固拓展

（1）分数加减混合运算的运算顺序和（　　）相同。没有括号的分数加减混合运算顺序是（　　）；有括号的分数加减混合运算的运算顺序是先算（　　）后算（　　）。

设计意图：通过基本练习巩固本课知识点。

（2）我会算（完成教材的“做一做）。

学生试着独立完成，集体交流计算过程，重点看运算顺序及书写美观情况。

设计意图：练习中，有意识地安排两道没有括号的分数加减法计算和两道带有括号的分数加减法计算，目的是通过针对练习加强学生对本课重点和难点的理解。

（3）李明用一根1 m长的铁丝围了一个三角形，量得三角形的一边是$\frac{1}{4}$m，另一边是$\frac{3}{8}$m，第三条边长多少米？它是一个什么三角形？

（4）帮老师算算：最近举办的数学竞赛获二等奖的占获奖总人数的几分

之几？

设计意图：让学生在对比中正确理解和运用题目中的单位“1”，形成知识体系。

（四）梳理知识，总结升华

通过今天的学习，你有什么收获？

【板书设计】

分数加减混合运算

例1

（1）

方法一：$\frac{1}{2}+\frac{3}{10}-\frac{1}{5}$

$=\frac{5}{10}+\frac{3}{10}-\frac{1}{5}$（分步通分）

$=\frac{8}{10}-\frac{1}{5}$

$=\frac{4}{5}-\frac{1}{5}$

$=\frac{3}{5}$

方法二：$\frac{1}{2}+\frac{3}{10}-\frac{1}{5}$

$=\frac{5}{10}+\frac{3}{10}-\frac{2}{10}$（一次通分）

$=\frac{8}{10}-\frac{2}{10}$

$=\frac{6}{10}$

$=\frac{3}{5}$

（2）

$1-\frac{11}{20}-\frac{2}{5}$

$=\frac{20}{20}-\frac{11}{20}-\frac{8}{20}$

$=\frac{9}{20}-\frac{8}{20}$

$=\frac{1}{20}$

$1-\left(\frac{11}{20}+\frac{2}{5}\right)$

$=1-\left(\frac{11}{20}+\frac{8}{20}\right)$

$=1-\frac{19}{20}$

$=\frac{1}{20}$

附：三思单

课前引思单

1. 怎样计算整数加减混合运算？

2. 怎样计算异分母分数加减法？

3. 说一说下列各题的运算顺序。

100−25+38　　85−24+32　　240−（190+40）

课中研思单

1. 分数加减混合运算和整数加减混合运算的异同点分别是什么？

2. 为什么要分母相同才能直接相加减？

课后拓思单

1. 我会收集作业中的错例。

2. 解决分数加减法相关问题时，我们可以借助哪些辅助方法分析题意，理解数量关系？

“多位数乘一位数估算”教学设计

【问题与思考】

1. 如何更有效地帮助学生理解估算的合理性，根据具体情境选择合适的估算方法？

2. 如何改进教学方法和手段，提高学生的学习兴趣和估算能力？

【磨课要点】

（一）起点

本节课前学生已经在100以内的加法和减法中接触了估算，并且初步理解与掌握了乘法的估算，可以进一步迁移到多位数乘一位数估算上。同时，学生还学了表内乘法和多位数乘一位数的口算乘法及笔算乘法，对这些内容的掌握使学生学习本节课多位数乘一位数的估算成为可能。

（二）终点

通过本节课的学习，学生应掌握多位数乘一位数的估算方法，并且能选择适当的估算方法解决问题，能运用估算检验多位数乘一位数的精确计算结果。在“提出问题”这一部分，教材分别给出了精算与估算两种策略，“分析与解答”这部分内容主要是为了让学生掌握不同的估算策略，并且让学生掌握“≈”；“想一想”这部分是为了巩固练习，进一步让学生体会估算策略，感受估算的价值。

（三）过程与方法

引导学生通过观察、比较、归纳等活动，理解并掌握多位数乘一位数的估算方法。学会根据具体情境选择合适的估算方法，培养学生运用估算方法解决实际问题的能力，提高其数学应用能力。

【教学内容】

人教版三年级上册“多位数乘一位数估算”。

【教学目标】

1. 学生能理解多位数乘一位数的估算，能根据具体的情境选择适当的估算方法解决问题。

2. 通过交流与讨论，探讨精算与估算的区别，体会估算的作用，能用多位数乘一位数解决生活中所出现的问题，发展学生的数感与估算能力，培养学生的估算意识。

3. 激发学生对学习的兴趣，通过估算的实际应用，感受数学与生活的紧密联系，培养学生的探究精神和应用意识。

【教学重难点】

教学重点：掌握多位数乘一位数的估算方法。

教学难点：理解并进行多位数乘一位数的估算，能根据具体情境选择适当的估算方法解决问题。

【教学过程】

（一）创设情境，感受估算

老师：秋天来了，同学们最喜欢做的事情是什么？（秋游）现在我们一起来到秋游的现场。

出示例7情境图。

1. 阅读与理解

仔细看图读题，你从题中获取了哪些数学信息？要解决什么数学问题？（知道门票价格和参观人数，要求250元买门票够不够）

2. 分析与解答

（1）用什么方法解决这个问题呢？为什么这样列式？（一人8元，共有29人，就是求29个8元是多少，所以根据乘法意义列式为29×8。板书：29×8）

（2）选择算法：要解决这个问题，是用笔算算出精确的结果呢，还是运用估算，只算出大约是多少就可以？小组交流，全班交流得出：在解决够不够的问题时，我们只需要估算出大约数就能比较出结果，估算在这时能更简便地得出结果。

（3）引出课题：乘法的估算。

设计意图：从真实的情境中感受学习的价值，通过3种方法的比较，初步感受用估算计算更加简便，激发学习的必要性。

（二）自主探究，理解算法

1. 研究估算方法

怎么知道29×8大约得多少？

（同桌交流，全班反馈）

把29估成接近的整十数30，30×8=240，29×8<240，所以250元够了。

板书：29 × 8 ≈ 240（元）

⋮ ⋮

接近30 约等于

2. 追问

目的在于（主要理解估算的方法）结果是240，怎么知道够不够呢？借助图来帮助理解（图1）。

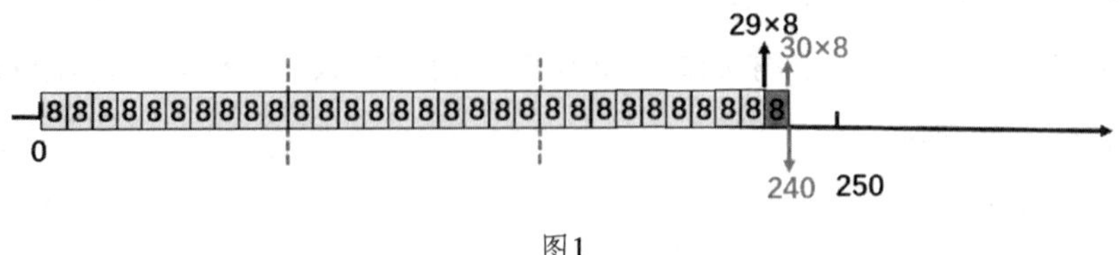

图1

接着，抽象成数轴（图2）。

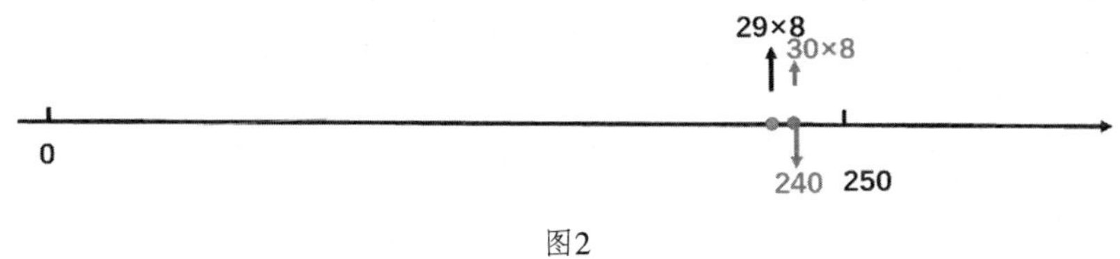

图2

30个8才240元，29个8，250元肯定够。

3. 比较（3种方法放一起）

既然这些方法都能解决这个问题，那你觉得哪种方法更快？理由是什么？

小结：估成整十数，直接用乘法口诀就算出来了。

4. 回顾与反思

我们估算后得出的结果是否正确，需要验证，谁来说说，29人买门票，250元为什么够了？

（30人买门票只需240元，所以29人买门票250元肯定够了）

5. 思考

如果是28人，够不够？你怎么想的？27人呢？26人呢？（体验往大估）

小结：不管是26、27、28还是29人，我们都把它往大估成30也才240元，所以肯定够。

6. 再思考

如果是32人呢？

小结：同学们，我们把32人看成30人只用240元，不能说明250元够。像买东西这一类情况，我们一般往“大”估。如果带320元够吗？你怎么想？

设计意图：借助直观图帮助学生理解为什么用估算的方法也能解决问题；体验用估算解决问题更加方便的根本原因，是把复杂的数看成整十或整百数后，可以直接用口算计算，使计算更加简便；结合具体情境打破原来只用“四舍五入”法来估算的思维定式，让学生通过分析比较结合具体情境进行合理估算。

7. 加强巩固（体验往小估）

想一想，如果92人参观，带700元买门票够吗？800元够吗？（学生独立

完成后反馈估算方法，说明700元不够，800元够的道理）

92×8≈720（元）

⋮

接近90

（把92少估成90都需要720元，那92人带700元更不够）

92×8≈800（元）

⋮

多估成100

（把92多估成100都够了，那么92人带800元就更够了）

8. 整理估算思路与方法

通过刚才对乘法估算的研究，你认为我们在什么地方需要重点注意？

“≈”和“=”有什么不同之处？（“≈”表示估算的数，“=”表示准确的数）

设计意图：本环节意在完善估算的方法，结合具体情境，有时候要往“小”估。通过题组的分析比较，学生能够结合具体情境选择合理的估算方法，并进行合理推理，从而解决问题。通过不断的思辨，学生的思维能力、合理推理能力、分析能力、表达能力等可以得到培养。

（三）深化巩固，应用拓展

（1）教材“做一做”。

尝试完成，全班交流估算方法。

32×6≈180（千克）

⋮

少估成30

一个箱子装32千克，少估成装30千克都够装了，装32千克肯定够装。

（2）练习十五第1题。

学生独立完成，然后逐题反馈估算方法及结果。

（3）练习十五第2题。

学生独立列式解答，全班交流，说出估算思路。

练习十五第3、4题（独立完成，同桌交流，全班反馈）。

设计意图：通过分层练习，学生进一步感受估算在生活中的应用价值，从而提高学生分析问题、解决问题能力，发展核心素养。

（四）课堂小结

通过今天对乘法估算的研究，你有什么所得需要和同学们分享的？

附：三思单

课前引思单

忆一忆

我们以前在哪里见过估算呢？那时候我们是怎么进行估算的？

说一说

之前我们学过了近似数，那你能说出它们的近似数吗？

学一学

问题1：门票大约需要多少元？

问题2：带250元买门票够吗？

试一试

现在老师又遇到一个问题，如果92人想参观带700元门票够吗？那800元呢？

问一问

这节课学习了什么？还有什么疑问？请把你的疑问写下来。

课中研思单

方法1：$29\times8\approx30\times8=240$（元）；方法2：$29\times8\approx29\times10=290$（元）。

从估算方法的不同引导学生思考两种估算方法为什么不同？哪一种估算方法更加准确？为什么？

方法1相当于将8个29相加，变成了8个30相加，那两者的结果相当于多了8个1；方法2是将8个29相加，变成了10个29相加，所得的结果相当于多了2个29，所以方法1更加精确。

问题3：$29\times8\approx30\times8=240$（元），$240<250$。

钱为什么够呢？

引导学生体会：我们把29进行四舍五入近似地看成整十数30，主要是因为整十数与一位数相乘的计算过程比较简单，而且我们已经把数扩大了，扩大以后所求的得数都比250小，那么带250元钱一定够。

课后拓思单

问题1：如果92人想参观，带700元门票够吗？800元呢？

92×8≈90×8=720（元），92×8>720>700。

我们可以把92看成90，90×8=720，90人就需要720元了，92人所需要的钱肯定多于720元了，所以带700元肯定不够。

92×8≈100×8=800（元）。

把92看成100，100×8=800，因为92<100，所以92人需要的钱肯定比800元少，所以带800元肯定够了。

问题2：王伯伯一共摘了180千克苹果，一个箱子最多能装32千克，6个箱子能装下这些苹果吗?

32×6≈180（元），32×6>180。

把32看成30，30×6=180，因为30<32，所以6个箱子肯定装得比180千克多，肯定装得下。

"9的乘法口诀"教学设计

【问题与思考】

1. 如何运用已有的学习经验让学生自主探究9的乘法口诀?

2. 如何放手自主探究激发学生的思维?

3. 是否有必要拓展到十以上的乘法，与一位数乘两位数形成结构化?

【磨课要点】

(一) 起点

本课时是在学生熟练掌握1到8的乘法口诀的基础上进行学习的，学生已经具备了编制口诀的能力，因此学习中学生就可以运用已有的知识经验和方法进行独立的"第二创造"。但9的乘法口诀是乘法中句数最多的，第一次接触，对学生来说也有一定难度，因此学好这部分内容有利于培养学生的知识迁移能力和灵活运用能力。

(二) 终点

初步记住9的乘法口诀，并理解其意义，能运用9的乘法口诀进行有关表内乘法计算，解决一些简单的问题；发展抽象概括的能力和空间想象的能力；渗透数形结合及分与合等数学思想。

(三) 过程与方法

经历乘法口诀的意义构建的过程，在关注"口诀"产生和意义理解的同时，精心设计活动，丰富"乘法口诀"学习的操作和思维经验，进行深度教学，多维度地突破重难点。用多种方法让学生熟悉口诀：与1到8的乘法口诀相比，感受9的乘法口诀独特性。学生经历了“发现—验证—理解—应用”的过程，不但发现了规律，而且理解了规律背后的道理，还能用口诀解决简单的生活问题。

【教学内容】

人教版二年级上册“9的乘法口诀”。

【教学目标】

1. 在富有童趣的情境中经历编制9的乘法口诀的过程，理解口诀表示的意义，感受数学的趣味性，并能运用口诀进行准确计算。

2. 经历观察、讨论、交流等数学活动，培养学生初步的知识迁移能力；引导学生有目的地观察，进行初步的归纳总结。

3. 将多种记忆口诀的方法进行归纳总结，渗透数学学习方法。

4. 通过喜闻乐见的西游记故事，使学生感受到数学无处不在，使学生在愉快的氛围中学习数学知识。

【教学重难点】

教学重点：理解每一句口诀的意义，明白口诀的来源。

教学难点：发现规律，并利用规律来记忆9的乘法口诀。

【教学过程】

（一）课前交流

（播放视频动画片《西游记》及主题曲，学生跟唱）

师：你们有没有发现歌词中还有数字？是多少呀？

设计意图：《西游记》是儿童喜爱的童话故事，孙悟空、唐僧等形象是小朋友熟悉的人物。课前交流时播放《西游记》主题曲，歌曲中的“七十二般变化”“九九八十一难”等歌词让学生在不经意间进入了自己熟悉、喜欢的情境，为正式开始学习做好了心理上的准备。

（二）准备铺垫

1. 课件出示

根据规律接着往下写。

表1

9	18	27						

2. 找规律

你发现了什么规律？先独立思考，再把你的想法在小组里说一说。

3. 出示课题

设计意图：乘法的本质就是一种特殊的加法。乘法口诀的来源与同数连加有着紧密的联系。让学生人人动笔，亲自加一加，在动手实践中经历每次加9的过程，感知这些得数的特点，初步了解得数之间的规律，为接下来学习乘法口诀的含义做了充分准备，也为后面探索9的乘法口诀规律做了必要铺垫。

（三）探究口诀

1. 探究规律

课件出示10个方格的图片，数一数有几个五角星。

思考：谁还有办法一下子就看出是9个五角星？

小结：你像孙悟空那样火眼金睛，你这个方法真好！一行有1个9，比10少1，就是9。

师：从这幅图中，你发现什么规律了吗？

设计意图：在正式编制9的乘法口诀之前，通过直观性的五角星图片，让学生再次感知几个9的数据由来及特征，为学习9的乘法口诀扫清了障碍。特别是，通过逐步出示五角星图片，让学生在了解几个9的得数特征的同时，通过9与10之间的微妙关系，初步探寻几个9的得数的特殊性。同时，结合教学有效培养了学生的观察、比较、归纳和概括的能力。

2. 编制口诀

（1）生编写口诀并把口诀填在学习单3上。

（2）记忆口诀。

（3）“对口令”游戏。

（4）推理联想：如果忘记了“七九”多少怎么办？

设计意图：有了前面的铺垫准备和对例1五角星图的丰富感性积累，编制9的乘法口诀就水到渠成了。教师依据学生的学习现实，放手让学生自主编制口诀，使每个学生亲身经历口诀的由来过程。以此为基础，教师将着力点放在对9的乘法口诀规律的进一步探寻上。学生不仅能根据以前学习的前后口诀之间的一般规律进行推想，还能根据9的乘法口诀的特殊规律进行对比、归纳和推理。教师通过图形表征、动作表征、语言表征，引导学生经历了“图形—算式—口诀”的连接过程，发现口诀不再是一句一句的点式记忆，而是相邻口诀或不同口诀之间的链式记忆，数与形的结合为学生记忆“口诀”提供直观支撑，同时让他们体会应用“口诀”解决乘法问题的意义。通过介绍手指记忆法，把每一个学生当作学习资源，运用每一个学生的双手来记忆9的乘法口诀，学生感到新奇、有趣，有效提高了学生学习的主动性和积极性。

（四）巩固内化

1. 算一算

（1）9×4+9×2，能找到乘法口诀吗？怎么想？（预设：用“四九三十六”和“二九十八”解决）

在格子图中画一画（体验“六九五十四”的优越性）。

（2）9×4−9，独立解决。

2. 想一想：9×12可以用哪些9的乘法口诀推算

（1）试一试

请你把想法画一画，填一填，算一算，可能有多种方法（图1）。

一	一一得一								
二	一二得二	二二得四							
三	一三得三	二三得六	三三得九						
四	一四得四	二四得八	三四十二	四四十六					
五	一五得五	二五一十	三五十五	四五二十	五五二十五				
六	一六得六	二六十二	三六十八	四六二十四	五六三十	六六三十六			
七	一七得七	二七十四	三七二十一	四七二十八	五七三十五	六七四十二	七七四十九		
八	一八得八	二八十六	三八二十四	四八三十二	五八四十	六八四十八	七八五十六	八八六十四	
九	一九得九	二九十八	三九二十七	四九三十六	五九四十五	六九五十四	七九六十三	八九七十二	九九八十一

图1

你发现了什么：表外乘法转化为表内乘法

（2）感受数学的简洁性

9×12=9×11+9×1的不必要性；

9×12=9×10+9×2转化的必要性；

“十的乘法口诀”不必要性，从而理解乘法口诀只到九。

渗透笔算（图2）。

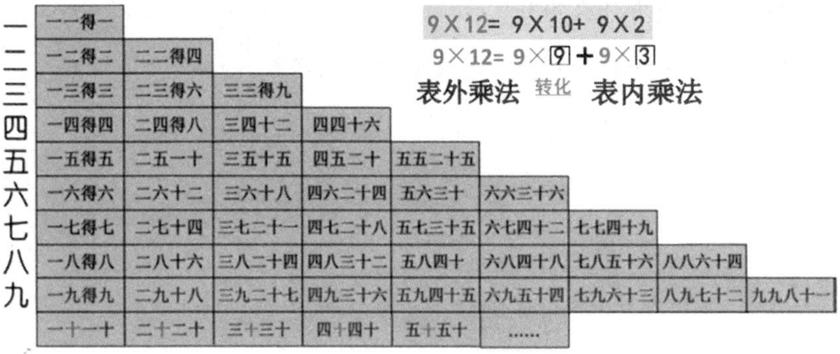

一	一一得一								
二	一二得二	二二得四							
三	一三得三	二三得六	三三得九						
四	一四得四	二四得八	三四十二	四四十六					
五	一五得五	二五一十	三五十五	四五二十	五五二十五				
六	一六得六	二六十二	三六十八	四六二十四	五六三十	六六三十六			
七	一七得七	二七十四	三七二十一	四七二十八	五七三十五	六七四十二	七七四十九		
八	一八得八	二八十六	三八二十四	四八三十二	五八四十	六八四十八	七八五十六	八八六十四	
九	一九得九	二九十八	三九二十七	四九三十六	五九四十五	六九五十四	七九六十三	八九七十二	九九八十一
	一十一十	二十二十	三十三十	四十四十	五十五十	……			

9X12= 9X10+ 9X2

9×12= 9×9+9×3

表外乘法 转化 表内乘法

图2

（3）猜一猜

我们用9的乘法口诀推算出了9×12。你还可以用9的乘法口诀推算9×（　　）呢？

设计意图：将表内乘法扩宽到表外乘法，再衔接多位数乘一位数，把本课知识纳入整数乘法知识体系中，帮助学生建立完善的认知结构。

（五）总结收获

通过这节课的学习，你有什么收获？

附：三思单

课前引思单

1. 你学过哪些乘法口诀？你是怎样学会的？
2. 9的乘法口诀你会哪几句？

课中研思单

1. 研究9的乘法口诀你有什么发现？

2. 你有什么好方法记9的乘法口诀？

3. 用9的乘法口诀还能算哪些算式呢？请你试着写一写。

课后拓思单

1. 9的乘法口诀有什么用处？

2. 你能用9的乘法口诀解决生活中的哪些问题？

“三位数乘两位数”教学设计

【问题与思考】

1. 如何结合已有的两三位数乘一位数、两位数乘两位数的知识经验，类推学习三位数乘两位数的笔算？

2. 如何对知识进行联结，借助推理整体把握笔算乘法的全景结构，理解计算本质，构建出完整的笔算乘法认知结构？

【磨课要点】

（一）知识起点

“三位数乘两位数”是人教版四年级上册的教学内容，也是义务教育阶段整数乘法的最后一个学习内容。学习本内容前，学生已经理解了乘法意义，通过表内乘法、两三位数乘一位数、两位数乘两位数掌握了乘法竖式的结构，理解了乘法笔算过程的含义；学生通过学习经验的累积，基本具备用类比的方法推理出三位数乘两位数算法的能力。

（二）终点

自主理解三位数乘两位数的笔算算理，类推三位数乘两位数的笔算方法，归纳笔算乘法的算法和算理，形成完整的整数乘法知识结构。

（三）过程与方法

结合已有的两三位数乘一位数、两位数乘两位数的知识经验，通过关键性问题的引领，让学生对知识进行联结，明晰算理，溯源知识，发掘内涵，借助推理整体把握笔算乘法的全景结构，理解计算本质，构建出完整的笔算

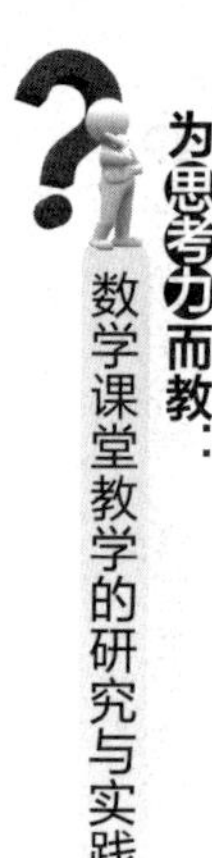

乘法认知结构，从而提升学生运算能力和学习能力，发展核心素养。

【教学内容】

人教版四年级上册“三位数乘两位数”。

【教学目标】

1. 学生结合已有的两三位数乘一位数、两位数乘两位数的知识经验，自主理解三位数乘两位数的笔算算理，类推三位数乘两位数的笔算方法，归纳笔算乘法的算法和算理，形成完整的整数乘法知识结构。

2. 学生经历自主探索、合作交流的过程，利用数形结合进一步理解笔算乘法的算理和算法，会用数学的方式表达思考过程，形成对数学的正确认识，发展合情推理和运算能力；感悟归纳、类比、推理思想方法，积累数学思考和解决问题等数学活动经验。

3. 了解乘法竖式的发展史，获得数学文化的熏陶。

【教学重难点】

贯通整数乘法的计算原理和方法。

【教学准备】

计算器、卡片、课件。

【教学过程】

（一）回顾——追溯“理”与“法”

出示卡片，猜一猜今天我们学什么？（板书：三位数乘两位数）先回顾三位数乘一位数和两位数乘两位数是怎么算的。

设计意图：回忆整数乘法的类型，实现了知识之间的纵向联系，并激发学生进一步探究整数乘法的好奇心，还为后续深入学习做好孕伏，促进学生运算能力的发展。

（二）探究——疏通“理”与“法”

1. 尝试计算

让你们自己去探索、发现三位数乘两位数该怎么算，愿意吗？

2. 展示作品

（板演）展示作品，并用计算器验证。

3. 理解算理

（1）说一说你是怎么算的。（先用个位上的2去乘145，得到290个一，再用十位上的10去乘145，得到145个十，最后将它们的得数相加）

（2）借助图形帮助学生理解算理。

4. 交流分享

同桌之间互相评价，有错误的在旁边订正，并与同桌说一说错在哪里。

5. 提炼算法

观察、比较三位数乘两位数与两位数乘两位数的计算过程，你有什么发现？说一说三位数乘两位数可以怎么算。

设计意图：放手让学生自己探究三位数乘两位数的计算方法。借助长方形的面积来表示两个数相乘，让学生利用数形结合进一步理解乘法计算的算理，直观感受到三位数乘两位数的计算方法与两位数乘两位数的计算方法相同，同时为后续理解笔算乘法的算理建立模型。

（三）反思——贯通“理”与“法”

1. 联想质疑

学生联想，猜测还会学几位数乘几位数？为什么整数乘法只学到三位数乘两位数？

组织学生评价同学的看法，适时进行提炼。

2. 分享感悟

（1）计算多位数乘法，古代欧洲人的算法与我们不一样。例如，计算 145×12，他们是这样列竖式的，你看懂这种方法了吗？

```
  145
   12
-----
   10
   8
  2
   5
  4
 1
-----
1740
```

① 第三层积2是怎么得来的？它表示什么？

② 第六层积1是怎么得来的？为什么要写在千位上？

（2）在北师大版教材“三位数乘两位数”的例题中，用表格呈现计算的过程，比如145×12是这样计算的。（表1）

表1

×	100	40	5
10	1000	400	50
2	200	80	10

说一说表格中的每一步分别是什么意思。

（3）我国明代数学著作《算法统宗》里讲述了一种“铺地锦”的乘法计算方法。例如，计算145×12，方法如下：

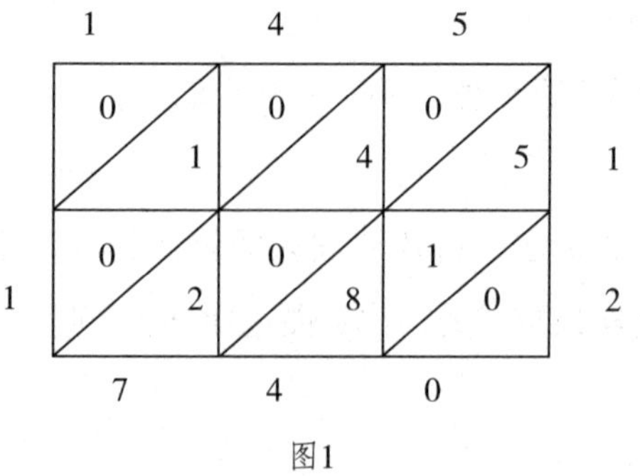

图1

设计意图：将数学史上关于乘法的多种算法引入课堂，通过对比让学生感悟到这些算法的表达方式虽然不一样，但是它们的本质是一致的，也就是说，它们的算理是相通的，并进一步感受现在所采用的乘法竖式的简洁，同时使课堂充满浓浓的文化气息。

3. 提炼贯通

比较这些方法，它们与我们的竖式有什么相同的地方?

这些算法计算的道理都是相同的，都是先分后合，只不过每一步记录的方式不一样而已。

设计意图：利用过去和现在所学打通乘法计算方法间的联系，促使学生反思感悟：不管是几位数乘几位数，都是先用个位上的数去乘得到几个一，再用十位上的数去乘得到几个十……其计算的道理是一样的。

（四）应用——融合“理”与“法”

1. 练一练

出示：140×12。

比较两种方法，你更喜欢哪一种方法呢?

2. 估一估，算一算

出示：105×12。

既然中间的“0”与“1”相乘得0，可以不写吗?

设计意图：学生在学习两位数乘两位数时，已经具备计算一个因数末尾有0的乘法的经验，因此这里完全放手，让学生自己进行计算。通过对比发现，计算末尾有0的乘法时，可以将三位数乘两位数转换成两位数乘两位数计算，学生再次体验用旧知识来解决新问题。

（五）全课总结

今天这节课你有什么收获?

附：三思单

课前引思单

1. 想一想，两位数乘两位数该怎么算?

2. 是否可以用两位数乘两位数的计算方法来解决三位数乘两位数？请试一试。

课中研思单

1. 为什么小学整数乘法只学到三位数乘两位数？
2. 两位数乘两位数与三位数乘两位数的笔算有什么联系和不同？
3. 中间有“0”和末尾有“0”的数字，笔算需要注意什么？

课后拓思单

1. 借助本节课的方法，你知道如何计算整数乘法吗？
2. 所有整数乘法的计算道理是一样的吗？说一说它们有什么共同点。

“分数的意义”教学设计

【问题与思考】

1. 这节课的核心素养是什么？如何在思辨中发展数感和符号意识？

2. 如何在经历分数意义的抽象归纳过程中进行结构化教学，达到前后联系、沟通本质、整体设计的目的？

【磨课要点】

（一）起点

本节课是在学生初步认识了分数，知道了分数各部分的名称，会读写简单的分数的基础上进行教学的。本节课主要引导学生在已有的分数知识的基础上，对分数由感性认识上升到理性认识。让学生明确一个物体、一个计量单位、一些物体都可以看作一个整体，这个整体可以用自然数1来表示，通常叫作单位“1”，进而理解单位“1”的含义；引导学生很自然地概括出分数的意义；引导学生认识分数单位，能说出一个分数中有几个这样的分数单位；让学生经历整个分数概念的形成过程，帮助他们从中获得感悟，促使其主动参与知识建构。

（二）终点

对分数的意义的理解让学生进行4个层次的抽象。从1块月饼、1条线段中抽象$\frac{1}{4}$，接着从8辆小汽车、12个苹果（一个整体）中抽象出$\frac{1}{4}$，然后从一堆糖果中抽象出几分之几，最后脱离具体的量，从单位1中抽象出分数几分之几，最终建立数学模型，建构分数的概念。

（三）过程与方法

整节课的教学以提升学生数学素养为宗旨，紧扣知识本质，以问题解决为主线，以引导探究为教学方式。在学生已有的知识基础上，通过独立思考、主动探索、合作交流等数学活动，让他们经历“把一个物体平均分”到“把许多物体平均分”的探究过程，充分体验感悟并抽象概括出分数的意义，从而发展学生的数感和推理意识，培养学生的思维能力和解决问题的能力，让他们在这个过程中体会和运用数学思想方法，获得基本的数学活动经验。

【教学内容】

人教版五年级下册“分数的意义”。

【教学目标】

1. 让学生经历探索分数意义的过程，建立并理解单位“1”的意义，知道分数单位的含义，并在具体的情境中了解分数的产生。

2. 让学生通过观察、操作、概括、交流等数学活动理解分数的意义，培养其抽象、概括的能力，积累数学活动经验，发展其数感和推理意识。

3. 让学生在探索分数的意义过程中，感受分数与生活的密切联系，增强其学习数学的信心和培养应用意识。

【教学重难点】

1. 建立单位“1”的概念。

2. 理解分数的意义。

【教学准备】

教学课件、学生答题纸。

【教学过程】

（一）创设情境，激活经验

（1）启动原认知，找出一个物体的$\frac{1}{4}$。

课件出示一块月饼、一条绳子、一条线段，请学生找出它的$\frac{1}{4}$。

（2）回顾交流。

学生回顾交流，教师强调平均分并板书。

设计意图： 改变教材先教学分数的产生的呈现方式，直接出示$\frac{1}{4}$，通过“找一找”活动，激活学生已有的知识经验，为新知的学习打下良好铺垫。

（二）自主探究，建构新知

1. 运用迁移，探究一个整体的$\frac{1}{4}$

（1）自主探索，初步感知。

出示4块月饼，你还能找到它的$\frac{1}{4}$吗？

（学生独立思考，汇报交流）

先让学生说一说，教师再帮助规范表述，强调“把4块月饼看作一个整体”。

设计意图： 充分利用知识的迁移规律，从“找1块月饼的$\frac{1}{4}$”迁移到“找4块月饼的$\frac{1}{4}$”，巧妙地利用对$\frac{1}{4}$的理解，实现新旧知识的有效对接，在获得直接经验的同时发展学生的数学语言能力。同时，学生基于已有的经验进行学习，真正体现“以学定教”的核心理念。

（2）动手操作，加深体验。

① 学生尝试找出8辆小汽车、12个苹果的$\frac{1}{4}$。

② 学生动手操作涂一涂，画一画。

③ 指名展示，交流思考过程。

2. 分析比较，理解单位“1”

（1）观察比较。

比较三年级学习的与今天学习的，你发现了什么？

（2）质疑。

涂色部分都不一样，为什么都可以用分数$\frac{1}{4}$来表示？

（3）互动交流。

揭示单位“1”。

（4）反思追问。

你现在明白什么是单位“1”吗？

（5）列举内化。

学生先在组内交流再自主反馈。

教师：你能举例说明生活中的单位“1”吗？

设计意图：以$\frac{1}{4}$为切入口，通过操作、观察、比较，从1块月饼、1条线段中抽象$\frac{1}{4}$，接着从8辆小汽车、12个苹果（一个整体）中抽象出$\frac{1}{4}$，让学生感受一个物体和多个物体的$\frac{1}{4}$的异同，经历从“一个物体”到“一个整体”，从“具体数量”到抽象的单位“1”的形成过程。通过关键问题“为什么都可以用分数$\frac{1}{4}$来表示”剥离分数的非本质属性，让学生逐步理解分数的概念内涵，培养思维的深刻性。在找8辆小汽车、12个苹果的四分之一时，教师放手让学生展示不同找法，从不同角度思考问题，这有利于思维灵活性的培养，让学生在充分感悟中理解单位“1”的内涵。

3. 深入探索，概括分数的意义

（1）分一分，说一说。

学生独立完成“做一做”的题目，全班交流。

（2）逐步抽象。

把12颗糖果去掉，如果这堆糖果有24颗、48颗……如果不知道这堆糖果的数量，你还能写出分数吗？

（3）引导归纳。

概括总结分数的意义，并完善课题。

4. 认识分数单位

（1）介绍分数单位。

（2）学生说出包含几个这样的分数单位。

（3）对口令。

设计意图：让学生通过“画一画”“分一分”“说一说”等活动经历分数意义的探索、归纳过程。在观察、比较、交流中抽丝剥茧，剥离分数的非本质属性，使学生对分数的认识产生质的变化，实现从感性到理性的飞跃，逐步把握概念的本质，形成抽象的数学概念，从而真正理解分数的意义。在这过程中学生的抽象概括能力、反思评价能力得到了培养，发展了数学思维，培养了核心素养，同时感悟了数形结合的思想，并积累了数学探究活动经验。

（三）学以致用、内化理解

（1）说出分数。

完成教材上的练习题。

（2）点击生活。

说说生活中分数的意义。

（3）快乐游戏。

组织游戏“智取奶糖”。

设计意图：通过3个有梯度的练习，既夯实基础知识，又让学生学以致用发展思维，并在具体情境中了解分数的产生，理解分数产生的必要性，同时渗透情感价值观教育，实现教学目标的有机整合。

（四）全课总结，畅谈收获

通过这节课的学习，你有哪些收获？

附：三思单

课前引思单

1. 在进行测量、分物或计算时，往往不能得到整数的结果，这时常用（　　）来表示。

2. 一个整体可以用自然数1来表示，我们常常把它叫作（　　）。

3. 把单位“1”平均分成若干份，表示其中的1份叫（　　）。

课中研思单

1. 自然数1和单位“1”相同吗？说说你的理由。

2. 比较三年级学习的分数和今天学习的分数，你发现了什么？

3. 分的物体不一样，每一份也都不一样，为什么每份都可以用分数$\frac{1}{4}$来表示？

课后拓思单

一、说出下面每个分数表示的意义。

1. 五年级一班的男生人数占全班人数的$\frac{2}{3}$。

2. 校合唱队男生人数是女生人数的$\frac{2}{3}$。

二、小明和爷爷、爸爸、妈妈一起吃3块月饼，若平均分，则每个人分得这些月饼的几分之几？每个人分得几块月饼？

“有余数的除法”教学设计

【问题与思考】

1. 如何以表内除法的知识为生长点，较好地引导学生理解有余数除法的意义？

2. 如何有效借助学具让学生理解有余数除法算式各部分的意义，从而真正理解知识内涵？

【磨课要点】

（一）起点

“有余数的除法”是在学生已学过的表内乘除法的基础上进行学习的。学生在前一阶段刚学会表内除法，已经接触过许多“正好全部分完”的事例，但二年级学生的思维还是以具体形象思维为主，要完成由形象思维向抽象思维的转变，就要借助动手操作，让学生亲自去实践，去体验知识的形成过程。在教学时，教师应该根据知识的系统性，以及二年级学生的思维特点，使学生通过观察操作、讨论交流、抽象概括等数学活动获取知识，发展学生的抽象思维。

（二）终点

完善学生对平均分概念，加深其对除法意义的理解，知道除法中除了整除，还有有余数的情况，并在此基础上，借助数形结合理解有余数除法算式的意义。

（三）过程与方法

主要采用探究、讨论、发现的教学方法，借助摆学具，放手让学生在有限的时间和空间里，根据自己的学习体验，用合作的方式，通过观察、操作、讨论、比较等方法进行自主学习。力求让学生在轻松、愉快的气氛中理解所学的知识，发展思维，培养数学素养。

【教学内容】

人教版二年级下册“有余数的除法”。

【教学目标】

1. 学生通过操作、观察、对比、分析等活动，理解余数及有余数的除法的意义，并会用算式表示；在探索余数与除法的关系的过程中，理解余数比除数小的道理。

2. 让学生经历从图形表征到语言表征再到符号表征的过程，培养其观察、概括能力，感悟抽象思想。

3. 沟通数学与生活的联系，激发学生学习数学的兴趣。

【教学重难点】

教学重点：理解余数及有余数的除法的含义，探索并发现余数和除数的关系。

教学难点：理解余数要比除数小的道理。

【教学过程】

（一）情境导入，复习旧知

1. 情境导入

有6颗草莓，每2颗摆一盘，请你摆一摆。

2. 分一分

（1）学生上台摆草莓。

（2）语言表述。

说一说你是怎样做的。

3. 想一想

你能把刚才摆的过程用一个算式表示出来吗？为什么用除法来计算？说说这个算式表示什么意思。

设计意图：经历从图形表征到语言表征再到符号表征的过程，使学生明白三者的意思是一样的，只是表达形式不同。

（二）动手实践，建构新知

1. 动手操作，感受平均分时出现剩余的情况

有7颗草莓，每2颗摆一盘，请你摆一摆。

同桌合作，边说边摆。思考，在摆的过程中，你发现了什么问题？

想一想，剩下的这1颗草莓还能再摆一盘吗？为什么？

2. 列出算式，理解有余数除法的含义

（1）思考。

像这样摆又可以怎样列算式呢？

（2）反馈。

预设：①7–2–2–2=1（个）；②7÷2=3（盘）剩1个。

（3）规范写法。

7÷2=3（盘）……1（个）。

（4）完善认知。

① 剩下的1个叫作余数，省略号表示剩余。

② 说说每个数的名称。

③ 读作：7除以2等于3（盘）余1（个）。

④ 说说算式表示什么意思。

（5）对比体会。

这个算式和刚才的算式有什么相同的地方和不同的地方？

（6）深化理解。

这里的“3”和“1”表示什么？为什么单位不同？

（7）揭示课题。

像这样的除法就叫“有余数的除法”。

设计意图：以实际操作帮助学生理解所学知识，并建立操作过程、语言表达和符号表征之间的关系，从多方面、多角度实现学生对数学概念的真正理解。

3. 随例练习，应用有余数除法的含义

17个☆，2个2个地圈。

圈了（　　）组，剩下（　　）个。

23个○，3个3个地圈。

圈了（　　）组，剩下（　　）个。

17÷2=□（组）……□（个）；23÷3=□（组）……□（个）。

（三）观察对比，探索规律

（1）出示例2。

（2）动手实践。

小组合作，用不同数量的小棒摆正方形，填写记录单。

（3）汇报展示。

（4）观察对比。

① 仔细观察这些算式和它们的余数，你发现了什么？

② 为什么余数总是1、2、3？可能是4吗？5呢？

③ 余数和哪个数有关系？什么关系？

（5）归纳小结。

余数要比除数小。

设计意图：在探讨除数和余数的大小关系时，主要采取同桌合作方式，让学生认真观察、合作交流，为每个学生提供参与数学活动的空间和时间，进一步提高学生分析问题、解决问题的能力。

（四）猜想运用，加深理解

（1）猜一猜。

老师用一堆小棒摆五边形，如果有剩余，可能会剩几根？

质疑：为什么只有这几种可能性？说说你的理由。

（2）变式。

如果摆三角形，会剩几根？

设计意图：本环节的练习注重了层次性、针对性和发展性，有效地激发了学生的参与热情，让学生在巩固新知的同时还注重了数学思维的培养。

（五）课堂小结，分享收获

今天这节课你有什么收获呢？跟同学分享一下吧！

附：三思单

课前引思单

1. 口算，并任选一题说一说每一步表示什么意思？

48÷8=

30÷5=

28÷7=

2. 问题解决

（1）妈妈有6颗糖果，平均分给聪聪和明明，每人分几个？

（2）妈妈有6颗糖果，每人分3颗糖，可以分给几人？

课中研思单

1. 剩下的一颗草莓还能再摆一盘吗？为什么？它表示什么？

2. 余数的单位名称和商的单位名称为什么不同？

课后拓思单

1. 画一画，填一填

（1）9支铅笔，每人分2支，可以分给（　　）人，还剩（　　）支。

9÷2=□（人）……□（支）

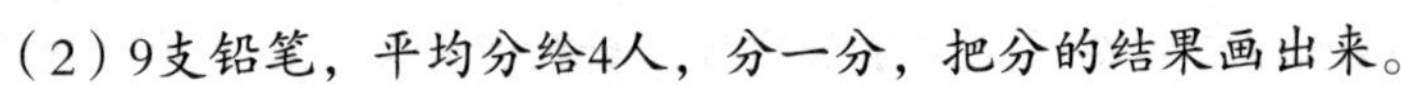
（2）9支铅笔，平均分给4人，分一分，把分的结果画出来。

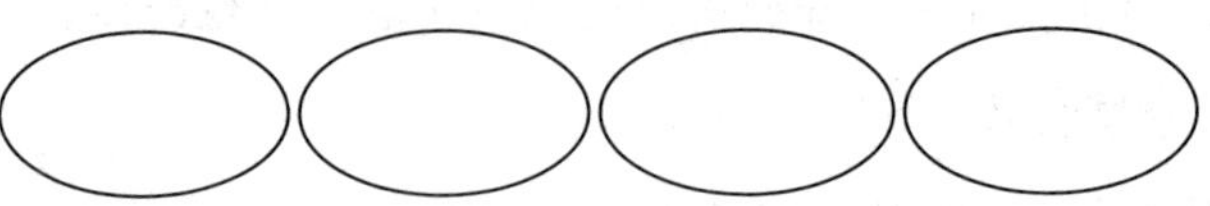

每人分（　　）支，还剩（　　）支

9÷4=□（人）……□（支）

2. 余数和除数有什么关系？

“倍的认识”教学设计

【问题与思考】

1. 如何通过多元表征建立“几倍”与“几个几”的联系，从而理解“倍”的含义？

2. 学生对倍概念的表述是否必须严谨、规范，如何培养学生善于质疑和思辨的意识？

【磨课要点】

（一）起点

知识起点：学生已掌握了乘法和除法的意义，知道一份和几个几的含义。

生活起点：学生在日常生活中对“一份”和“几份”已有了感受，对“倍”也有初步的接触。

思维特点：三年级学生年龄小，好动、好奇，以具体形象思维为主。因此教学设计与实施要重直观，重观察、操作、比较，重思考、交流。

（二）终点

《义务教育数学课程标准（2022年版）》指出，学生学习应当是一个生动活泼的、主动的和富有个性的过程。认真听讲、积极思考、动手实践、自主探索、合作交流等，都是学习数学的重要方式。本课从学生感兴趣的生活情境引入，组织了一系列丰富多彩的有意义的数学活动，如“摆一摆”“圈一圈”“说一说”等，让学生在动手操作、合作交流的过程中多种感官协同活动，从而建立“倍”的概念，进一步体会两个数的倍数关系，落实数学核

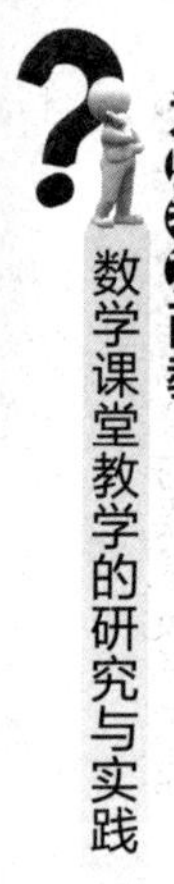

心素养的培育。

（三）过程和方法

从学生已有的知识基础出发，创设相对比较开放的问题情境，通过让学生比较，渗透“倍”是由两个数量相比较而产生的大背景；让学生自己在图上圈一圈，建立“倍”的表象，再通过对比，使学生感知，能圈出这样的几份，就是一份的几倍，有利于学生理解“倍”的含义。接着通过系列的活动，让学生在观察、比较和思辨中完善对“倍”的认识，从而发展学生的数感和初步的抽象意识。

【教学内容】

人教版三年级上册“倍的认识”。

【教学目标】

1. 在具体的情境中通过观察、比较初步感知两个数量间的“倍数”的关系，发展初步的抽象意识。

2. 通过“比一比”“摆一摆”“圈一圈”“说一说”等数学活动，经历倍的概念模型形成过程，建立“几倍”与“几个几”的联系，理解“倍”的含义，从而建立“倍”的概念，并感悟模型思想、数形结合思想、变与不变思想，积累数学活动经验。

3. 在解决问题的过程中，体会数学知识来源于生活又应用于生活，体验学习数学的乐趣。

【教学重难点】

教学重点：经历“倍”概念的初步形成过程，建立“倍”的概念。

教学难点：理解“倍”的含义。

【教学过程】

（一）创设情境，引出“倍”

（1）出示情境，寻找数学信息。

（2）观察比较，发现数量关系。

（3）谈话引入。

设计意图：创设生活情境，呈现数学信息，抓住知识的生长点，自然将学生的思考引向两个数量之间的比较，从而为新知教学打下基础。

（二）探究新知，理解“倍”

1. 比较——初步感受“倍”

出示图片，教学2根胡萝卜与6根白萝卜的倍数关系。

（1）比一比。

2根胡萝卜与6根白萝卜数量比较，你发现了什么？

预设：胡萝卜比白萝卜少4根，白萝卜比胡萝卜多4根，白萝卜根数是胡萝卜的3倍。

（2）摆一摆、圈一圈。

师：你是怎么知道白萝卜根数是胡萝卜的3倍的？拿出学具摆一摆，圈一圈。

（3）说一说。

2. 操作——初步理解“倍”

教学2根胡萝卜与10根白萝卜的倍数关系。

（1）想一想。

（2）圈一圈，画一画。

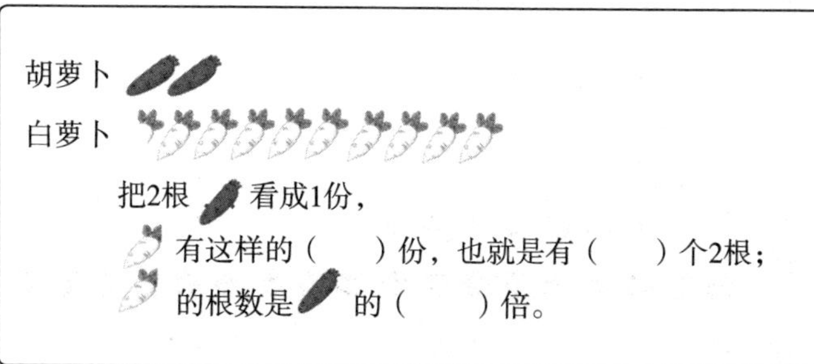

图1

（3）摆一摆，说一说。

3. 变化——加深理解“倍”

（1）改变比较量。

① 出示3组图片：改变白萝卜的根数，说出胡萝卜与白萝卜之间的倍数关系。

② 观察比较：你发现了什么秘密？

（2）改变标准量。

① 辨一辨。

② 启迪思维：白萝卜都是6根，为什么两次对比的倍数关系却不一样呢？

③ 小结。

（3）提炼“倍”的概念。

4. 回顾反思，提炼方法

设计意图：利用同一情境，通过改变比较量，引导学生感悟标准量不变，比较量变化，倍数的变化，尤其是“你有什么发现”的问题，再次点燃学生的思维火花，提升学生的数学抽象概括能力，使学生对“倍”的理解逐步深入。在前一类变化的基础上，通过改变标准量，学生感悟到不同数据背后隐藏着相同点，即以一方为标准，另一方有这样相同的几份，就是几倍。学生在不断的对比与反思中，层层深入地理解了“倍”的本质与内涵，较好地沟通了知识间的区别与联系，感悟变与不变思想、模型思想，积累了数学活动经验。

（三）巩固新知，应用“倍”

1. 圈一圈，想一想

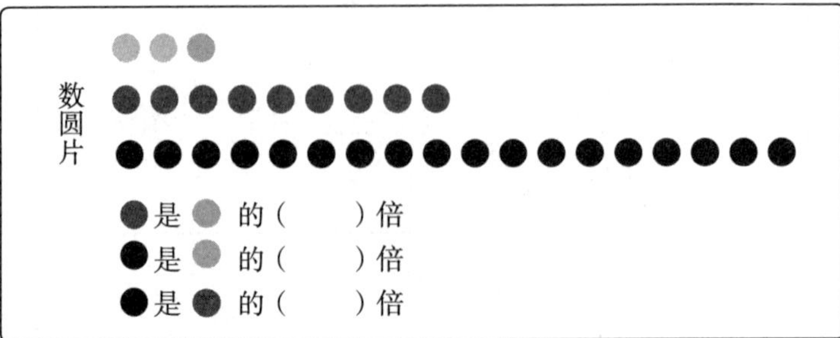

图2

2. 变一变（开放题）

菜园小秘密：你想怎么种青菜或萝卜呢？圈一圈，发现倍数关系了吗？

设计意图：认识“倍”需要更多材料，而且需要在不断变化中感知。本节课的2道练习各有侧重，融趣味、开放为一体，学生在练习过程中不仅夯实了基础，而且合作交流能力、分析推理能力、综合运用能力都得到进一步的提升。

附：三思单

课前引思单

1. 什么叫“倍”？生活中哪些地方见过？

2. 苹果4个，李子2个，你能试着说说它们之间的倍数关系吗？

课中研思单

1. 怎么知道白萝卜根数是胡萝卜的3倍？你能用自己喜欢的方式摆一摆，圈一圈吗？

2. 白萝卜都是6根，为什么两次对比的倍数关系却不一样呢？

3. 摆一摆：用圆片摆出你想表示的倍数关系。

课后拓思单

1. 玩游戏：画图形表示两个数量之间的倍数关系。

2. 小鸡的只数是小鸭的2倍，小鸡、小鸭可能分别有几只？

“长方形、正方形的面积”教学设计

【问题与思考】

1. 如何基于度量视域教学长方形、正方形的面积？

2. 如何在经历长方形面积的探究过程中引发学生思辨？

【磨课要点】

弗赖登塔尔认为，几何是对空间的把握。为了更好地把握、理解这个空间，学生需要经历完整的观察、猜想、想象、操作等数学化过程，站在更高的度量视域中洞悉度量本质、形成结构化的空间理解，提升空间观念。为此，本课着眼于以下几点思考。

（一）起点

“长方形、正方形面积的计算”是人教版数学三年级下册第五单元内容。在教学之前，学生已对长方形、正方形画法及图形的特征有了比较深入而全面的理解和掌握，同时已积累了用度量工具测量的活动经验。在已有能力基础上，要理解一维的长度和二维的面积的关系，是此课学习的难点，因此本课教学将基于度量视域，发展学生的空间观念。

（二）终点

经历长方形、正方形面积公式的推导过程，学生学会从度量到计算来研究长方形、正方形面积，探索并掌握长方形、正方形面积公式，会运用公式正确地计算长方形、正方形的面积。

（三）过程与方法

通过观察、操作、合作、交流等数学活动，学生由观察到猜想，积累了空间表象；由想象到操作，丰富了空间思维；由度量到计算，提升了空间观念；由单一到融通，把握了度量本质。学生在一维的线段长度与二维的单位面积之间建立量的对应关系，从而推理出长方形面积的算法，进而推导出正方形面积公式；会运用长方形、正方形面积公式正确地计算长方形、正方形的面积并解决生活中简单的实际问题。

【教学内容】

人教版三年级下册“长方形、正方形面积的计算”。

【教学目标】

1. 在动手实践、合作交流等学习活动中，学生经历长方形和正方形的面积计算公式的推导过程，获得从度量到计算来研究长方形和正方形面积的方法。

2. 学生理解长方形和正方形的面积公式的意义，掌握长方形和正方形的面积计算方法，能解决简单的实际问题。

3. 学生通过渗透归纳、类比、转化等数学方法发展学生的抽象概括能力，从而体验学习数学的乐趣。

【教学重难点】

教学重点：理解并掌握长方形和正方形面积计算公式。

教学难点：理解长方形面积公式的意义。

【教学准备】

单位面积的长方形图形若干个。

【教学过程】

（一）激活经验，揭示课题

1. 说一说

说出下面每个长方形的面积各是多少平方厘米。（每个小方格表示1平方厘米）

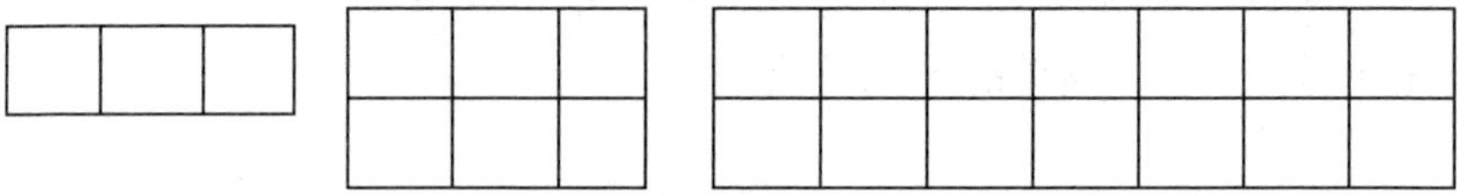

图1

2. 谈话引入

（课件出示篮球场图片）刚才我们用数方格的办法知道了长方形的面积，如果要测量这个篮球场的面积，还用数方格方法吗？我想听听大家的意见。（学生各抒己见）

3. 揭示课题

设计意图：数学教学活动必须建立在学生的认知发展水平和已有的知识经验基础之上。在探究之前，设疑激趣，有效突出认知矛盾，引导学生从中发现并提出问题，继而引入研究课题。

（二）动手操作，探究公式

1. 动手操作，突出度量的本质

出示一个长5厘米、宽3厘米的长方形，让学生测量它的面积。

2. 反馈交流，请学生结合图说明自己的想法

预设：

一种情况是学生一个一个数的，让大家一起再数数看。

另一种情况是用5×3=15，让学生说说5表示什么，3表示什么，15表示什么？（5表示每行摆5个，3表示有这样的3行，15表示一共有15个面积单位，也就是长方形的面积为15平方厘米）

（三）引发思考，尝试探究

思考：长方形的长、宽与面积单位的个数有什么关系。

设计意图：学生的数学学习过程是一个以学生已有知识经验为基础的主动建构过程，只有学生主动参与学习活动，才是有效的教学。引导学生在"摆一摆""说一说""比一比""猜一猜"等数学活动中直观感知长方形的面积计算公式，唤醒学生已有的知识经验，从而激发学生的学习兴趣。

（四）操作验证，归纳总结

（1）目测长方形的面积是多少平方厘米。

（2）运用几何直观，沟通长、宽与面积单位个数的联系。

（3）课件演示，逐步验证。

（4）抽象概括，提炼公式。

根据学生发言板书公式：长方形的面积=长×宽。

设计意图：学生体会数据所表示的意义，借助几何直观，沟通长、宽与每行面积单位个数、行数之间的关系，进而概括出长方形面积计算公式。在教师的及时评价与引导中，学生进一步获得了解决问题的方法与经验。这是对学生进行数学思想方法教学的良好契机，教师可以借此引导学生掌握数学最本质的东西，关注数学思想和方法，发展学生的思维能力。在动手实践、合作交流等学习活动中，经历长方形和正方形的面积计算公式的推导过程，获得从度量到计算来研究长方形和正方形的面积的方法。

（五）演绎类比，深化概括

1. 课件出示空白长方形

师：现在这个长方形的面积你会选择摆面积单位，还是用计算的方法？用计算方法只要知道什么条件？（学生动手测量，并计算长方形的面积）

2. 课件演示将长方形变成正方形

学生计算得出结论：正方形的面积=边长×边长。

（六）师生小结，提炼方法

设计意图：利用正方形是特殊的长方形这一已有经验，通过课件演示把长方形的面积计算方法类推到正方形的面积计算上来，既减少了课堂教学时间，又有助于发展学生的推理和空间想象能力，渗透转化的数学思想方法。

（七）实践应用，巩固提高

（1）练习十五第一题。

（2）计算篮球场的占地面积。

（3）挑战题。

设计意图：在弗赖登塔尔认为：几何是对空间的把握。为了更好地把握、理解这个空间，儿童需要经历完整的观察、猜想、想象、操作等数学化过程，站在更高的度量视域中洞悉度量本质、形成结构化的空间理解，提升空间观念。到课末十分钟左右，通过“算一算，练一练”等数学学习活动，迁移新课中获得的数学基本思想方法，并灵活运用方法解决生活中的实际问题，达到举一反三的效果，提高解决实际问题的能力，积累数学活动经验，从而感受学习的价值和学习的乐趣。

（八）全课总结，深化理解

通过这节课的学习，你有什么收获？

附：三思单

课前引思单

1. 长方形和正方形面积计算公式怎么推导出来？

2. 一个长为5厘米，宽为3厘米的长方形面积是多少？你们可以用什么办法求出来？想想长方形的面积可能跟谁有关系？

课中研思单

1. 长方形的长、宽与面积单位的个数有什么关系？

2. 为什么长方形的面积=长×宽？

3. 正方形的面积与长方形有何联系？

课后拓思单

1. 动手画一画面积为16平方厘米的长方形或正方形，你们能画几种？

2. 一个正方形面积是25平方米，求这个正方形的周长。

3. 一个长方形的长减少5厘米，宽减少2厘米，这个长方形面积减少多少平方厘米？

“圆的认识”教学设计

【问题与思考】

1. 如何在课堂中引导学生理解圆的本质内涵，实现小学和中学知识的衔接？

2. 如何通过观察—思考—操作—表达等活动，落实空间观念的培养，让学生认识研究曲线图形的基本方法？

【磨课要点】

（一）起点

圆是小学数学“空间与图形”模块中最后认识的一个平面图形，也是唯一的一个曲线图形。从学习直线图形到曲线图形，无论是内容本身还是研究方法，都有很大的变化。在此之前，学生已经认识了长方形、正方形、三角形、平行四边形、梯形等平面图形，对圆有了初步的感性认识。教材呈现方式是以欣赏生活中的圆为引子，经历画圆感知圆的本质内涵，再通过折一折、画一画、量一量等操作活动引导学生逐步归纳内化，上升到知识层面认识圆，体会掌握圆的特征。但由于本课知识点多，要保质保量完成教学任务难度较大，所以必须基于学情以学定教，对教学内容进行取舍，凸显本课核心价值。本课核心价值即圆的一中同长内涵和发展空间观念，所以要把这两点上“通”上“透”，有些教学环节必须根据学情在课堂中进行随机调整、点到即止。

（二）终点

学生经历操作、观察、思考等数学活动认识圆的各部分名称，探索、理解并掌握其特征，会用圆规画圆，并能用圆的基本特征解决生活中的实际问题。在探索新知的过程中，培养动手操作能力、合作交流能力和推理能力，发展空间观念。并在解决问题中渗透极限思想、数形结合思想。在解决实际问题中感受数学与生活的紧密联系，感受到圆的美丽、应用价值，同时体验我国古代数学的博大精深。

（三）过程与方法

从“寻宝”游戏导入，引导学生思考，如果用一点代表宝物，这样的点会有无数个，轨迹会形成一个圆的平面图形，从而初步认识什么是圆；再让学生尝试用圆规画圆，通过交流画圆经验明白画圆的关键是固定针尖（定点），两脚距离不变（定长），从而感悟圆的本质特征——平面上到定点的距离等于定长的所有点的集合，同时认识圆心、半径和直径；接着通过动手操作和小组讨论等活动，让学生自主探究圆的特征；最后借助“以数猜物”的游戏培养学生的空间想象力，落实数学学科核心素养。本节课教学以发挥学生主观能动性为突破口，借助游戏、操作、讨论等环节，激活学生已有认知结构中的相关经验，突破教学难点，将课堂还给学生。同时结合尝试法、操作法、讨论法、引导质疑法等教学方法，把静态变为动态，把抽象的数学方法变为具体可操作的规律性知识，指导学生通过自由合作、展开讨论、积极探索、探寻特征，巧妙地解决问题，让学生在玩中学，动中思，做中悟，实现“图形与几何”领域数学核心素养——空间观念的有效提升。

【教学内容】

人教版六年级上册“圆的认识”。

【教学目标】

1. 引导学生理解圆的内涵，掌握圆的特征，掌握同圆或等圆中半径与直径的关系。

2. 让学生初步学会用圆规画圆，借助小组讨论、动手操作等活动培养学生的动手能力和分析概括能力，促进学生空间观念的建立。

3. 在具体的认识圆的活动中使学生体会数学与生活的联系，品味博大精深的中国传统数学文化，感受数学之美。

【教学重难点】

教学重点：认识圆的各部分名称，掌握圆的特征。

教学难点：理解圆的内涵，用圆规画圆。

【教学准备】

多媒体课件、圆形纸片、圆规。

【教学过程】

（一）游戏导入，设疑激趣

1. 游戏导入

寻宝游戏——“宝物”就在老师的右脚5米处，“宝物”具体在哪里？做法是：在白纸上用大红点表示老师的右脚，用1厘米线段表示距离1米，引导学生思考用1个点代表宝物，画出宝物可能出现的地方。

2. 师生交流

演示不同学生的作品，发现每个同学的答案都不一样，点的位置都不相同，教师提问：这样的点有多少个？（无数个）

3. 揭示课题

课件演示数量众多的点，教师提问：把这些点连起来，会形成什么图形？（圆形）

师：今天这节课，我们就一起来认识圆。

设计意图：激发学生的好奇心，引发学生想象。游戏中学生自己动手操作，对圆的平面轨迹形成建立感性认识。借助富有童趣的情境，让学生初步感受圆是由曲线围成的平面图形，同时激发学生学习数学的兴趣和积极性，彰显了数学源于现实生活的理念。

（二）合作交流，探究新知

1. 说圆，初步感知

（1）辨析直线图形与曲线图形。

师：圆与我们原来学过的长方形、正方形、三角形等图形有什么区别？

预设1：长方形、正方形等是直线图形，圆是曲线图形。

预设2：长方形、正方形等图形的边是直的，圆的边是弯的。

（2）欣赏生活中的圆。

师：圆是如此与众不同，那你们在生活中见过圆吗？

让学生展开想象，自由说说生活中有哪些圆的例子，教师给予相应的评价。用多媒体展示向日葵等图片，从各个方面带领学生走进圆的世界，欣赏圆的美。

设计意图：圆是小学阶段学习的唯一一个曲线图形，把圆与其他平面图形进行比较，让学生初步感知曲线图形的特征。同时为了贯彻新课改提出的“让数学知识生活化”的数学教学新理念，引导学生在对圆形成初步表象的同时，学会用数学的眼光去发现生活中的数学美。

2. 画圆，探索方法

自主探究，动手操作，让学生自主探究如何画圆，自己动手画一画。

设计意图：让学生在动手实践中逐步自我建构圆规画圆的认知，体现了学生的主体性，培养学生自主探究的能力。学生在低学段就已经对圆有了初步的感性认识，教师通过组织学生用圆形实物画圆和用圆规尝试画圆，让学生体验到圆规画图的优越性，认识到学习用圆规画圆的必要性，同时也能帮助学生积累作图和数学活动经验。

（1）认识圆心、半径。

出示两幅不完整学生作品（圆中间出现两个点、圆的边缘出现断层）并提问：为什么这两个圆画不好？

预设1：圆规的针尖没有固定。预设2：圆规张开的距离没有固定。

师：圆规针尖所在的点我们叫作圆心，用字母O表示；圆规两个脚之间的距离就是半径，用字母r表示。

思考：半径是一条怎样的线段？

小结：连接圆心和圆上任意一点的线段叫作半径。

（2）认识直径。

师生交流，共同画出直径。

思考：直径是一条怎样的线段？

小结：通过圆心并且两端都在圆上的线段叫作直径，用字母d表示。

设计意图：从画圆活动的针尖固定，两脚距离固定，始终贯彻定点、定长的概念，探寻圆的特征，并在操作中获得直观体验。在画圆活动的过程中，引出圆心、半径、直径等概念和圆的位置、大小的决定因素，将动手操作、概念引出、观察思考融为一体，教学自然流畅。

3. 议圆，强化认知

（1）用圆形纸片，折一折、画一画、量一量，你发现了什么？

反馈学生的发现结论，全班进行评价。

（出示课件验证学生的结论）

小结：同圆或等圆中直径和半径都有无数条，直径是半径的2倍。圆是轴对称图形，对称轴有无数条。圆心决定圆的位置，半径决定圆的大小。

（2）渗透数学文化——“一中同长”。

（3）反思回顾。

设计意图：这个环节是一个深入探究的过程，把学习的主动权还给学生，让学生学会发现、阐述发现、论证发现、完善发现。通过动手操作，使学生进一步认识圆的半径、直径，确立直径与半径的关系，进一步了解圆的对称性，使学生的认识由浅入深不断深化。

（三）拓展练习，引发思维

（1）争当小判官。

（2）一起来猜猜。

（3）知识会应用。

设计意图：第一题夯实基础；第二题通过猜一猜活动，引导学生将数据与物体联系在一起，数形结合的思想和极限思想得以巧妙渗透，同时也发展了学生的空间观念；第三题教师精心设计了应用圆的知识的问题情境，让学生感悟圆的价值，进一步提升其解决问题的能力，培养知识应用意识。

（四）回顾提炼，提升素养

师生总结本课的主要内容，以对话评价方式让学生说一说自己的感受与收获。

设计意图：指导学生在总结中提高，在思考中拓展思维。

附：三思单

课前引思单

1. 生活中哪些地方见过圆，列举3个。

2. 用自己喜欢的方式画一个圆，你有什么发现？写一写。

课中研思单

1. 宝物距离老师左脚3米，宝物的位置可能在哪里？圆点代表老师的左脚，用1厘米表示1米，用一点代表宝物，请在纸上表示出你们的想法。

2. 按要求用圆规画圆。$r=2$ cm，标出圆心、半径、直径，并用字母表示。

3. 独立思考：找出圆形图片的圆心，画出圆心、半径、直径，用字母标出。

小组讨论：动手折一折、量一量，你有什么发现？

我发现了：______________________________

____

我是这样想的：______________________________

____

课后拓思单

1. 生活中还有哪些画圆的方式？请举例说明。体育老师要在操场上画一个圆形，应该怎么画呢？请简单说明理由。

2. 你还知道哪些关于圆的文化知识，请自己查找资料并记录。

3. 知道了圆的半径和直径，可以用来解决哪些问题呢？

4.《周髀算经》中说“圆出于方，方出于矩”，不用圆规，请你在正方形纸上试着用剪刀剪出一个圆，并说说对这句话的理解。

“认识三角形”教学设计

【问题与思考】

1. 如何基于学生已有经验设计问题，凸显和体现图形与几何的本质特征？

2. 怎样设计学生动手环节，达到“做”与“思”的结合？

【磨课要点】

（一）起点

知识起点：在第一学段，学生已经直观认识了三角形和其他一些简单的平面图形；在四年级上册相对集中地认识了角，认识了两条直线的位置关系——平行和相交，会画平行四边形和梯形的高，这些都是本单元“三角形”学习的基础。基于学生已经对三角形有了直观的认识，已经能从平面图形中分辨出三角形，本节课主要是帮助学生在原有的感性认识的基础上，理解三角形的意义，掌握三角形的特征。这部分内容的学习，既有之前学习的平行四边形和梯形提供学习经验，又能为进一步学习计算多边形的面积打好基础。

已有生活认知：三角形在生活中有广泛的应用，学生在家里、学校及户外都见过不少三角形的实物，如三角尺、起重机、田间的篱笆、车标、七巧板等，所以三角形对学生来说并不陌生。

思维特点：在此之前学生尝试用平行四边形、梯形分出若干个三角形，对三角形有一定的认识基础，四年级的学生思维处于由形象思维到抽象思维的过渡阶段，所以通过一定的实例展示再抽象出三角形是有必要的。

（二）终点

经历举例、观察、讨论、自学等探索活动，理解并掌握三角形的概念和特征，能够正确画出底所对应的高，同时发展抽象概括能力和语言组织能力。

（三）过程与方法

学生通过观察，动手操作、小组探究合作等方式亲身感受三角形的边、角的特征，根据已有经验画出底对应的高，这是学生直接感知几何图形的重要路径。

【教学内容】

人教版四年级下册“三角形的特性”。

【教学目标】

1. 学生通过动手操作和观察比较认识三角形，知道三角形的特性及三角形高和底的含义，会在三角形内画高。

2. 培养学生观察、操作的能力和应用数学知识解决实际问题的能力。

3. 体验数学与生活的联系，培养学生学习数学的兴趣。

【教学重难点】

教学重点：掌握三角形的特性，会找出、画出三角形底边上的高。

教学难点：会画三角形指定底边上的高。

【教学过程】

（一）创设情境，激趣导入

1. 出示图片

找一找：这些建筑或物体中有三角形吗？

教师根据部分学生回答出示和补充包含三角形特征的物体。

2. 揭示课题

设计意图：出示学生所熟知的景物或建筑，让学生感知三角形在生活世界中的实际应用，感知数学美，为认识三角形的特征做铺垫。

（二）动手实践，新知探究

1. 尝试画一个三角形

（1）活动一：画一个三角形，边画边想你是怎样画的。

（2）汇报交流。

2. 揭示三角形的概念

（1）学生汇报交流，根据出示的图形尝试总结出三角形的概念。

（2）引导总结：由3条线段围成的图形（每相邻两条线段的端点相连）叫作三角形。

3. 探究三角形的特征

（1）观察发现。

观察三角形，初步发现它有3个角、3条边和3个顶点。

（2）示范演示。

以一个三角形为例，请学生上台指一指三角形的边、角、顶点。

（3）揭示三角形各部分的名称

将3个顶点标上字母，介绍三角形各部分的名称。

（4）试一试。

做一个三角形，拉一拉它，你有什么发现？

① 拉一拉平行四边形、五边形、六边形，和三角形比较，这些多边形容易变形。

② 比较发现三角形的形状是唯一的，四边形是多变的。

③ 小结：平行四边形容易变形，三角形不容易变形，我们把这种特性称为稳定性。生活中的许多地方就用到了三角形的这个特性。（出示图片）

④ 思考：怎样才能使椅子不摇晃？

4. 认识三角形的高

（1）观察变量，引出三角形的高。

用3枚磁吸代表三角形的顶点，移动最上方的磁吸，学生用手比画出三角形，并观察什么量变了。

（2）活动二：自学三角形的高。

找：自学教材第58页。

画：试着画出三角形底边上的高。

说：组内交流什么是三角形的高，怎样画高。

（3）汇报画高的方法。

① 说一说什么是三角形的高。

② 找出三角形中的顶点和对应的边。

③ 请学生上台分别画出锐角、直角、钝角三角形的高。

④ 小结：所画的垂线段不管是在三角形的里面、边上还是外面，只要满足从顶点向对边画的垂线段，都是三角形的高。

⑤ 应用：画出锐角三角形、直角三角形、钝角三角形的指定边上的高。

学有余力的同学尝试画出锐角三角形的3条不同的高。

设计意图：通过画一画、摆一摆等操作直观感知三角形的概念，再通过磁吸摆放位置的变化引出三角形的高，分别探究锐角三角形、直角三角形的高，最后能根据定义发现高也可以在三角形的外面，从而加深对顶点、对边、垂线段等关键词的理解。

（三）拓展应用，提升认识

（1）欣赏建筑中三角形的美。

（2）总结反思，深化认识。

（3）谈一谈这节课你有哪些收获。

附：三思单

课前引思单

1. 生活中在哪里见到过三角形？

2. 你能画出心目中的三角形吗？

课中研思单

1. 什么样的图形一定是三角形?

2. 三角形有哪些特征?

3. 什么是三角形的高?怎样画三角形的高?

课后拓思单

1. 用3根小棒能摆出多种三角形吗?说明你的理由。

2. 三角形最长的边是5 cm,这条边上的高是3 cm,尝试在点子图上画一画,看能画出几个不同的三角形。你有什么发现?

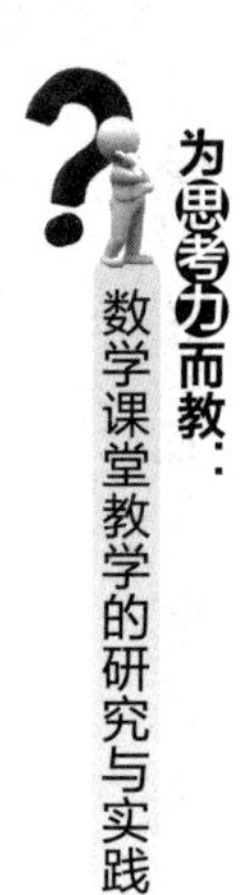

“平行四边形的面积”教学设计

【问题与思考】

1. 如何通过操作、观察、比较等活动发展学生的空间观念，渗透转化的思想方法，培养学生的数学自主思考能力？

2. 如何帮助学生进一步感悟面积的本质，如何渗透并让学生感悟“转化”的数学思想方法？

【磨课要点】

（一）起点

知识起点：学生已通过数格子的方法学习长方形、正方形的面积计算；认识了平行四边形的特征，明晰了长方形、正方形是特殊的平行四边形。

已有生活认知：学生对平行四边形有丰富的实际认知，如停车位、楼梯的栏杆、伸缩门等。

思维特点：操作是空间观念外显的有力保障，五年级学生的空间观念处于快速发展的阶段，观察物体时易受非本质和外部特征影响，精准捕捉本质特征的能力有待加强。

（二）终点

运用“转化”的数学思想方法推导平行四边形的面积计算公式，会计算平行四边形的面积。

（三）过程与方法

本课以落实“观察—思考—表述”的数学核心素养为教学理念；以感悟

面积本质，体会“转化”数学思想方法为线索；以“介入猜想—动手实验—验证猜想—得出结论”的教学思路，让学生经历平行四边形面积公式的推导过程，掌握平行四边形的面积计算公式。首先，让学生用数方格的方法算出平行四边形的面积，以感悟面积本质，并为猜测提供依据，为探究提供思路；然后让学生在推导平行四边形面积公式的过程中，体会“转化”的思想方法，获得知识，习得方法，积累数学学习活动经验。

【教学内容】

人教版五年级上册“平行四边形的面积”。

【教学目标】

1. 让学生通过动手操作、观察比较、合作交流、讨论分析等活动经历平行四边形面积公式的推导过程，正确掌握平行四边形的面积计算公式。

2. 让学生在平行四边形面积推导过程中，体验转化的思想方法，发展空间观念。

3. 运用转化的思想探索知识，感悟数学知识内在联系的逻辑之美，积累活动经验；感受数学与生活的联系，体验数学思想方法的实用应用价值。

【教学重难点】

探究、推导和掌握平行四边形的面积的计算公式，体会转化思想，并能正确地计算平行四边形的面积。

【教学准备】

“三思单”设计、教学课件、方格纸、平行四边形纸片。

【教学过程】

（一）创设情境，引入新知

（1）情境导入。

课件出示动画人物图片，并展示长方形和平行四边形菜地。

（2）提出问题。

思考：这样的分配公平吗？哪块比较大？比什么？（学生讨论：比面积，“第一块大”还是“第二块大”）

（3）复习。

计算并回顾长方形面积的计算公式。

（4）猜测并揭示课题。

平行四边形的面积的计算。（板书）

设计意图：在引入部分设计，引发学生思考，唤醒长方形面积计算方法，突出面积本质；同时产生认知冲突，为探究平行四边形面积做孕伏。在意见不一的情况下，认知冲突便产生了，学生一旦产生这种急于想解决问题的心理，“为什么要学习新知”这一心理诉求就可以得到满足。

（二）操作探究，建构新知

1. 提出方法，初步感知

（1）学生试着用数格子的方法算出平行四边形菜地的面积。

（2）师生互动总结，明确可以用数格子方法来验证。

（3）学生操作，在方格纸上留下思考的痕迹。

（4）学生汇报不同的数格子方法，正确计算出平行四边形菜地的面积。

（5）填写表格，大胆推测，发现规律。

设计意图：呈现平行四边形和长方形两个图形，由数据上的相关性引发学生对平行四边形面积的大胆猜想。数方格时引导学生用整体移动的策略为下一步剪拼图形提供理论依据和思考方法。

2. 动手操作，感悟转化

（1）图形转化。

师：给你一个平行四边形，你想把它转化成什么图形求它的面积?

（2）直面质疑。

课件展示平行四边形拉成长方形的过程。学生观察平行四边形和长方形面积之间的关系，感受到拉的过程中平行四边形面积会产生变化。

（3）小组合作。

小组进行剪拼，并说一说平行四边形的面积是怎样计算的。

（4）小组汇报。

3. 观察提升，推导公式

（1）面积推导。

师：你们能根据长方形的面积公式推导出平行四边形的面积公式吗?

拼成的长方形的长等于平行四边形的底，拼成的长方形的宽等于平行四边形的高，因为长方形的面积=长×宽，所以平行四边形的面积=底×高。

（2）自学用字母表示平行四边形的面积。

平行四边形的面积用S表示，底用a表示，高用h表示，平行四边形面积的面积计算公式就是$S=ah$。

设计意图：把平行四边形拉成长方形，感受到前后图形面积是改变的，但通过剪、拼进行“转化”，明确前后图形的面积是没有变化的，让学生体会到转化数学思想的作用。学生展示剪、拼的过程，发现等量关系，推导出平行四边形的面积计算公式。

（三）练习强化，小结提升

1. 数学王国挑战

第一关：应用平行四边形的面积计算公式解决问题。

平行四边形花坛的底是6米，高是4米，它的面积是多少?

第二关：计算下面图形面积的方法有哪些？把你认为正确的答案拖进小船。

第三关：平行四边形的面积是40平方米，底是8米，底对应的高是多少米?

2. 总结

师：这节课马上就要结束了，回顾一下本节课你们都学会了什么。

（四）拓展延伸

师：三角形的面积能不能用这种方法研究呢？下课后可以和同学们交流一下。

设计意图：练习题的设计让学生进一步掌握和巩固了平行四边形的面积计算公式，做到正确计算平行四边形的面积，体现了练习的层次性；让学生自己去梳理知识，巩固了所学的知识；拓展延伸，培养学生用发展的眼光看问题。

【板书设计】

长方形的面积＝长×宽　　转
　　　　　　　↑　↑
平行四边形的面积＝底×高　　化

副板书：6×4=24（平方厘米）　　平移
　　　　4×5=20（平方厘米）　　剪拼不变（等积）
　　　　6×5=30（平方厘米）　　割补

附：三思单

课前引思单

1. 我们是怎么学习长方形和正方形的面积的？

2. 记录你知道的平行四边形的有关知识。

课中研思单

1. 在方格纸上试着算出平行四边形和长方形的面积，仔细观察，你发现了什么？

2. 平行四边形可以转化成什么图形求面积，转化的前提是什么？

3. 你能根据长方形的面积公式推导出平行四边形的面积公式吗？

课后拓思单

1. 我认为两个平行四边形面积相等，因为……

2. 运用转化的方法，我还能推导出其他图形的面积，比如……

“角的度量”教学设计

【问题与思考】

1. 量角器的构造比较复杂，是否要让学生经历量角器的形成过程？

2. 如何理解内圈刻度与外圈刻度？

3. 如何在实际操作中培养量感，在度量中适时渗透数学美？

【磨课要点】

（一）起点

知识起点：“角的度量”是在学生认识角的基础上教学的，学生知道了角的两条边都是射线，知道角有大有小，但不知角的大小指的是什么；学生已学过测量长度、面积，对度量单位有一定的感知和经验积累，但会受到直尺测量的负迁移影响，部分学生直接把量角器直边的一个端点对准角的顶点进行测量。

已有生活认知：生活中买文具的时候，直尺、量角器都是成套出售，因而学生对量角器并不陌生；但对量角器的构造原理很困惑，对如何用量角器进行量角更是模糊。

（二）终点

理解量角器构造的原理，学会用量角器量角，在经历观察、比较、操作活动中积累活动经验，掌握用量角器正确测量角的方法，深度理解度量的本质，在活动中培养量感，同时体会学科的发展源于现实的需要。

（三）过程与方法

本节课的教学以解决问题和实践操作为主线，学生通过比较、操作、估测、推理、合作等数学活动，经历测量方法获得的整个探究过程，在修正与反思中，体验测量的科学性与严谨性，培养量感，感悟数学的简洁美，感受学习数学的价值。

【教学内容】

人教版四年级上册“角的度量”。

【教学目标】

1. 学生在观察、合作、操作中认识量角器和角的度量单位，并会运用量角器正确量角，理解角的大小与角两边的长短无关，与角两边张开的大小有关。

2. 学生经历量角的探索过程，体会度量的本质，积累数学活动经验，培养严谨、认真的良好习惯，体验数学的简洁美。

3. 引导学生感受学习度量角的价值，体会数学与生活的联系。

【教学重难点】

教学重点：认识量角器，掌握量角的方法。

教学难点：帮助学生理解度量的本质，从而正确掌握度量的技能。

【教学准备】

量角器、学习单。

【教学过程】

（一）复习旧知，引发度量需求

（1）出示角1，说出角的各部分名称。

（2）出示角2、角3，交流引出量角器。

（3）关于量角器，你有什么疑问吗。

设计意图：从比较角的大小引入新课，找准知识的生长点，学生产生了对量角的需求。提出疑问，激发学生研究量角器的兴趣。

（二）观察操作，探寻度量本质

（1）自主汇报量角器各部分名称。

合作交流，说一说量角器各部分的名称。

（2）认识量角器的度量单位，建立1°的观念。

①介绍1°的由来。

②认识5°、10°、20°，感受量角器的形成过程。

设计意图：使学生认识到量角器的原理——用量角器量角就是看角里面包含了多少个1°的角。通过0°刻度线展开教学，帮助学生确定了0°刻度线，也就找到了度量的起点和标准，再从1°、5°、10°……累加到180°，这一过程不仅让学生经历了量角器的形成过程，而且有助于量感的培养。

（3）找出70°的角，并在量角器上描出来。

设计意图：学生在量角时读不准刻度是因为他们不知道该读哪一圈刻度。量角器有两圈刻度，如果老师只告诉他们从哪边读起，学生就会知其然而不知其所以然。通过在找不同方向的角的矛盾冲突过程中，学生可以深刻体验到不管0°刻度线在左还是右，也不管是内圈刻度还是外圈刻度，只要从0°刻度线开始，从小到大顺着往下读，就能读准度数，从而突破量角时读不准刻度的难点，把复杂问题简单化、本质化，为下面角的度量的学习打下基础。

（三）动手实践，探索测量方法

（1）尝试用量角器量角。

（2）小组交流：你是怎么量这个角的呢？

（3）总结归纳量角的方法。

（4）沟通联系。

设计意图：如何量角是这节课的重难点，教师应适当放手，给学生充分的探究时间和空间，引导学生在理解测量本质的基础上，自己探索测量方法，使学生在活动中积累基本的测量经验。通过沟通联系，使学生认识到虽然线段、长方形、角这三种图形形状不同，但度量时都是用一个个计量单位拼接累加的方法，从本质上理解测量的相同之处，整体建构知识体系，从而

使学生的学习系统化，知识结构化。

（四）巩固应用，拓展思维能力

1. 选一选

将正确的序号填入括号内。

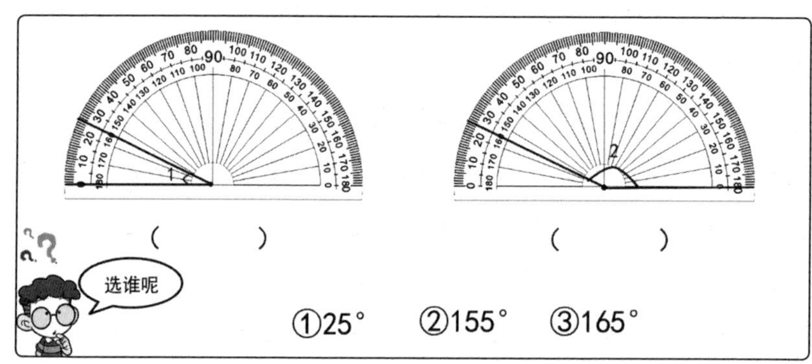

图1

2. 猜一猜

只能看到角的一条边，这个角可能是多少度？

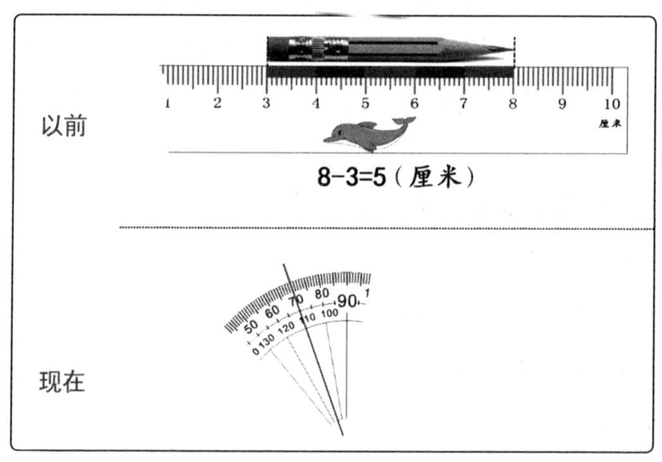

图2

（五）结合实际，体验测量价值

（1）欣赏生活中的实例。（微课播放）

（2）全课总结，提炼学习方法。

附：三思单

课前引思单

1. 你认识量角器吗？它的各部分的名称是什么？

2. 画一个角，尝试用量角器量一量。

课中研思单

1. 回顾过去的测量经验：我们怎么测量长度、面积的？

2. 什么时候用量角器的内圈测量，什么时候用外圈刻度测量？

3. 量角的方法是什么？如果角的一边没有与量角器的0°刻度线重合，你能量出角的大小吗？说明你的理由。

课后拓思单

1. 生活中的量角器有其他形状吗？

2. 你发现量角的方法和测量面积、测量长度有什么联系？

“用数对确定位置”教学设计

【问题与思考】

1. 如何有效创设情境，帮助学生理解位置与数对的对应关系？

2. 如何充分利用数对与点的对应关系，让学生体会数形结合的本质？

【磨课要点】

（一）起点

知识起点：本节课是在学生已经会用上、下、前、后、左、右确定位置，会用东、南、西、北等词语描述物体方向的基础上教学的。

已有生活认知：学生在生活中已经会用上、下、前、后、左、右确定位置，用东、南、西、北等词语描述物体方向。

思维特点：五年级的学生处于形象思维过渡到抽象思维的阶段，主要以抽象思维为主，因此，教学要从实际情境引出实际问题，让学生在问题解决中获得数学活动经验，收获数学知识，感受学数学、用数学的乐趣。

（二）终点

结合具体情境，让学生能在方格纸上用数对表示物体的位置，形成空间观念。知道数对与方格纸上的点存在对应关系，凸显几何观念，为进一步学习“根据方向和距离两个参数确定物体的位置”和直角坐标系打下基础。

（三）过程与方法

本节课在教学时应充分利用经验和知识为学生提供探究的空间，让学生通过观察、分析、独立思考、合作交流等方式，将用生活经验描述位置上升为用数学方法确定位置，从而发展数学思考，培养空间观念。

【教学内容】

人教版五年级上册“位置”。

【教学目标】

1. 学生结合具体情境认识列与行，理解数对的含义，能在具体情境中用数对表示位置。

2. 通过观察分析、自主探究、合作交流等数学思维活动，学生经历数对的产生过程，发展观察、比较、概括等能力和空间观念，积累探究经验。

3. 感受数学与生活的密切联系，增强用数学的眼光观察生活的意识，体会数学的简洁美、准确美。

【教学重难点】

经历数对的产生过程，学会用数对确定位置的方法。

【教学过程】

（一）联系生活，激活经验

出示主题图：张亮同学坐在什么位置？

思考：同样是张亮的位置，为什么会有不同的表示方法？（由于观察的方向和角度不同，导致表达方式的不同）

设计意图：借助学生熟悉的座位场景，吸引学生的注意力，激活学生描述物体位置的已有经验。同一位置出现不同的表示方法，这样的冲突让学生深刻感受到统一规定的必要性和合理性，为引出统一、规范的列和行埋下伏笔。

（二）自主探索，建构新知

1. 认识列和行，用列和行来描述位置

（1）认识列与行。

（2）用列和行来描述位置。

现在你能用列与行描述一下张亮的位置吗？（第二列第三行）

设计意图：在学生的表示方法不够规范准确时，教师应及时介入，介绍列与行的含义和确定列与行的规则，让学生感受到标准统一后确定位置的简明性和准确性。

2. 创造数对，简洁表达

（1）主动优化，自主创造。

尝试：你能用更简洁的方式表示出张亮的位置吗？比如用数字、图形、符号等，自主思考后记录下来。

发现：这些记录方式有什么共同点？

（2）达成共识，介绍数对。

（3）还能找到其他同学的位置吗？

设计意图：针对学生创造的方法，让学生充分进行思维碰撞，抽取共性，从而认识简洁的表示确定位置的方式——数对。同时，通过比较优化，突显数对的优越性，数学的符号化特点也更加清晰。

3. 数形结合，理解方格图上的点与数对的对应

（1）由实物图抽象到点子图。

问：现在还能找到张亮的位置吗？

（2）根据数对指出王艳和赵雪的位置。

王艳和赵雪的位置用数对表示都有4和2这两个数字，他们为什么不在同一个位置上呢？用数对表示位置时一定要注意什么？

小结：数字相同，位置不同，意义不同。强调数对的有序性。

（3）找出这些数对：（4，1）（4，2）（4，3）（4，4）（4，5）（4，6）。

① 你发现了什么？

② 能用一个数对来表示吗？（4，x）

③ 数对（2，y）表示哪个点？

④ 第一个数字与第二个数字一样的数对有哪些呢？用一个数对可以怎么表示它们呢？（x，x）

设计意图：让学生体会到数对中两个数的顺序的重要性，初步感悟到数对与物体位置的一一对应关系。

4. 介绍数对来源（略）

（三）类推迁移，学以致用

1. 数对在实际情境中的应用

用数对表示教室里的位置。

2. 数对在图形中的应用

（1）尝试。

在方格图中找一个点C，与点A，B连成三角形，并写出表示C点的数对。

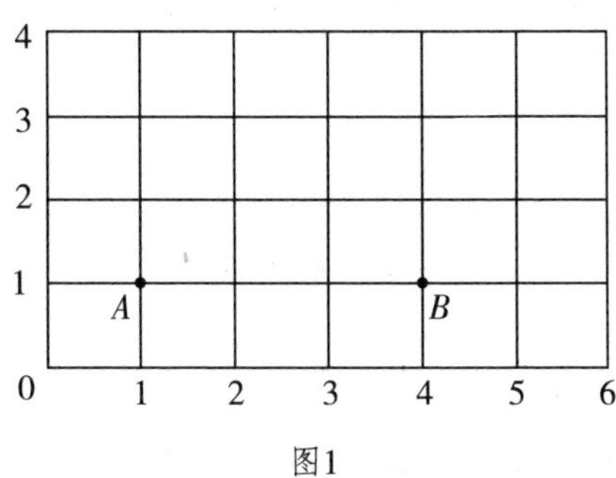

图1

（2）拓展。

在四个象限中分别用数对表示C点。

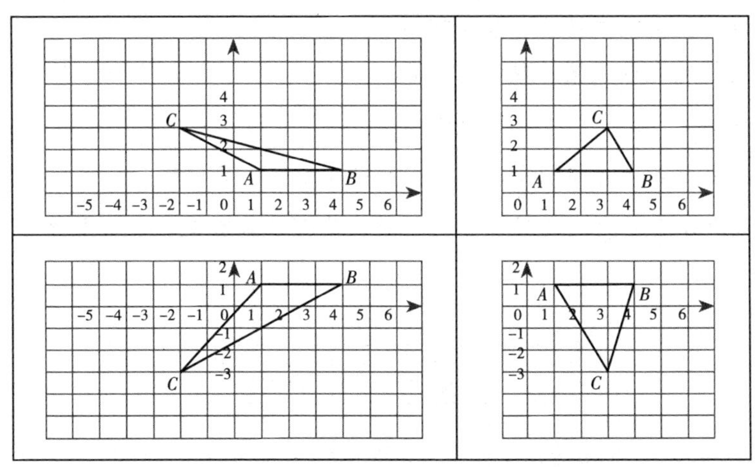

图2

3. 数对在生活中的应用

影院、围棋、经纬线、2008年北京奥运会开幕式击缶和印刷术表演等。

设计意图：全面考察了学生对数对的理解及运用情况，进一步巩固其对列、行和数对含义的理解。

（四）总结反思，拓展延伸

（1）谈收获。

（2）延伸。

在一个立体空间内确定位置，应该如何表示呢？

设计意图：将在不同情况下确定位置的方法进行沟通联系，形成一维、二维、三维状态下关于确定位置的完整知识网络。

附：三思单

课前引思单

1. 原来学习过用哪些方位词表示位置？

2. 用“前、后、左、右”记录4个好朋友的位置。

课中研思单

1. 用更简洁的方法表示“第2列第3行”。

（提示：可以用数字、符号等形式）

2. 用数对表示王艳、赵雪的位置。

王艳（　　，　　）　　赵雪（　　，　　）

在图上用点标出周明（1，3）、孙芳（2，2）的位置。

观察表示王艳和赵雪的位置的数对，你有什么发现？小组进行交流。

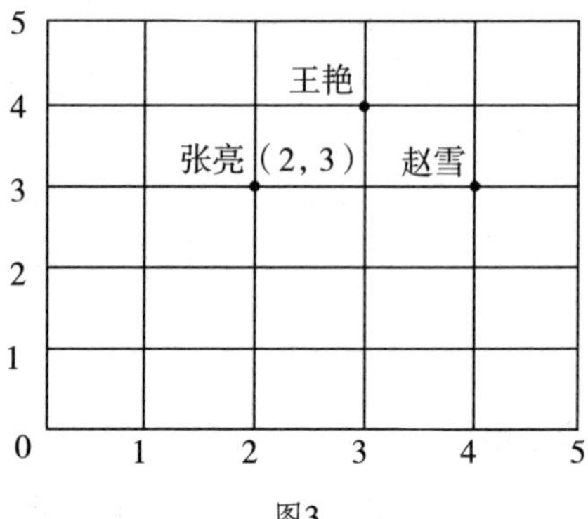

图3

3. 找一找。

找一个点C，与点A，B连成三角形，并写出表示C点的数对。

（提醒：用尺子连线）

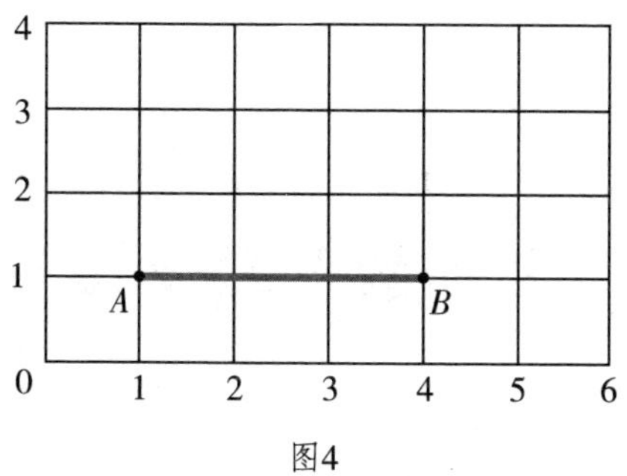

图4

表示C点的数对是____________。

课后拓思单

1. 写出两个好朋友在教室的位置，用数对表示。
2. 如果某同学在班上的位置用数对（X，Y）表示，请你找出这个同学。
3. 查阅资料，了解直角坐标系的相关知识。

统计与概率领域

“平均数”教学设计

【问题与思考】

1. 如何让学生体会到引入平均数的必要性?

2. 什么是统计概念下的“平均数”?

3. 如何帮助学生用统计量刻画平均数，理解平均数代表一组数据的整体水平?

【磨课要点】

（一）起点

知识起点：学生在第一学段已经理解了平均分及除法运算的含义，能够用图、表等数学语言表达现实世界，但对平均数能代表一组数据的整体水平的理解仍然不够充分，说不出为什么要用平均数。

已有生活认知：学生在生活中有接触过平均数，得到平均数的方法多样，但是易与平均分混成一谈，部分学生认为平均数就是平均分。

思维特点：四年级的学生正处于从具体到抽象的思维阶段，能借助想象与直观图形理解平均数的特征。

（二）终点

对平均数有进一步的认识，能用平均数解释生活中现象，进一步感受到平均数的代表性、趋中性及随机性，同时更加注重理解平均数的现实统计意义，形成初步的数据意识。

（三）过程与方法

本节课以小组比赛呈现数据为研究素材，引导学生暴露思维缺陷，在观察、思考、质疑、猜想等数学方法中经历“呈现—聚焦—说理”的思辨过程中，感受数据蕴含的信息，感悟平均数的本质，理解平均数的现实统计意义，养成用数据说话的习惯，形成初步的数据意识和应用意识，感知数据的力量。

【教学内容】

人教版四年级下册“平均数”。

【教学目标】

1. 学生在具体情境中，初步体会引入平均数进行统计的必要性，理解平均数的意义，会求一组数据的平均数，沟通“移多补少”和“先合后分”之间的联系。

2. 学生在分析数据的过程中，理解平均数的算理，突出代表性，感受区间性和敏感性，形成初步的数据意识。

3. 引导学生感受平均数在生活中的广泛应用，体会统计的价值，培养理性精神。

【教学重难点】

教学重点：在解决问题的过程中，尝试刻画平均数的特点，理解平均数的意义。

教学难点：体会平均数这一统计量的价值。

【教学过程】

（一）动态呈现，产生需求

1. 情境导入

你希望男生队赢还是女生队赢？

2. 提出困惑

到底用哪个数比较男女生队的投篮水平更合适呢？过渡语：都是好想法，让我们一起先去看看女生队的投篮情况吧！

设计意图：本环节设计模拟动态的比赛场景，让学生认识到比个数、比总数、比人数都是不公平的，这样的认知冲突引发学生思考到底用哪个数比较男女生队的投篮水平更合适，从而明确学习平均数的必要性。这不仅尊重学生的现实生活和学习能力水平差异，还以他们熟知的生活事例，已学过的知识为认知起点，启发深入思考，提出真实困惑，使他们乐于参与，积极思考，产生探究欲望。

（二）自主探究，建立意义

任务一：用哪个数代表女生队的投篮水平？

（1）提出问题。

师：你会用哪个数代表女生队的投篮水平？（出示课件女生队投篮情况统计图）

（2）活动要求。

① 观察比较：用哪个数代表女生队的投篮水平？

② 动手操作：怎么得到这个数？（圈一圈、移一移、画一画；或写一写、算一算）

③ 交流汇报：用这个数代表合理吗？

（3）归纳整理。

① 结合PPT动画演示变化过程。（板书：移多补少）

② （9+7+9+12+8）÷5=9（个）（板书：求和平分）

（4）比较发现。

无论用移多补少，还是求和平分，都是为了使原来几个不同的数变得同样多。同样多的这个数可以代表女生队的投篮水平，通常把它叫作“平均数”。

（5）方法迁移、体会趋中性。

① 估一估：哪个数能代表男生队投篮水平？

② 算一算：哪个数能代表男生队投篮水平？（板书：趋中性）

过渡语：学习不仅要会学，还要会问，这样才能学得更好。

（6）引发矛盾，体会虚拟性。

① 出示课件，观察比较数据，你还有哪些发现或疑惑？

② 交流汇报：女生队队员投中的“9”个和求出的平均数“9”意思一样吗？男生队没有一个队员投中9个，为什么却可以用平均数“9”代表他们的投篮水平？

小结：看来平均数不一定真实存在，是虚拟的数；虽然是虚拟的，却可以代表整体水平。（板书：整体水平、虚拟性）

设计意图：借助学习单引导学生尝试寻找能够代表女生队投篮水平的数，通过观察比较、动手操作、讨论交流，经历得到“这个代表数”的过程，同时引发学生对不同方法进行自主比较，发现“这个代表数”其实就是使原来几个不同的数变得同样多得到的。用同样多的这个数代表男女生队的投篮水平更合适，即“平均成绩”，实现从计算算术意义下的平均数向理解概念意义下的平均数的过渡。然后，利用统计图数据的直观比较，引发矛盾，直面困惑，使学生通过同伴交流互助，深度感悟平均数的虚拟性，实现统计意义下的数据意识的培养。

（三）分析预测，深化理解

任务二：如果男生队增加一名队员，比赛结果会有什么变化？

（1）活动要求。

① 组内交流：如果你是男生，希望他投几个？为什么？如果你是女生，希望他投几个？为什么？

② 动手验证：现在平均数是几？发生了怎样的变化？

③ 小组汇报：你发现了什么？（比一比、说一说）

（2）归纳整理。

男生队的平均成绩会随着队员5的投篮成绩发生变化；很低或很高的极端数据，会引起平均数的波动，平均数很敏感。（板书：敏感性）

（3）反思感悟。

估一估全班男生的投篮水平，发现虽然平均数会波动，但它也不是乱动，只在最小值和最大值之间波动。

设计意图：在会计算平均数的基础上，本环节重在引导学生体会平均数具有一定的敏感性，容易受极端数据的影响，且平均数介于最大值与最小值之间，有区间性。目的使学生跳出平均数的算法意义，促进其对平均数统计意义的理解。

（四）回归生活，学以致用

（1）介绍“三百星”历史资料，预测“四百星”，渗透强国教育。

（2）小明正在和3位好朋友进行扔沙包的比赛。谁的平均成绩大约是8米？谁是这场比赛的第一名呢？

设计意图：《义务教育数学课程标准（2022年版）》指出，数学课程要培养的学生核心素养，主要包括以下三个方面：会用数学的眼光观察现实世界，会用数学的思维思考现实世界，会用数学的语言表达现实世界。本环节提供热门时事话题，引导学生从数学的角度去分析人文现象背后的数学原理，用数学知识描述、解释现实生活中的实际问题，促进核心素养的发展。

（五）全课总结，反思评价

通过今天的学习，你有什么收获或者新的发现？

附：三思单

课前引思单

1. 你在生活中见过平均数吗？认识平均数吗？
2. 什么叫作平均数？

课中研思单

1. 怎样求平均数？
2. 当一组数据发生变化，平均数会改变吗？怎么变？
3. 谁的平均成绩大约是8米？谁是这场比赛的第一名呢？

课后拓思单

1. 你还想研究平均数的哪些知识？
2. 生活中的哪些地方可以运用到平均数？

“数据收集整理”教学设计

【问题与思考】

1. 如何让学生在解决问题中经历统计的完整过程，体会统计的必要性和价值？

2. 如何引导低年级的学生根据所收集的数据进行符合其认知水平的分析和解释，发展他们的数据分析意识？

【磨课要点】

（一）起点

知识起点：学生在一年级时，已经学习了比较、分类，能正确地进行计数，对于填写简单的统计表也有一定的经验。

已有生活认知：学生在生活中积累了一定的生活经验，能利用统计图表中的数据做出简单的分析，能和同伴交流自己的想法，已初步体会统计的作用。

思维特点：由于二年级孩子的知识储备和经验的缺乏，大部分学生尚不懂如何系统地进行数据的收集和整理，因此，在教学中，借助小圆片等直观学具，让学生亲身参与，经历数据收集、整理、分析的过程。

（二）终点

通过收集数据并对数据进行分析，学生可以体会数据中所蕴含的信息，学会从数学的角度分析问题，在统计的过程中发展数据分析观念。

（三）过程与方法

经历完整的数据收集、整理、描述和分析的过程，明确调查的对象、调查的内容、调查的方式，会用统计表呈现收集的数据；能根据统计的数据进行简单的分析，感受数据中蕴含的丰富的信息，体会统计在决策中的价值，发展数据分析观念。

【教学内容】

人教版二年级下册“数据收集和整理”。

【教学目标】

1. 让学生经历完整的收集、整理、描述和分析数据的过程，会用调查法收集整理数据，将数据记录在简单的统计表中，并根据表中的数据做出简单的判断和推理，解决生活中的实际问题。

2. 让学生在具体的操作、交流、反思等数学活动中，经历运用数据进行交流与表达的过程，感受数据中蕴含的信息对解决问题的作用，提高学生提出问题和解决问题的能力，发展其统计观念。

3. 通过对生活中相关实例的调查，激发学生统计的兴趣，让学生体会统计的必要性与价值，体会数学与生活的密切联系，培养合作意识与创新能力。

【教学重难点】

使学生经历完整的数据收集和整理的过程，引导他们根据统计表中的数据提出问题、解决问题，并学会对数据进行简单的分析，从而建立数据分析观念，提高解决问题的能力。

【教学准备】

小圆片、课件等。

【教学过程】

（一）创设情境，激发统计欲望

1. 情境创设

学校要给同学们定制新的校服，有四种颜色，选哪种颜色的校服最合适？

（讨论后师生一致认为：应该选择大多数同学喜欢的颜色）

2. 提出问题

怎样知道哪种颜色是大多数同学最喜欢的呢？

设计意图：本节课的教学从学生的生活经验出发，创设校园生活中可能发生的问题情境，以校服颜色的问题引发矛盾，激发学生的探究欲望，使学生产生用统计解决问题的需求。

（二）收集数据，分析数据，积累统计经验

（1）提问：全校学生那么多，怎么调查呢？

抽样：在全校进行调查统计不太方便，可以先在我们班里进行调查。

（2）学生讨论收集数据的方法。

预设：举手、起立、把自己喜欢的颜色写在纸上投票等。

（3）数学活动：收集数据、分析数据。

① 全班举手投票，收集数据，形成统计表。

② 分析数据，提出问题。

从表中你知道了哪些信息？

四种颜色一共投了多少票？我们班有多少人？你发现了什么秘密？

为什么投的总票数和班级实际的总人数会不一样？

小结：举手投票时要遵守一定的规则，每人只能举一次手。

③ 优化收集数据的方式，用小圆片投票，收集数据。

④ 观察统计结果，分析数据。

从这张统计表中，我们可以知道什么？

我们班上喜欢某种颜色的人数最多，就建议校长选这种颜色的校服，合适吗？

⑤ 调整方案，解决问题，体会统计的意义。

同桌讨论，全班交流，形成解决问题的两套方案。

预设：方案一，每个年级随便选一个班调查；方案二，调查全校学生。

⑥ 逐步呈现每个年级随便选一个班调查的数据，确定某种颜色作为校服的颜色。

⑦ 反思：我们怎么解决新校服颜色的问题？

收集数据，分析数据，让数据开口说话，帮助我们解决新校服颜色的问题。

设计意图： 通过实践、讨论、交流、反思调整等数学活动，学生亲自收集和记录鲜活而真实的数据，全方面参与统计的过程，感受数学与生活的联系，积累统计的经验。在观察交流、反思调整的基础上，学生在解决问题的过程中学会收集、呈现数据的方法；在分析统计表的过程中，学生充分感受到统计的价值，有效发展了数据分析观念。

（三）学以致用，拓展提升

（1）发现生活中的统计实例。

说一说，生活中哪些地方也需要投票？

（2）练一练。

假期里同学们阅读了大量的课外书，表1是二（1）班同学最喜欢的课外书的统计情况。

表1

种类	故事书	漫画书	科技书	连环画	儿歌
人数	7	10	4	14	6

① 最喜欢（　　）的人数最多，最喜欢（　　）的人数最少。

② 最喜欢漫画书的有（　　）人。

③ 你最喜欢的课外书是（　　），二（1）班有（　　）人和你一样也喜欢这类课外书。

④ 如果你是图书管理员，根据上表中的数据，二（1）班的图书角应该多摆放（　　）、（　　）、（　　）。

设计意图： 通过练习让学生巩固新知，进一步培养分析数据、解决实际问题的能力，感受数学与生活的密切联系。

（四）回顾反思，畅谈收获

通过今天的学习，你有什么收获？

设计意图： 总结阶段引导学生回顾反思，在交流中感悟如何让统计表中的数据说话，帮助人们分析问题、解决问题，体会统计的价值，进一步发展学生的数据分析观念。

附：三思单

课前引思单

1. 如果学校要订校服，你打算怎么做？

表2

颜色	红色	黄色	蓝色	白色
人数	5	10	8	9

2. 看表格你知道了什么？

课中研思单

我们学校二年级四班要从李红、王飞两名同学中选一名参加评选，下面是同学们的投票统计情况。

李红	王飞
○○○	○○○○
○○○	○○○○
○○○	○○○○
○○○	○○○○
○○○	○○○○

图1

1. 把上面的统计结果填入下表。

表3

姓名	李红	王飞
票数		

2. 根据统计结果，应该选（　　）参加学校的评选。

3. 你喜欢哪种记录方法？为什么？

4. 你还能提出其他数学问题并解答吗？

5. 投票当天有3名同学请假没参加投票，如果他们也投了票，会改变投票结果吗？为什么？说说你的理由。

课后拓思单

学校开展“共读一本书”的活动，班上准备从学校推荐的书目中购进一本课外书，该选哪一本呢？请你用今天所学的知识帮助老师解决问题。

“百分数的认识”教学设计

【问题与思考】

1. 如何让学生感悟百分数是两个数量的倍数关系？

2. 如何从“统计与概率”领域开展百分数教学，让学生理解百分数既可以表达确定数据，也可以表达随机数据？

【磨课要点】

（一）起点

知识起点：百分数是学生在学习了整数、小数和分数，特别是分数的意义、性质及应用的基础上编排的，主要教学百分数的基础知识和实际应用。百分数是一种特定形式的分数，表示两个数或者两个数量之间的倍比关系。正是这种形式，使百分数能够很方便地进行表达和比较，在生活和生产中有极广泛的应用，尤其在统计时用得很多；也正是这种形式，使百分数与整数、小数、分数都有密切的联系；2022版课程标准还把百分数从数与代数领域移到统计与概率领域；也因为这种特殊的形式，百分数在解决问题的过程中，更具隐蔽性和难度。学生在学习百分数时，既需要运用整数、小数、分数的基础知识，又要能对这些数的概念有更加深刻的认识；学生知道百分数是分母是100的分数，但对于百分数是分数里的分率，表示两个数之间的倍数关系还不能理解。

已有生活认知：学生在生活中随处可见百分数，能隐隐约约感觉百分数的意义，但不能准确表达，含糊不清。

思维特点：五年级学生已经具备抽象概括能力、语言表达能力，可以通过学习把分数有关知识技能迁移到百分数，体会类比的数学思想以及数据意识，发展应用意识。

（二）终点

学生理解百分数是两个数量的倍数关系，了解百分数的统计意义，形成数据意识，要在解决真实问题的过程中，学会思考，学会表达，学会交流合作。

（三）过程与方法

结合投篮这一具体情境，利用现实问题中的随机数据引入百分数，创设认知冲突，让学生感受百分数统计量对于问题解决的重要性，引导学生探索百分数的意义。让学生在观察、思考、质疑等教学方法中，经历“呈现—聚焦—说理”的思辨过程，感受百分数的随机数据和确定数据，了解百分数本质，养成用数据说话的习惯，形成数据意识和应用意识，了解百分数的统计意义。

【教学内容】

人教版六年级上册“百分数（一）”。

【教学目标】

1. 引导学生结合生活实例，理解百分数的意义，会正确地读、写百分数，会运用百分数描述生活中的一些数学现象，理解百分数是表示两个数倍数关系的统计量。

2. 引导学生感悟百分数既可以表达确定数据，也可以表达随机数据，探索大数据对百分数稳定性的作用，利用百分数的稳定性和确定性进行预判和决策。培养学生分析、比较、抽象概括的能力，让他们在学习过程中积累数学活动经验，进一步培养其数据分析能力，发展数感。

3. 在百分数的学习中培养学生数据意识和发展应用意识，让他们感受数学与生活的联系。

【教学重难点】

教学重点：理解百分数的意义，感悟百分数表示两个量的倍数关系，提升学生利用百分数进行简单预判和决策的能力。

教学难点：体会百分数的统计意义，形成数据意识和发展应用意识。

【教学准备】

多媒体课件、学生课前收集的含有百分数的信息。

【教学过程】

（一）创设情境，引发冲突

（1）出示问题情境：学校打算派篮球队一名队员参加投篮比赛。

表1

队员	投中次数
张亮亮	21
李　军	13
王　明	18

（2）思考：李军、王明和张亮亮谁投得准?

设计意图：通过创设真实的生活问题引发学生思考，尊重学生的认知起点，在学生原有的知识和生活经验的基础上，提出学生想知道又不会的问题，形成认知冲突，激发学生的求知欲望。学生刚开始认为只要比投中的次数，后来意识到还要看投篮的总数，最后发现要结合起来看。在一次次辨析中，学习的思维逐步走向清晰，逐步发现“谁投得准”即投篮水平的高低相关联的两个量，从而引出两个量之间的倍数关系，为新知探究埋下伏笔。

（二）分析比较，自主探索

1. 产生冲突，体会百分数产生的必要性

质疑：仅有投中次数无法进行比较，当投篮次数不知道时，该怎么比?

表2

队员	投中次数	投篮次数
李　军	13	20
王　明	18	25
张亮亮	21	30

学生尝试在学习单上完成任务，可能有以下情况：把两个数据相减、两个数据相除等。

学生小组讨论，指名汇报。

2. 认识百分数的写法和读法

学生自学，汇报交流。

（1）操作探究：65%表示什么？

自主探究：学生用自己喜欢的方式表达，可能有画线段图、百格图表示。

组内交流，全班交流，进行说理。

（2）写一写其他几个百分数，并说一说它们表示的意义。

3. 归纳百分数的意义

设计意图：基于学习经验，教师放手让学生自主经历探究发现过程。让学生对概念的认识经历抽象、直观、抽象的过程，从而使理解百分数的意义变得水到渠成，同时还渗透抽象思想和模型思想。学生是学习的主体，教师给学生提供自主探究的空间，让他们在观察、操作、比较、辨析的过程中逐步感悟百分数的意义。学生在尝试读写百分数的同时展开比较分析，规范百分数的读写方法，进一步深化理解百分数的意义；接着用自己喜欢的方式表示65%，通过多元的表征方式加深对百分数意义的理解，感受百分数是两个数量间的倍数关系，直达概念本质。

4. 体验百分数是随机数据

（1）提问：王明投篮的命中率永远都是72%吗？

教师引出统计表进行比较辨析。

（2）同桌交流：五次训练结束该派谁去？

设计意图：用百分数表达随机现象，会引发学生对“不可预测”价值的怀疑，因此，这里顺水推舟地将小数据引向大数据，通过联系四年级所学的《可能性》，将旧知进行统计方面的升级，运用核心概念“数据”将新旧知识多维度联结和整合，让学生体验百分数可以表达随机数据，培养学生的数据意识和应用意识。

5. 体验百分数也是确定数据

选一选：参加投篮比赛的男生人数是女生人数的（　　）。

A. 35%　　　　　B. 150%

学生独立完成、组内交流、组织辨析。

设计意图：丰富百分数是统计量的理解，让学生理解百分数是表示两个数量间的倍数关系，当两个数量表示部分与整体关系时，百分数不可能超过100%；当两个数量是独立量时，百分数可以超过100%。

（三）联系生活，体会应用

（1）饮料中的“10%葡萄糖”表示什么？

（2）张亮亮说：“我多喝几口，葡萄糖含量会越来越高，越喝越甜。”他说得对吗？（图1）

图1

设计意图：实际应用的过程让学生深刻体会百分数的价值，知道数学来源于生活又应用于生活，从而提高学习兴趣。同时，在辨析中，增强学生的数据分析观念。

（四）回顾反思，总结提升

这节课的学习你有收获吗？

如果用百分数表示，自己在这堂课上的表现满意度为（　　）%。

设计意图：课末谈收获，梳理总结，有利于学生自我反思，加深体会。设计学生用百分数描述学习的感受，检验了学生对百分数意义的理解和体会。

附：三思单

课前引思单

1. 我会收集：从生活中收集、记录百分数，并说出它表示的意思。（收集2个）

我在手机上收集到百分数：手机显示电量还剩下40%。

这个40%表示（　　　　　　　　　　　　）。

2. 对于百分数，你知道了哪些知识？

课中研思单

1. 根据投中的次数派张亮亮去参加比赛，你同意吗？为什么？

2. 李军投中次数占投篮总次数的65%，你想怎么表示？画一画。

3. 仔细观察这些百分数表示的意义，有什么共同点和不同点？

课后拓思单

1. 百分数和分数在意义上有什么区别？

2. 两个量相比较，分母是10，就是什么数？分母是1000，就是什么数？生活中哪些领域会用到十分数和千分数？

“折线统计图”教学设计

【问题与思考】

1. 用折线统计图有什么优势?

2. 怎样根据折线统计图科学地进行预测和决策?

【磨课要点】

(一)起点

知识起点:学生已经具有初步的统计意识和经验,认识了统计表和简单的条形统计图。

生活认知:学生能根据实际问题的需要选择条形统计图表示数据。

思维特点:学生思维已达到了较高的抽象水平,可以离开具体事物进行抽象的思考。

(二)终点

引导学生了解简单折线统计图的基本结构,体会折线统计图的特点,能运用简单的折线统计图描述数据,能根据折线统计图进行简单的分析,以及合理的预测和决策。

(三)过程与方法

让学生经历观察、对比、概括、归纳等知识的探究过程,从数学的角度对生活中的问题进行思考,增强数据分析观念。

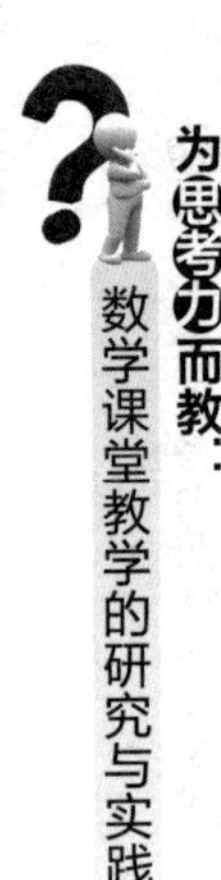

【教学内容】

人教版五年级下册“折线统计图”。

【教学目标】

1. 引导学生初步体会折线统计图的特点，学会把简单的数据表示成折线统计图，并能进行简单的读图、分析。

2. 引导学生根据数据进行合理分析，从而培养学生的统计观念，并提高学生的数据分析能力。

3. 引导学生进一步体会统计在现实生活中的作用，体会数学与生活实际的密切联系。

【教学重难点】

会把简单的数据绘制成单式折线统计图，并能进行简单的读图、分析；能从单式折线统计图上获取数据变化情况的信息，并进行简单预测。

【教学准备】

课件、板贴、作业单。

【教学过程】

（一）情境导入，回顾旧知

（1）出示数据，并进行整理。

（2）揭示课题。

（二）有效引领，探索新知

（1）比较条形统计图和折线统计图的相同点和不同点。

设计意图：由于折线统计图和条形统计图比较相似，只是折线图不画直条，而是按照数量的大小描出各点，再按线段顺次连接起来，因此可以选用数量富于变化的条形统计图，从而自然地过渡到折线统计图。

（2）讨论：点和线分别表示什么呢？

师：从这些点你看出了什么信息？线表示什么呢？

（3）在预计和决策中体会折线统计图的价值。

① 观察：从整体上来看，游客人数呈现什么趋势？

② 预测：2020年会有多少游客？为什么？

③ 决策：假如2020年游客人数下降，你会怎么做？

设计意图：引导学生有序观察，借助手势等肢体语言，理解折线统计图呈现出的数据变化趋势，体会折线统计图的应用价值。

（三）比较不同统计图表述数据的优势

思考：我们之前学过了用条形统计图来描述数据，为什么还要学用折线统计图来描述数据呢？

设计意图：为学生提供充足的思考时间，放手让学生自主探索，经历独立思考、全班交流的过程。

（四）选择合适的统计图呈现数据，绘制折线统计图

（1）教师提问：你觉得选择哪一种统计图比较合适呢？为什么？

（2）绘制折线统计图。

（3）条形统计图具有独立性，折线统计图具有连续性。

设计意图：合理选择数据的整理方式，通过练习，进一步培养学生分析折线统计图的能力。

（四）生活中的折线统计图

（1）你在哪里见过折线统计图？

（2）利用电脑演示生活中的折线统计图。

（五）看图讲故事

猜一猜：它统计的可能是什么？

（六）全课总结

这节课你有什么收获？

附：三思单

课前引思单

1. 怎样整理已经收集到的数据？
2. 条形统计图在描述数据时有什么特点？

课中研思单

1. 比较辨析：条形统计图和折线统计图有什么联系和区别？
2. 用折线统计图有什么优势？
3. 折线统计图中的点和线分别表示什么？

课后拓思单

1. 我会用折线统计图描述生活中的数据变化情况。
2. 我能分析生活中的折线统计图，并且能科学地进行预测和决策。

“复式条形统计图”教学设计

【问题与思考】

1. 如何促进学生在有限的课堂里获得最高效的主动发展？

2. 如何经历数学化，探索数学本质，培养学生的高阶思维？

【磨课要点】

（一）起点

学生已经学习了较多的单式统计图和复式统计表，也经历了把两个单式统计表合并成一个复式统计表的过程，已经建立了统计观念，能够根据统计图提出并解决问题，了解统计在生活中的作用和意义。另外，随着年龄的增长，学生对社会问题越来越好奇和关心，可以通过统计图了解相关信息。

（二）终点

学生通过本课的学习认识复式条形统计图，了解复式条形统计图的特点，能根据收集的数据在提供的样图中完成相应的复式条形统计图绘制工作；能根据复式条形统计图提出并回答简单的问题，并进行简单的类推分析。

（三）过程与方法

本节课的教学在学生已有知识经验的基础上，让学生进一步体验数据的收集、整理、描述和分析的过程，自主探索、认识复式条形统计图。在这个过程中，要注意联系生活实际，了解统计的方法，认识统计的作用与意义。

【教学内容】

人教版四年级下册“复式条形统计图”。

【教学目标】

1. 学生能认识复式条形统计图，掌握复式条形统计图的绘制方法，能根据统计图进行简单的数据分析。

2. 学生通过体验数据收集、整理、描述和分析的过程，进一步体会统计在现实生活中的作用，理解数学与生活的密切联系。

3. 通过对学生熟悉的生活事例的调查，激发学生的学习兴趣，培养学生良好的学习品质，初步培养学生的合作意识和动手操作能力。

【教学重难点】

教学重点：探索复式条形统计图的绘制方法，能根据统计图进行简单的数据分析。

教学难点：根据统计图发现问题、提出问题、解决问题。

【教具准备】

多媒体课件。

【教学过程】

（一）创设情境，提出问题

出示一张反映某地区1982—2022年城镇和农村人口数量的复式统计表。

问题：你能从这张统计表中知道哪些信息？能根据这些信息制成条形统计图吗？

设计意图：教师通过出示某地区的城乡人口统计表，呈现了该地区人口数量的变化情况，并提出绘制单式条形统计图的学习要求，为绘制复式条形统计图做铺垫。

（二）合作交流，探究新知

1. 根据统计表，完成单式条形统计图

教师提问：绘制单式条形统计图需要具备哪些条件？学生解答，并绘制单式条形统计图。

学生自主探索复式条形统计图的绘制方法。

教师设障立疑，引发思考。

师：1982年城镇人口数与农村人口数相差多少？

生：观察两幅图很麻烦。

师：有什么好办法使观察和比较两种数据更简便？

生：可以将两个统计图合并在一起。

2. 动手实践，绘制复式条形统计图

小组成员之间讨论，动手操作绘制统计图，并在小组间展示作品，学生互相评价。

了解复式条形统计图与单式条形统计图的区别。

根据绘制好的条形统计图回答问题。

出示横向复式条形统计图。

师：这种复式条形统计图和刚才画的复式条形统计图有什么不同？

引导学生绘制横向复式条形统计图。

设计意图：通过对比、小组合作、教师引导等方法，完成复式条形统计图的绘制，在对比中突出了复式条形统计图的优点，便于学生更好地掌握复式条形统计图，提高其分析和判断数据的能力。横向复式条形统计图是复式条形统计图的一种表现形式，有助于扩宽学生的视野，从而加深学生对复式条形统计图的理解。

（三）学以致用，提升能力

（1）基础题：做一做第1题。

（2）拓展题。

设计意图：由浅入深，由易到难的问题可以满足不同层次的学生需求，既巩固了新知，又激发了学习兴趣。

（四）总结反思，畅谈收获

设计意图：对所学的知识和方法进行总结，让学生进一步巩固新知。

附：三思单

课前引思单

1. 什么是复式条形统计图？
2. 复式条形统计图有什么作用？

课中研思单

1. 复式条形统计图与单式条形统计图有什么区别与联系？
2. 怎样绘制复式条形统计图？

课后拓思单

你能绘制一份关于全校男女生最喜欢的体育运动的复式条形统计图吗？

“自行车里的数学”教学设计

【问题与思考】

1. 如何使综合与实践领域的知识学习深入浅出，并体现学科育人价值？

2. 如何进行跨学科课程融合，同时保持数学学科的主体性地位？

【磨课要点】

（一）起点

知识起点：本课选自人教版小学数学六年级下册第四单元，是综合与实践领域的内容，综合了较多小学数学知识，如圆、比、比例、排列组合等，并且需要学生初步感受较复杂的数学模型的演绎推理过程。

已有生活认知：自行车在生活中非常常见，但是学生缺乏生活经验，对于自行车的构造、工作原理和齿轮的传动原理不熟悉，导致理解存在误区。

（二）终点

本节课内容是学生在认识圆、比例等知识的基础上进行教学的，目的是通过解决生活中常见的有关自行车的问题，让学生进一步了解数学与生活的广泛联系。让学生认识到普通自行车的速度与其内在结构的关系，变速自行车能组合出不同的速度。通过解决生活中常见的有关自行车的问题，学生可以培养自己解决实际问题的能力，了解数学与生活的密切关系。

（三）过程与方法

本节课的教学以发现问题和解决问题为主线，让学生通过操作、合作等数学活动，经历模型建立的过程。在探究数学知识和训练数学能力的过程中，自然而然地加入生活内容，引导学生学会运用所学知识为生活服务，让学生感受到数学来源于生活、服务于生活，体会学习数学的价值。

【教学内容】

人教版六年级下册“自行车里的数学”。

【教学目标】

1. 通过解决“自行车里的数学问题”，进一步深化对测量、圆的周长、比例、排列组合等知识的理解，会综合运用多学科知识解决实际问题。

2. 经历“提出问题—分析问题—建立数学模型—解决问题—解释与应用”的问题解决的基本过程，培养问题意识、应用意识，初步感悟模型思想。

3. 体会数学与生活的广泛联系，感受学习数学的价值。

【教学重难点】

教学重点：探究普通自行车的速度与其内在结构的关系。

教学难点：发现前、后齿轮齿数与它们转动圈数的关系。

【教学准备】

课件、学习单。

【教学过程】

（一）谈话引入

（1）教师出示自行车国际比赛图片。

（2）引入：自行车是一项非常受欢迎的体育运动，今天就让我们一起走近自行车，探寻其中的奥秘。

（板书课题：自行车里的数学）

设计意图：通过生活化的情境，以及师生之间的谈话，自然地勾起学生有关自行车的生活经验，激发起学生探究的兴趣。

（二）分享交流

项目1：生活调查报告——《了解自行车》

项目2：科学探究报告——《自行车里的简单机械》

项目3：数学实践报告——《量一量，想一想》

设计意图：将项目化学习的过程性报告呈现出来，进行报告分享交流会，将课内与课外相结合，数学与科学相结合，为进一步的探究活动奠定基础。

（三）新知探究

驱动型问题：蹬一圈，自行车走多远？

1. 思考

脚踏板蹬1圈，前齿轮跟着转动1圈，后车轮转动的圈数就是后齿轮转动的圈数，那后齿轮转动了几圈呢？

2. 小组活动，完成学习单

活动一：探究前齿轮转过的总齿数与后齿轮转过的总齿数有什么区别。

通过观察、交流，得出结论：前齿轮转过的总齿数=后齿轮转过的总齿数。

活动二：探究前齿轮齿数、前齿轮转动圈数、后齿轮齿数、后齿轮转动圈数，这4个量之间的关系。

通过操作、讨论，得出结论：前齿轮齿数×前齿轮转动圈数=后齿轮齿数×后齿轮转动圈数。

3. 建立模型

刚才我们共同发现了在自行车中前、后齿轮运动的规律，得到了“前齿轮齿数×前齿轮转动圈数=后齿轮齿数×后齿轮转动圈数”这个重要的结论，现在你能知道蹬一圈脚踏板自行车前进的路程吗？

总结：蹬一圈脚踏板自行车的路程=后车轮周长×后车轮转动圈数

=后车轮周长×后齿轮转动圈数

$$=\text{后车轮周长}\times\frac{\text{前齿轮齿数}}{\text{后齿轮齿数}}$$

设计意图：结合之前学到的科学知识，把数学与科学相融合，让学生从解决车轮的问题到转变为解决齿轮中的问题，把齿轮的传动原理运用到数学问题中。借助视频、操作、几何画板等方式，把分析、研究和解决问题有机地结合起来，让学生更好地理解和发现前后齿轮之间的关系，有效突破难点，最终形成解决问题的数学模型，渗透初步的模型思想，让学习真正发生。

（四）拓展应用

（1）练习。

（2）了解变速自行车。

设计意图：联系课始的问题，通过计算结果的呈现，学生真切地感受到一旦掌握了模型，对问题的思考和解决就会更加准确、更加便捷；同时联系生活，对变速自行车的特性进行介绍，使学生能客观地认识变速自行车在生活中的意义，从而对数学的应用价值产生更深的体会。

（五）总结延伸

（1）看一看：欣赏自行车演变历史。

（2）画一画：畅想你是一位自行车设计师，想对自行车作出哪些改进。

（3）说一说：这节课的收获和感受。

设计意图：通过看一看、画一画、说一说，与自行车文化以及美术学科建立关联。学生感受到的不仅是关于自行车的数学知识，更是对科学创造美好生活的生动体验。

附：三思单

课前引思单

1. 生活调查：了解自行车的发展史、种类、各部分的名称等。

2. 科学探究：自行车是怎样前进的？

3. 数学实践：自行车里藏着哪些学过的数学知识？骑一骑自行车，脚踏板蹬一圈，会走多远？

课中研思单

1. 蹬脚踏板一圈，自行车能走多远？

2. 前齿轮转动1圈，后齿轮转动几圈？

3. 探究前齿轮转过的总齿数与后齿轮转过的总齿数有什么区别？

4. 探究前齿轮齿数、前齿轮转动圈数、后齿轮齿数、后齿轮转动圈数，这4个量之间的关系。

课后拓思单

1. 自行车里还有哪些奥秘呢？

2. 变速自行车是怎样实现变速的？

3. 变速自行车的齿数比有几种组合？蹬相同的圈数，哪种组合使自行车走得更远？

4. 你希望未来的自行车能有哪些方面的改进？

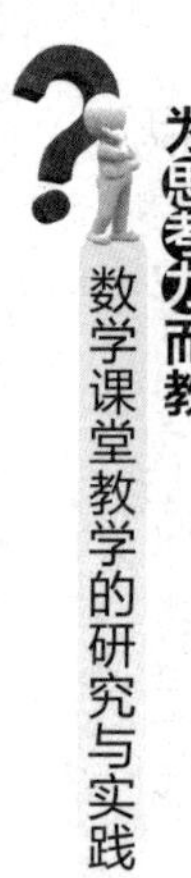

“度量衡的故事”教学设计

【问题与思考】

1. 如何融合其他学科（语文、科学、美术）知识，结合实际情境和真实问题，设计具有可操作性的活动？

2. 如何将小学第一、二学段中关于度量衡的长度、面积、质量、时间、货币等相关的量进行结构化的串联？

3. 针对综合实践主题学习，如何合理安排课时？

【磨课要点】

（一）起点

知识起点：数学学科中，在第一、第二学段，学生分别认识了与长度、面积、质量、时间、货币等相关的量的意义。语文学科中，学生对日常成语、诗词中计量单位有基本的了解。

已有生活认知：生活中的度量衡无所不在，同学的身高、鸡蛋的质量、操场的面积等，都与度量衡息息相关。

（二）终点

通过对日常生活中计量单位的溯源和解析，让学生了解度量衡的历史与发展，进一步加深对计量单位意义的理解，丰富并发展数感。

（三）过程与方法

本节课的教学以实践操作为主线，学生通过查阅资料了解度量衡、课堂演绎与度量衡相关的故事、借助成语典故换算度量衡、亲身体验感受度量衡、绘制小报分享度量衡等活动，理解度量衡的意义，加深对量和计量单位的理解，发展量感。

【教学内容】

综合与实践主题活动“度量衡的故事”。

【教学目标】

1. 引导学生查找成语中“度”的计量单位在古代的具体意义，并换算成现代计量单位。

2. 引导学生在自主合作、自主探究、自主总结、自主分享中丰富并发展量感。

3. 引导学生了解度量衡发展的历史，感受中华优秀传统文化的魅力，知道科学发展与度量精确的关系，培养民族自豪感。

【教学重难点】

教学重点：对量和计量单位的理解。

教学难点：对不同的量进行分类、整理、比较。

【教学准备】

学习单。

【教学过程】

（一）猜谜游戏，揭示课题

出示谜语：9寸+1寸=1尺，打一成语。（得寸进尺）

设计意图：以猜谜语的形式导入新课，激发学生学习的兴趣，同时谜底紧扣本节课的知识，为后面的学习埋下伏笔。

（二）汇报前测，了解度量衡

（1）交流反馈度量衡的知识。（古代单位）

（2）课堂演绎情景故事。（《秦始皇与度量衡的故事》）

（3）交流反馈度量衡相关的知识（现代单位）。

（4）补充交流度量衡的成语故事。

设计意图：指导学生课前查阅相关资料，对古代度量衡形成初步认识。回顾一至四年级学习过的计量单位，与成语故事里面的古代计量单位进行换算，初步理解度量衡的重要性。老师通过课前任务单了解学情，调整教学过程。

（三）应用度量衡，解决问题

（1）古今长度单位换算：不积跬步，无以至千里。

（2）利用面积单位、人民币单位解决现今的实际问题：装修儿童房。

设计意图：将古语中的长度单位换算成现代的长度单位的同时，帮助学生更好地感受成语中单位的含义，实现跨学科知识的融合；将一至四年级的知识点，学以致用，真正做到将数学知识应用于实际生活。

（四）亲身体验，感受度量衡

用杆秤称量书包。

设计意图：亲身体验感受度量衡，在真实情境中运用度量衡来解决问题，发展量感，再次实现学科融合。

（五）全课总结，升华度量衡

观看其他方面统一标准的内容视频。

设计意图：知道度量衡的统一只是构建人类命运共同体的一个小小举措。少年强则国强，同学们要努力学习，为祖国的未来而奋斗。

（六）作业布置，结构化知识

制作思维导图。

设计意图：将知识进行结构化的梳理。互相交流学习，组织学生将自己的作品进行集中展览。丰富对计量单位实际意义的理解，发展量感。

附：三思单

课前引思单

1. 度量衡怎么读？它是什么意思，你知道吗？

2. 查找一个成语故事里的计量单位，与现代的计量单位进行换算并理解。

3. 你会归纳整理一至四年级有关度量衡的知识吗?

课中研思单

1. 结合“不积跬步，无以至千里”，你理解古代的“跬”是什么意思吗?
2. 想一想古代、现在、未来度量衡的单位分别有哪些?
3. 用杆秤称量书包，说一说你对“千克”有什么体验和感觉?

课后拓思单

1. 将学到的度量衡知识设计成一个思维导图。
2. 未来的计量单位会如何发展，展开你的想象说一说。

“寻找宝藏”教学设计

【问题与思考】

1. 如何融合数学与其他学科知识，在综合实践课中设置适合让学生积极动脑、动手、动口，自主并能全程参与的真实情境和活动?

2. 设计开发怎样的问题才能恰当地服务于学生需求，有利于本节课程的实施?

3. 采用什么方式组织好学生之间的合作交流，并能照顾到所有学生?

【磨课要点】

（一）起点

知识起点：学生已经对现实空间中的实物有了一定的方位意识，也积累了一些生活经验，会用上、下、左、右、前、后描述物体的相对位置；在认识东、南、西、北的基础上，能在平面图上认识东北、东南、西北、西南四个方向；能运用这八个方向描绘、判断平面图上的物体方位；初步学会了用生活参照物进行判断物体的地理方向的方法，初步感受到物体所处方位的绝对性。

（二）终点

能将以上所学的知识和技能拓展到现实场景中，在简单的实际情境中正确判断方位，进一步理解物体的空间方位及物体之间的位置关系，发展空间观念。

了解用“几点钟方向”描绘方向的方法及其主要用途，积累生活经验，促进生活技能的提升。

能尝试设计符合要求的“藏宝图”，能从他人的“藏宝图”中发现、提取信息并解决问题，提高推理能力。

（三）过程与方法

本节课教学以“寻找宝藏”这一主题式活动为主线，选择学生熟悉的生活情境和有趣的寻宝情境，让学生在观察、描述和交流中体验方位，综合运用所学的方位知识解决问题，从而形成方位感。

【教学内容】

综合与实践主题活动“寻找‘宝藏’”。

【教学目标】

1. 让学生在寻宝的过程中，认识8个方向，并能在平面图上进行表达。

2. 通过找“宝藏”、制作“藏宝图”等大量体验方位的活动，经历观察、操作、想象、推理、描述等过程，在实践活动中进一步发展空间观念。

3. 学生在活动中学会观察、思考、合作、分享、评析，感受数学的应用，丰富数学生活经验，促使数学素养的提升。

【教学重难点】

教学重点：能用8个方向在平面图中表达物体的空间方位和相互之间的关系。

教学难点：在想象和推理中找出物体的位置。

【教学过程】

任务一：设境召知，认知“寻宝”

1. 情境导入

这节课我们来寻宝，想要找到宝物，我们需要什么线索？（板书课题）

2. 设计导学

（1）你能在这个教室里指一指各个方向吗？你是怎么知道的？

（2）小组内分享信息。

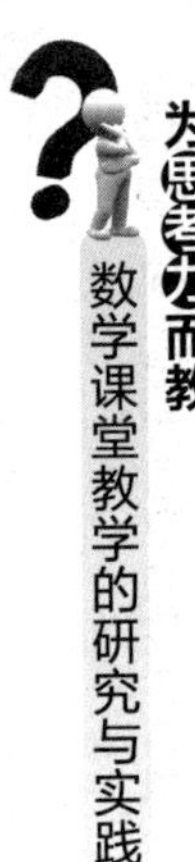

3. 组织交流

交流1：如何找出四面？

交流2：利用东、南、西、北描述物体位置。

交流3：利用东南、东北、西南、西北描述物体位置。

交流4：利用几点钟方向描述物体位置。

小结：在描述位置时，除了用我们以前学过的前、后、左、右来描述，还可以根据平面中的方向指示，找出其他的位置，用8个方向和“几点钟方向”来描述位置。

设计意图：利用寻宝情境，唤起学生经验，学习用前、后、左、右、东、南、西、北来描述位置。同时，在学生的交流中引出本节课的新知，用东南、东北、西南、西北及“几点钟方向”来描述物体位置。

任务二：运用认知体验“寻宝”

1. 设计导学

师：老师把咱们班的座位变成了一张“藏宝图”，你想知道宝藏藏在哪个位置吗？

出示提示①：宝藏藏在10号的正南方向。

师：你能确定出宝藏的位置吗？

出示提示②：宝藏藏在27号的正东方向。

师：你能找到宝藏吗？为什么？怎么办？

出示提示③：宝藏藏在15号的西南方向。

师：你能找到宝藏吗？为什么？怎么办？

2. 组织交流

思考：如何找出宝藏的具体位置？为什么有时我们没办法一下子找到宝藏？

引导学生利用提示信息结合平面图进行说理。

3. 概括小结

小结：可以利用已经知道的位置信息判断大概位置，再进行推理，最后对推断出的位置进行检验。

设计意图：利用不同观测点观察到的位置信息，经过学生的推理与想象找到正确的宝藏位置，感受到在不同的观测点对于同一位置的描述是不同的，只靠一个方向去描述物体位置是不准确的，需要结合多个信息进行位置的推理和验证。

任务三：巩固提升创作“寻宝”

1. 设计导学

（1）试一试。

四人一组，制作一张“藏宝图”，并在“藏宝图”中留有一些关于“宝藏”的位置与方向的提示信息。

（2）找一找。

制作好后，可以浏览其他小组的藏宝图，思考如何找出他们的宝藏。

（3）评一评。

评出你心目中设计最好的宝藏图。

2. 组织交流

师：你们都找出他们的宝藏了吗？你们认为哪个小组制作的“藏宝图”最好？说一说你的推荐理由。

设计意图：这一表现性任务不仅要求学生借助推理，想象并表达物体的空间方位和相互之间的关系，从而正确制作出“藏宝图”，还要求学生能质疑并提出问题，分析与评价他人的方案。

任务四：赏古今，品“寻宝”之异

1. 了解发展史

通过视频或查阅资料了解古今辨认方向的工具和方法的发展。

2. 整理与归纳

设计意图：激发学生对古今各种指向工具与方法产生好奇心，感受古人的智慧与时代的发展、科技的进步，从而培养家国情怀。

附：三思单

课前引思单

1. 你以前学过哪些表示位置的方位词？能用前、后、左、右表示一下你

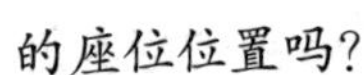

的座位位置吗?

2. 画一画学校4个方向的建筑物平面图。

课中研思单

1. 如何找出宝藏的具体位置? 为什么有时我们没办法一下子找到宝藏?

2. 如果告诉你一个方向，你能在平面图上找出另外7个方向吗?

课后拓思单

请你来当小导游：尝试用8个方向设计一份游乐园场馆图，并向同学介绍一下每个场馆的位置。

“年、月、日”教学设计

【问题与思考】

1. 如何提炼核心问题，落实生本课堂理念？

2. 如何运用学生已有的有关于时间的知识、经验和能力基础，促进学生构建完整的知识体系？

【磨课要点】

（一）起点

学生在日常生活中对日出日落、月圆月缺和四季更替已经熟悉，而且已经学习了时、分、秒，并在实际生活中积累了年、月、日方面的感性经验。有关年、月、日方面的知识也越来越多地出现在他们的生活和学习内容中，因此关于年、月、日的概念，学生具有一定的认知基础。

（二）终点

通过学习，使学生认识时间单位“年、月、日”，掌握有关大月、小月、特殊月、平年、闰年的知识，并能运用这些知识解决生活中的问题。

（三）过程与方法

年、月、日是学生在时、分、秒的基础上学习的。这一教学内容具有常识性，知识点多，虽然学生已经在生活中积累了大量的感性经验，但这种经验在学生的头脑中是比较零乱的，有差异的。为了激发学生的学习兴趣，激活学生的学习基础，教师安排了“前测环节”，并从学过的时间单位“时、分、秒”自然引入“年、月、日”的学习。通过三个核心问题的引领，经历观察、操作、推理、交流分享等活动引导学生理解并掌握年、月、日的相关知识，并能够运用这些知识解决生活中的问题。

【教学内容】

人教版三年级下册“年、月、日”。

【教学目标】

1. 学生根据生活经验认识时间单位年、月、日，知道大月、小月、2月及其相关知识。

2. 通过具体活动，经历判断大、小月的过程，培养学生的观察能力，渗透科学的思想方法。

3. 体验利用已有信息进行简单的归纳、推理的过程，培养学生热爱科学、乐于探求知识的良好习惯，让他们体验数学和生活之间的联系。

【教学重难点】

教学重点：探究发现年、月、日之间的关系，了解大月、小月、2月及其相关知识。

教学难点：灵活应用年、月、日的相关知识解决简单的实际问题。

【教学准备】

课件、年历卡。

【教学过程】

（一）创设情境，谜语激趣

（1）情境导出。

师：同学们，我们一起来猜个谜语吧！

课件出示：一物生来真稀奇，身穿三百六十五件衣；每天给它脱一件，脱到年底剩张皮。（日历）

师：同学们真聪明！都猜对了。

（2）揭示课题。

（二）合作探究，获取新知

1. 课件出示2023年的年历

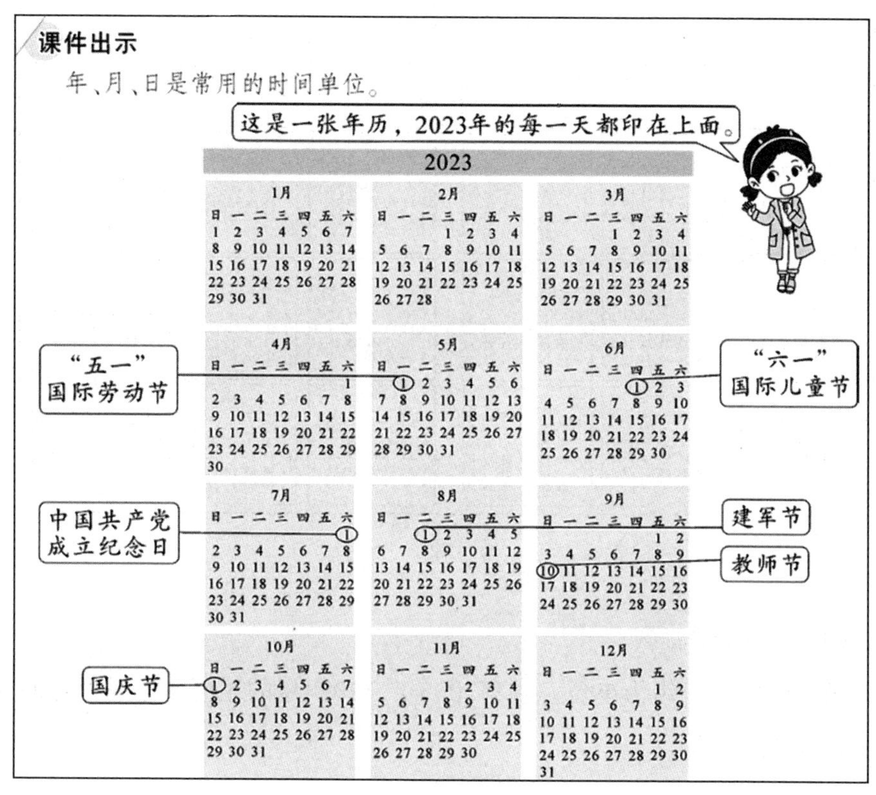

图1

师：请看这张年历，你都知道哪些关于年、月、日的知识？

预设1：知道一年有12个月，一个月有的有31天，有的有30天，有的有29天，还有的有28天。

预设2：知道5月1日是国际劳动节、6月1日是国际儿童节、7月1日是中国共产党成立纪念日、8月1日是建军节、9月10日是教师节、10月1日是国庆节。

师：同学们知道的真多！真是生活的有心人。

设计意图：让学生把知道的生活经验都说出来，调动学生的认知起点，充分利用学生已有的知识经验和生活经验。

2. 出示2023年和2024年的年历

课件出示

2023

1月

日	一	二	三	四	五	六
1	2	3	4	5	6	7
8	9	10	11	12	13	14
15	16	17	18	19	20	21
22	23	24	25	26	27	28
29	30	31				

2月

日	一	二	三	四	五	六
			1	2	3	4
5	6	7	8	9	10	11
12	13	14	15	16	17	18
19	20	21	22	23	24	25
26	27	28				

3月

日	一	二	三	四	五	六
			1	2	3	4
5	6	7	8	9	10	11
12	13	14	15	16	17	18
19	20	21	22	23	24	25
26	27	28	29	30	31	

4月

日	一	二	三	四	五	六
						1
2	3	4	5	6	7	8
9	10	11	12	13	14	15
16	17	18	19	20	21	22
23	24	25	26	27	28	29
30						

5月

日	一	二	三	四	五	六
	1	2	3	4	5	6
7	8	9	10	11	12	13
14	15	16	17	18	19	20
21	22	23	24	25	26	27
28	29	30	31			

6月

日	一	二	三	四	五	六
				1	2	3
4	5	6	7	8	9	10
11	12	13	14	15	16	17
18	19	20	21	22	23	24
25	26	27	28	29	30	

7月

日	一	二	三	四	五	六
						1
2	3	4	5	6	7	8
9	10	11	12	13	14	15
16	17	18	19	20	21	22
23	24	25	26	27	28	29
30	31					

8月

日	一	二	三	四	五	六
		1	2	3	4	5
6	7	8	9	10	11	12
13	14	15	16	17	18	19
20	21	22	23	24	25	26
27	28	29	30	31		

9月

日	一	二	三	四	五	六
					1	2
3	4	5	6	7	8	9
10	11	12	13	14	15	16
17	18	19	20	21	22	23
24	25	26	27	28	29	30

10月

日	一	二	三	四	五	六
1	2	3	4	5	6	7
8	9	10	11	12	13	14
15	16	17	18	19	20	21
22	23	24	25	26	27	28
29	30	31				

11月

日	一	二	三	四	五	六
			1	2	3	4
5	6	7	8	9	10	11
12	13	14	15	16	17	18
19	20	21	22	23	24	25
26	27	28	29	30		

12月

日	一	二	三	四	五	六
					1	2
3	4	5	6	7	8	9
10	11	12	13	14	15	16
17	18	19	20	21	22	23
24	25	26	27	28	29	30
31						

2024

1月

日	一	二	三	四	五	六
	1	2	3	4	5	6
7	8	9	10	11	12	13
14	15	16	17	18	19	20
21	22	23	24	25	26	27
28	29	30	31			

2月

日	一	二	三	四	五	六
				1	2	3
4	5	6	7	8	9	10
11	12	13	14	15	16	17
18	19	20	21	22	23	24
25	26	27	28	29		

3月

日	一	二	三	四	五	六
					1	2
3	4	5	6	7	8	9
10	11	12	13	14	15	16
17	18	19	20	21	22	23
24	25	26	27	28	29	30
31						

4月

日	一	二	三	四	五	六
	1	2	3	4	5	6
7	8	9	10	11	12	13
14	15	16	17	18	19	20
21	22	23	24	25	26	27
28	29	30				

5月

日	一	二	三	四	五	六
			1	2	3	4
5	6	7	8	9	10	11
12	13	14	15	16	17	18
19	20	21	22	23	24	25
26	27	28	29	30	31	

6月

日	一	二	三	四	五	六
						1
2	3	4	5	6	7	8
9	10	11	12	13	14	15
16	17	18	19	20	21	22
23	24	25	26	27	28	29
30						

7月

日	一	二	三	四	五	六
	1	2	3	4	5	6
7	8	9	10	11	12	13
14	15	16	17	18	19	20
21	22	23	24	25	26	27
28	29	30	31			

8月

日	一	二	三	四	五	六
				1	2	3
4	5	6	7	8	9	10
11	12	13	14	15	16	17
18	19	20	21	22	23	24
25	26	27	28	29	30	31

9月

日	一	二	三	四	五	六
1	2	3	4	5	6	7
8	9	10	11	12	13	14
15	16	17	18	19	20	21
22	23	24	25	26	27	28
29	30					

10月

日	一	二	三	四	五	六
		1	2	3	4	5
6	7	8	9	10	11	12
13	14	15	16	17	18	19
20	21	22	23	24	25	26
27	28	29	30	31		

11月

日	一	二	三	四	五	六
					1	2
3	4	5	6	7	8	9
10	11	12	13	14	15	16
17	18	19	20	21	22	23
24	25	26	27	28	29	30

12月

日	一	二	三	四	五	六
1	2	3	4	5	6	7
8	9	10	11	12	13	14
15	16	17	18	19	20	21
22	23	24	25	26	27	28
29	30	31				

图2

（1）小组合作。

请同学们以小组为单位，观察2023年、2024年的年历，记录每月的天数，说说你的发现。

课件出示

月份	1	2	3	4	5	6	7	8	9	10	11	12
2023 年												
2024 年												

(1)一年有(　　)个月。

(2)有 31 天的月份是:＿＿＿＿＿＿＿＿,这些月份是大月。

有 30 天的月份是:＿＿＿＿＿＿＿＿,这些月份是小月。

图3

（2）汇报交流。

（3）认识大、小月，平月（特殊月）。

请看看教材，不同天数的月份分别叫什么？

（4）归纳小结，教师适时板书。

3. 出示习题

有一本厚书法本，一共有60页。小明连续两个月写书法，每天写一页，这样的一个本子够用吗?

师：请同学们先独立思考，小组交流后汇报。

预设1：连续两个月可能要用61页，也可能要用62页，这样的一个本子不够。理由是，假如是一个大月，一个小月，就是61天；假如是连续两个大月的就是62天。比如5、6月加起来就是61天，7、8月加起来就是62天，每天都写1页，这样的一个本子不够用。

预设2：2月份比较特殊，假如2月是28天，那么1、2月份就是59天，2、3月份也是59天，这样的两个月后本子还剩下1页；假如2月份是29天，1、2月份就是60天，2、3月份也是60天，这样一个本子刚好够用。

师：大家分析得不错，还能举例子说明，这样的方法很好!

设计意图：再一次认识了大月、小月和特殊月，并且把月份知识运用到实际生活中去，加深了印象，培养了学生良好的问题意识和解决问题的能力。

4. 自学课本，了解“拳头记忆法”

师：同学们刚才通过看教材，知道了“拳头记忆法”。哪位同学上来给大家展示一下?

让学生当“小老师”，到讲台前教大家用“拳头记忆法”数出大月、小月，其他同学跟着举起小手边点边数。

5. 介绍年、月、日的来历

师：你们知道年、月、日是怎么来的吗?

师：同学们了解的知识可真不少，为你们丰富的知识点赞。

（三）巩固提高，拓展应用

（1）完成教材“做一做”第1题。

学生独立填写后集体订正。

设计意图：根据生活经验，初步计算经过年份的问题，同时增强学生的爱国情怀。

（2）完成教材“做一做”第2题。

设计意图：让学生加深对年、月、日的认识，同时渗透感恩父母、孝敬父母的教育。

（3）完成教材“练习十五”第1题。

学生自主填表后再同桌间相互交流。

学情预设：有的学生可能知道自己的生日，但是与星期对不上，教师要进行指导，或者直接告诉他们每个月的1日是星期几。

设计意图：通过将一个月的日期依次填进月历，让学生进一步了解月和日及星期之间的关系。通过月历下两位同学的对话，让学生提出问题并解决，从而培养学生发现问题、提出问题的意识和能力。

（4）完成教材“练习十五”第2题。

学生独立解答后展示交流。

学情预设：大多数学生能够依据一张月历进行天数计算、推测日期。教师需要提醒学生在计算展出天数时，要包括儿童画展结束的那一天。

设计意图：让学生巩固掌握有关月、日、星期等知识，培养其灵活运用所学知识解决实际问题的能力。

（四）课堂小结，深化认识

师：同学们，通过本节课的学习，你们有哪些收获呢？

附：三思单

课前引思单

关于年、月、日，你知道哪些知识？

课中研思单

1. 有什么好方法可以记住大小月？

2. 怎样区分平、闰年？

课后拓思单

小强12岁的时候，只过了3个生日。猜一猜他是（　　）月（　　）日出生的？

“生活中的负数”教学设计

【问题与思考】

1. 为什么要学习负数?

2. 生活中的什么情境会用到负数?

【磨课要点】

（一）起点

知识起点：学生已经具有初步的数感，已经认识了自然数、分数和小数。

生活认知：学生能根据实际情况用不同的数表示相关的数据。

思维特点：学生的思维已达到了较高的抽象水平，可以离开具体事物进行抽象的思考。

（二）终点

在熟悉的生活情境中初步了解负数，知道负数和正数的读、写方法；知道0既不是正数也不是负数，正数大于0，负数小于0；初步学会用正数、负数描述现实生活中一些简单的、具有相反意义的量，进一步加深对负数的认识；经历创造符号表示相反意义的量的过程；经历数学化的过程；享受创造性学习的乐趣，相机发展数感。

（三）过程与方法

让学生经历观察、对比、概括、归纳等知识的探究过程，从数学的角度对生活中的问题进行思考，增强数感。

【教学内容】

人教版六年级下册“负数”。

【教学目标】

1. 初步认识负数，掌握正数和负数的读写方法，正确理解“0”的意义和作用，知道“0”既不是正数也不是负数。

2. 描述和解释现实生活中的正、负数，进一步体会到正负数的相对性，理解负数的意义。

3. 体会正负数与已有知识的联系，培养学生知识迁移和在生活中发现数学知识的能力，初步培养学生的抽象、概括能力。

【教学重难点】

教学重点：初步认识负数，掌握正数和负数的读写方法；正确理解“0”的意义和作用，知道“0”既不是正数也不是负数。

教学难点：体会正负数的相对性，理解负数的意义。

【教学准备】

课件、学习单。

【教学过程】

（一）寻找原型，把握起点

（1）想一想：今天老师在上课前收到了一个5元的转账，谁知道这5元钱在哪儿?

（2）观察：账单，认识正负数。

师：观察账单中的这组数据，里面有我们没学过的数吗？是什么数?

师：仔细观察账单，除了负数，剩下的是什么数?

（3）揭示课题。

（4）认识正负号。

师：谁来读一读这些数？

指名学生读数。

师：像+5、+1、21这样的数就是正数。“+5”读作“正5”。“+”是正号，通常省略不写。那你们认为负号可以省略吗？以账单中的“–96”为例说说理由。

设计意图：学生对负数在形式上的认知有着比较丰富的生活经验，但不足以支撑起对负数知识的本质把握。因此，教师基于学生的认知起点，创设了他们熟悉的转账情境，充分调动了学生的学习兴趣，同时利用账单帮助学生梳理对负数的认知，引导学生经历找负数、读负数、读正数的过程，从而增强学生学好数学的自信心，为后面的质疑争辩做了很好的铺垫，引导师生在形成初步共识的基础上开展对负数本质内涵的探究。

（二）建立表征，明晰意义

（1）说一说：生活中，你还在哪见过负数？

师：负数在具体的例子中表示什么意思呢？

（2）出示生活中有关负数的图片。

（3）出示活动要求。

（4）学生独立完成，集体交流辨析。

（5）小组讨论：以上场景有什么共同的地方？

思考：仔细观察，这3个场景中写出的数有什么共同的特点？

小结：刚才我们把地面、0℃刻度线、海平面看作0。其中，0以下的数用负数表示，0以上的数用正数表示。

设计意图：教学中，教师站在学生的立场，给予学生充足的思考空间，让学生充分表达自己的想法，帮助学生建构负数的意义。例如，首先让学生基于已有经验自主建构负数的意义，在交流思辨中强化认识、提炼要点，初步感知正负数在同一场景中表示的意义是相反的，为后续进一步深化理解“正负数可以用来表示相反意义的量”埋下伏笔；随后利用温度计这一素材，让学生真实地感悟负数和正数。这些都为比较负数、0、正数的大小打下了基础。

（三）对比分析，强化理解

（1）出示生活中，用正负数表示的例子。

师：其实在生活中，像这样的例子还有很多。（出示视频）

（2）观察思考：在这些场景中都用到了正数和负数。观察这些场景，你发现了什么？

（3）思考：这个“0”起到的作用是什么？

师：用正数、负数表示相反意义的量时，中间都有一个0。这个“0”起到的作用是什么？那0到底是正数还是负数呢？

（4）小组讨论：0到底是正数还是负数呢？

（5）巩固深化：“？”在第几层？

写一写：这是一栋有地下室的房子，你觉得陈东可能站在第几层？

设计意图：负数是数系的一次扩充，让学生理解正负数可以用来表示相反意义的量，以及0既不是正数也不是负数是本节课的教学难点，也是教学核心所在。教师应充分尊重学生的思维表达过程，利用生活中不同类型的场景进行多元表征，让学生的思维可视化。随后，学生在关于“0”的交流争辩中深化理解“0”的意义和作用，凸显“0”对于正负数的独特价值。

（四）数轴排序，深化理解

（1）出示数轴。

（2）找出数轴上的-2，2。

（3）观察数轴：你有什么发现？

观察数轴：这样依次下去，你有什么发现？

思考：负数、正数、0之间是什么关系？

（4）说一说：数轴上相反意义的正负数。

设计意图：教师首先让学生对正、负数进行排序，通过生生交流了解负数的意义，感悟负数与正数的关系，初步感受数系的扩充；然后引导学生巧妙地将数在数轴上表示出来，充分利用几何直观地帮助学生深化理解负数的意义，渗透极限思想；最后通过播放负数的数学史料，以及在航空航天中应用负数的视频，进一步拓宽学生的视野，激发学生的民族自豪感和求知欲。

（五）巩固应用，内化提升

（1）张老师说的是真的吗？

近段时间，学校开展体质健康检查，这是3位同学的体检表，你认为这份表格是真的吗?

（2）陈东的家在哪儿?

写一写：这是一栋有地下室的房子，你觉得陈东可能站在第几层?

师：问号的位置不变，为什么表示的楼层却不一样呢?

设计意图：设计的练习有以下特点，一是对新知学习中师生没有充分关注的典型问题进行补充说明，有针对性地查漏补缺；二是在课堂时间充裕的情况下，注重学生思维全过程的体现，充分尊重学生的认知基础，寻找学生思维的“生长点”。

附：三思单

课前引思单

1. 我会收集：从生活中收集、记录负数，并说出它表示的意思。（写2个）

我在去年10—12月份天气预报上收集到负数：__________。

这个负数表示（　　）。

2. 对于负数，你知道了哪些知识?

课中研思单

1. 在生活中什么情况用负数表示?

2. 你会写负数吗? 写一写。

3. 仔细观察正数和负数，它们有什么共同点和不同点?

课后拓思单

负数在坐标系中怎么表示?

数学广角

“鸡兔同笼”教学设计

【问题与思考】

1. 如何在本节课中培养学生的数学阅读能力?

2. 如何解决教学过程中方法多样化、体验过程时间不足的问题?

3. 如何沟通猜测列表法、假设法之间的联系，使列表法为理解抽象的假设法充分奠定基础?

4. 如何应用鸡兔同笼的数学模型解决类似的数学问题，加强素材之间的联系，进而推广模型的应用价值?

【磨课要点】

（一）起点

知识起点：“鸡兔同笼”问题是我国民间广为流传的数学趣题，最早出现在《孙子算经》中，是原来学生“奥数”培训的典型素材。作为一节数学思维训练课，“鸡兔同笼”问题是培养学生解决问题、尝试猜测、有序思考及逻辑推理能力的好素材。教材在四年级下册安排“鸡兔同笼”问题，一方面欲通过生动有趣的古代数学问题让学生感受我国古代数学文化；另一方面让学生在解决问题的过程中了解解决问题的不同方法和策略。

已有生活认知：学生对“鸡兔同笼”的现象并不陌生，初步懂得根据鸡兔的只数可以推算出脚的总数这样的顺向思考问题，但对求鸡与兔的只数这样的逆向思考问题有困难。虽然有个别学生在“奥数”中也接触过该问题，但学生解题思路并不清晰，不一定真正理解其中的原理。

（二）终点

学生了解“鸡兔同笼”的由来，感受我国古代数学问题的趣味性。在探究解决“鸡兔同笼”问题的一般方法过程中，体验解决问题的策略多样化，懂得可以运用猜测列表法和假设法解决“鸡兔同笼”问题，并能灵活选择相应方法解决简单的类似问题。

（三）过程与方法

本节课的教学以解决问题为主线。在教师的引导下，学生通过比较、猜测、推理、合作等数学活动，经历数学建模的整个探究过程，体验解决问题的策略多样化，在感悟中渗透化繁为简、数形结合、假设等数学思想方法，促进其数学思考，提升其数学素养。另外，在建立“鸡兔同笼”问题的知识模型的同时，设计变式练习，迁移延伸，拓展概念的外延，注重模型的推广应用，让学生感受“鸡兔同笼”问题在生活中的广泛应用，感受学习数学的价值。

【教学内容】

人教版四年级下册“数学广角——鸡兔同笼”。

【教学目标】

1. 了解“鸡兔同笼”问题，感受我国古代数学问题的趣味性，探究解决“鸡兔同笼”问题的一般方法，会解决简单的此类问题。

2. 通过比较、观察、猜测、推理、合作交流等数学活动，经历数学建模的过程，理解用列表法、假设法解决问题的方法，感悟数形结合、假设、化繁为简等数学思想方法，体验解决问题的策略多样化，积累探究活动经验。

3. 在探究问题的过程中，体会学习方法对解决问题的重要性，激发勇于思考、乐于思考的数学探究精神，培养对数学的积极情感。

【教学过程】

（一）原题引入，直奔主题

1. 谈话引入趣题

呈现趣题：今有雉兔同笼，上有三十五头，下有九十四足，问雉兔各几何？

2. 阅读理解题意

出示趣题的意思：笼子里有若干只鸡和兔，从上面数，有35个头，从下面数，有94只脚，鸡和兔各有几只？

师：这就是著名的“鸡兔同笼”问题。今天咱们就一起来研究它。

设计意图：利用我国古代数学名著《孙子算经》中的数学趣题直接导入新课学习，既让学生感受到了中国数学文化的悠久与魅力，又激发了学生探究的兴趣和动机。

（二）探索新知，寻求策略

1. 感受化繁为简

（1）引导猜测。

根据题中的数据，大胆猜一猜，笼子里可能有几只鸡？几只兔？

（2）谈话交流。

设计意图：学生感受到猜测有困难，教师用问题引领：“容易猜吗？这道趣题为什么这么难猜？”问题促进学生深刻体验，感受数字大，问题复杂带来的计算困难，学生化繁为简的需求水到渠成。

2. 呈现示例

例1：笼子里有若干只鸡和兔，从上面数，有8个头，从下面数，有26只脚，鸡和兔各有几只？

从这道题中，你能知道哪些数学信息？

3. 自主探寻策略

（1）列表法。

① 学生猜测填表，汇报交流。

② 出示列表，认真观察，你有什么发现？呈现规律。

（2）假设法。

① 问题：如果猜测8只都是鸡，根据刚才发现的规律，你能推算出鸡兔各有几只吗？

② 自主推算，汇报交流。

预设：假设全是鸡和假设全是兔。

③ 课件直观演示假设法的鸡兔数量，验证假设法思路。

④ 观察比较两种假设，你又有什么发现？

设计意图：列表法是解决“鸡兔同笼”最朴素的策略，也是其他方法的基础。让学生通过列表方法，初步体验在总只数不变的情况下，随着鸡（或兔）只数的调整，脚的总数也发生变化，从而经历数据逐一调整变化的过程，培养学生有序思考的能力，同时积累数学活动经验，也为下面学习假设法奠定基础。让学生理解、掌握假设法是本课的重点，也是教学难点。因此以列表法为基础，以问题撬动思考，放手让学生在独立探究的基础上合作交流，经历假设法解决问题的过程，并沟通列表、假设等不同方法所共同具有的假设思想，直指“鸡兔同笼”问题的本质，发展学生的数学核心素养。

4. 拓展方法

其实解决鸡兔同笼问题的方法还有很多，教材中的“阅读资料”介绍的就是我们古人研究出的一种好方法——“抬脚法”，也叫“金鸡独立法”，有兴趣的同学可以课后再去研究研究，看看古人是怎样解决该问题的。

设计意图：“抬脚法”是一种特殊而巧妙的解法，学生不容易理解，课后的阅读既可以给学生一个自主探究、交流的空间，又可以延续学生的学习兴趣，让他们进一步感受我国古代数学的魅力。

（三）推广应用，建立模型

（1）解决《孙子算经》中的“鸡兔同笼”原题。

体验优化：为什么大家都选用假设法来解决这个问题，不用列表法呢？

（2）生活中“鸡兔同笼”的问题。

① 教材做一做第1题：龟鹤问题。

② 教材做一做第2题：种树问题。

（3）对比联系，建立模型。

师：这两题中没有鸡和兔怎么也用上面的方法来解决呢？

设计意图：放手让学生尝试运用学到的“策略”解决生活中的类似问题。第1题从“鸡兔同笼”问题的“鸡、兔”情境中跳出，让学生在非“鸡、兔”情境中识别出“鸡兔同笼”问题，为建立“鸡兔同笼”问题模型做铺垫。在“鸡、兔”情境中，鸡腿与兔腿的条数的相差数“2”与鸡腿的条数“2”易混淆，而第2题通过相差数“1”在应用模型中拓展了“鸡兔同笼”概念的外延，同时，也培养了学生的类推迁移能力，既巩固了新知，又使学生体会到“鸡兔同笼”问题在生活中的广泛存在，凸显了本节课的学习价值，同时初步建立了“鸡兔同笼”数学模型，养成善于思考的良好思维品质。

（四）总结提升，阅读延伸

今天我们研究了什么问题？你学会了哪些解决问题的策略？

附：三思单

课前引思单

笼子里有若干只鸡和兔，从上面数，有8个头，从下面数，有26只脚，鸡和兔各有几只？

读一读例题回答下面问题。

1. 通过阅读，你收集了哪些数学信息？还发现了哪些隐藏的信息？

2. 如果猜测鸡有1只，那么兔有（　　）只？猜对了吗？

我是这样验证的，算出总脚数有（　　）只，列式：________________

如果猜测鸡有2只，那么兔有（　　）只？猜对了吗？

我是这样验证的，算出总脚数有（　　）只，列式：________________

课中导思单

1. 除了这两个看得见的已知条件，你还能想到哪些看不见的隐藏条件？

2. 如果猜测8只全是鸡，兔是0只，总脚数是16只，你能根据脚的变化直接推算出鸡和兔正确的只数吗？

3. 假鸡求兔，假兔求鸡，为什么？

4. 列表法、假设法这些方法之间有没有什么相同的地方？

5. 为什么大家都选用假设法来解决这个问题，而不用列表法呢？

6. 笼子里关的一定是鸡和兔吗？一定是两只脚和四只脚的动物吗？

课后拓思单

1. 你还有其他的方法解决“鸡兔同笼”问题吗？

2. 课后推荐阅读鸡兔同笼、百僧分馍和韩信点兵等故事。

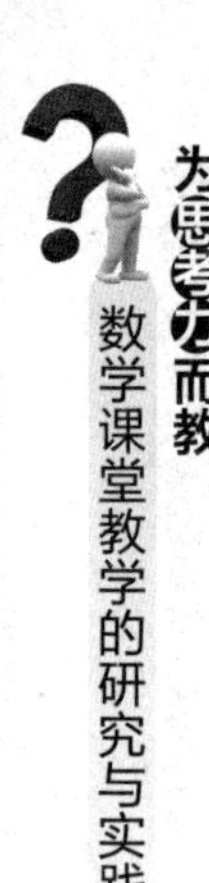

“推理”教学设计

【问题与思考】

1. 如何设计课堂上操作的游戏活动，让学生理解逻辑推理的含义，体验推理的过程？

2. 怎样将推理的教学置于解决问题的过程中，既可使学生体会推理的作用，又可以丰富学生解决问题的策略。

3. 如何沟通生活中的数学与课堂上的数学的联系，体验运用知识解决实际问题的乐趣？

【磨课要点】

（一）起点

知识起点：本套教材从一年级就开始渗透和应用推理的数学思想，如一年级下册的“找规律”。在后续学习中也将推理与4个领域内容的学习有机地结合起来，不断渗透和应用。

已有生活认知：推理这一现象是学生们在日常生活中经常看到的，学生有一定的生活经验做基础，教师应注重实践活动的多样性，帮助学生进一步发展模型观念。

思维特点：学生处于学习的启蒙阶段，学习兴趣浓厚，好奇心强，可塑性高，学习热情强烈，喜欢动手操作，喜欢与他人合作，是良好学习习惯养成的关键时期。

（二）终点

把推理的数学思想通过学生日常生活中最简单的事例，以及游戏形式呈现出来，并运用观察、猜测等直观手段解决这些问题，使学生初步了解推理的数学思想，感受数学思想的奇妙与作用，得到数学思维的训练，逐步形成有序、全面地思考问题的意识。

（三）过程与方法

通过观察、猜测、解决问题等活动，培养学生初步的观察、分析、推理和解决问题的能力，以及有条理地阐述自己推理过程的数学表达能力。

【教学内容】

人教版二年级下册“数学广角——推理”。

【教学目标】

1. 通过观察、猜测等活动，让学生经历简单的推理过程，理解逻辑推理的含义，初步获得一些简单推理的经验。

2. 学生能借助连线、列表等方式整理信息，并按一定的方法进行推理。

3. 在简单推理的过程中，培养学生初步的观察、分析、推理和有条理地进行数学表达的能力。

4. 感受推理在生活中的广泛应用，初步培养学生有序、全面地思考问题的意识。

【教学重难点】

教学重点：培养学生的分析推理能力，初步理解推理的方法并能解决简单的推理问题。

教学难点：能用简洁的语言有条理地表达推理的过程。

【教学过程】

（一）课堂游戏，导入课题

师：同学们，想和老师玩一个游戏吗？

师：请你们认真听，仔细看。这是一块蓝色的小圆片，这是一块绿色的小圆片（边说边展示，然后把手放到背后，分别握住两块小圆片），现在请你们猜一猜老师哪只手里是蓝色的圆片，哪只手里是绿色的圆片？

（1）当有两种不同的猜测后，教师问：两种猜测都有，能确定是哪一种吗？

（2）提示：右手不是蓝色的圆片。谁来继续猜一猜？

（3）初步引导学生用“不是……就是……”表达。

设计意图：通过猜一猜活动把学生的思维聚焦到学习活动中，使学生成为学习的主体，主动参与到教学中来，同时激发学生的学习兴趣，提高教学的效率效果。

师：小朋友们不仅善于倾听，还勤于思考。一开始，大家都在盲猜，可是，很快就根据老师的提示找出了正确的结果。同学们，像这样根据已知条件，逐步推出结论的过程就叫作推理。（板书课题：推理）

（二）动手操作，探究新知

1. 出示示例

例1：有《语文》《数学》《道德与法治》三本书，小雨、小雪、小刚三人各拿一本。小雨说：“我拿的是语文书。”小雪说：“我拿的不是数学书。”小刚拿的是什么书？小雪呢？

（1）寻找信息、问题。

（2）关键信息“三人各拿一本书”，你是怎么理解的？

（3）小组合作探究。

思考：你能先确定谁拿了哪本书？你怎么确定小雪拿了哪本书？小刚拿的是什么书？把自己的推理过程在小组里说一说。

2. 汇报交流

方法1：语言描述。

哪个小组来说一说你们的思考过程？

设计意图：让学生反复说出推理的过程，加快学生对推理方法的理解和运用，同时培养学生的语言表达能力。

方法2：列表法。

师：除了用语言描述推理的过程和列表表示推理的过程，还有没有什么方法能简洁直观地呈现出推理的过程和结果呢？

展示学生作品，请学生上讲台汇报思考过程。

方法3：连线。

师：现在老师这边有一个表格，你能在表格上展示刚刚推理的过程吗？

教师出示表格，让学生上台自行填写。

设计意图：让学生在独立思考的基础上主动探究解决问题的策略，学会从众多信息中选择关键信息推理出某种结论，能掌握连线、列表等方法辅助推理。

3. 引导归纳

能确定的先确定，能排除的再排除，最后剩下的就好办了。（板书：先确定，再排除）

（三）应用提升，内化新知

师：刚才我们学习了简单的推理，也掌握了推理的一些方法，现在老师给你们准备了两道关卡，想检验一下你们推理的方法掌握得怎么样，看一看你能通到哪一关，请用你们的坐姿告诉老师你有信心接受挑战。

（四）课堂小结，畅谈收获

通过这节课的学习，你有什么收获？

在以后的学习和生活中，我们还会遇到更复杂的推理，老师相信，只要你们从关键信息出发，善于观察、勤于思考，一定会利用推理解决更多的问题。

附：三思单

课前引思单

1. 说一说什么是推理，以及在生活中遇到的推理问题。

2. 和同伴做个小游戏，三朵花，两个人，怎么设计游戏规则？猜猜红花在谁的手上？

课中研思单

1. 可以根据哪一个信息先确定哪个同学拥有哪本书？

2. 在已经确定一本书之后，剩下的两本书该如何确定它们的归宿？你有什么好的方法吗？能否完整地说一说思考的过程？

课后拓思单

想一想，画一画，利用今天学习的数学中所使用的推理方法，编制一道推理数学问题。

参考文献

[1] 斯滕伯格，史渥林. 思维教学：培养聪明的学习者［M］. 赵海燕，译. 北京：中国轻工业出版社，2001.

[2] 张江林. 小学生数学核心素养中的运算能力养成思考［J］. 中国校外教育，2019（13）：68-69.

[3] 王书利. 小学数学教学创新与数学核心素养提升研究［J］. 教育现代化，2018，5（35）：376-377，388.

[4] 公丕军，张晶. 浅谈对小学生数学核心素养培养的思考［J］. 中国校外教育，2017（1）：6，24.

致 谢

笔者将“课堂教学中培养学生数学思考力的研究与应用”课题研究和教学主张的成果积累，通过本书向一线教师呈现，希望为基础教育高质量发展贡献一份绵薄之力，并对中小学探索的“思考力培养”实践起到投石问路的作用。本书有关专题在研究与实践过程中获得了福建省平潭综合实验区多所小学的大力支持，特别是平潭陈敬文名师工作室领衔人陈敬文老师的竭力帮助与精心指导，城中小学、麒麟小学等学校领导与老师的大力支持和教研经费的资助。有关课题在申请、立项、研究过程中得到了福建省教育学会小学数学教育分会会长钟建林老师，福建省教育科学研究所冯云老师，福建教育学院李君老师，福建省普通教育教学研究室罗鸣亮老师，平潭综合实验区教师进修学校周小云校长、肖炳义老师、冯兵老师等有关部门的领导、专家、学者和研究人员的悉心指导和大力支持，在此深表谢意。

本课题研究和教学主张的提炼、验证与实践工作，主要由城中小学、麒麟小学数学组老师和部分成员学校的骨干教师完成，他们承担着繁重的教学任务，在教学之余，齐心协力，“深思而慎取”，以严谨求实的态度参与其中，提出了宝贵的建议与意见。

在此，谨向他们的努力和付出表示诚挚的谢意！